外商直接投资对中国制度变迁的影响机制分析

——兼论外商直接投资对制度溢出的空间效应

张炜　著

南开大学出版社
天　津

图书在版编目(CIP)数据

外商直接投资对中国制度变迁的影响机制分析：兼论外商直接投资对制度溢出的空间效应 / 张炜著. —天津：南开大学出版社，2016.7

ISBN 978-7-310-05149-6

Ⅰ. ①外… Ⅱ. ①张… Ⅲ. ①外商直接投资－影响－中国经济－经济体制改革－研究 Ⅳ. ①F121

中国版本图书馆 CIP 数据核字(2016)第 136975 号

南开大学出版社出版发行

出版人：孙克强

地址：天津市南开区卫津路 94 号 邮政编码：300071

营销部电话：(022)23508339 23500755

营销部传真：(022)23508542 邮购部电话：(022)23502200

*

天津市蓟县宏图印务有限公司印刷

全国各地新华书店经销

*

2016 年 7 月第 1 版 2016 年 7 月第 1 次印刷

230×160 毫米 16 开本 14.5 印张 2 插页 206 千字

定价：34.00 元

如遇图书印装质量问题，请与本社营销部联系调换，电话：(022)23507125

摘 要

近年来，中国经济发展的一个特点表现为外资大量流入，伴随而来的是外资对我国现有制度产生了重要影响，这也成为学者们开始关注的一个问题。早先很多学者都对外商直接投资（Foreign Direct Investment，FDI）的性质与作用及相关领域进行了大量的实证研究与理论分析，其中比较突出的几个领域包括 FDI 的区位选择理论、FDI 的吸收能力及对东道国经济的影响。在这些研究中都会涉及 FDI 对一国技术进步产生的作用，却很少涉及 FDI 对一国制度变迁产生的影响，即使有所涉及，也很少提及 FDI 对中国这一吸资大国在经济转型、制度变迁进程中所产生的影响。

实际上，对于中国这个转型大国而言，外资企业与国内企业在制度方面有着很大的区别，引入外资意味着引进一种新的投资主体、新的企业制度、新的运营理念与新的资源配置方式。FDI 作为一种新的制度安排进入我国，本身就是一种制度创新，并且 FDI 在一定程度上取代了民营经济在中国制度变迁过程中所应起到的作用和所应扮演的角色，FDI 这种制度安排必然会导致整个社会资源配置方式与社会局部制度的转变。同时，FDI 作为一种包含着技术、制度、管理经验、先进理念、资金、资本等项目的“复合产品”，对东道国产生着多方面的影响，这些影响不仅停留在技术层面而且存在于制度层面。FDI 的大量涌入将成为我国迈向市场化经济制度转型所选择的一条特殊道路，以其特殊的性质与特点推动并影响着我国的制度变迁。

本书着重解决长久以来对 FDI 的争议问题：FDI 是否会影响我国制度变迁。如果会，那么 FDI 在我国经济转型过程中扮演什么角色，又是通过什么机制影响我国制度变迁的。FDI 在影响制度变迁的过程中，在我国产生了什么趋势与特点。针对这些 FDI 进入我国后产生的种种问题与现象，我们应该如何应对，未来的外资政策应该如何选择。

本书主要采用理论分析与实证分析相结合、定性研究与定量分析相结合、过程分析与现状论述相结合的方法，梳理了国内外对 FDI 促进一国制度变迁的相关理论，并详细论述了 FDI 对我国制度变迁影响的理论基础。FDI 进入我国后带来了新的制度模式，增加了制度创新收益，改变了原有的制度安排。通过促进市场制度、法律制度、非国有经济制度、金融制度与政府制度的传导机制影响我国制度变迁。本书根据各因素作用机制将此传导机制划分为两大效应，分别为直接效应与间接效应和五大制度因素，分别为市场制度、金融制度、非国有经济制度（这三大因素属于 FDI 影响的直接效应因素）、法律制度与政府职能和制度（这两大因素属于 FDI 影响的间接效应因素）。在分析完传导机制后对其进行实证检验，通过脉冲响应对 FDI 进入后对各制度因素的冲击影响进行模拟，并分析冲击时滞产生的时期及原因。同时，本书采用空间计量经济学中，考虑空间效应的空间滞后模型对各省域制度指标进行估计，将距离因素考虑进来并赋予空间权重，使得衡量制度溢出效应更加精准。本书运用此方法衡量了一个地区 FDI 的进入对周边地区的影响效果及溢出效应，发现 FDI 促进我国制度变迁过程中产生制度溢出现象，且具有空间溢出性的特点，同时空间溢出性呈现出区域性特征。

以往的研究很少将外资溢出效应的空间性考虑进来，在传导机制的过程中，FDI 对制度变迁的空间溢出性不容忽视。现代空间经济理论认为，当运输成本维持在一个较高水平时，各地区之间会由此形成较高的贸易壁垒并维持着自给自足的均衡。同时，外资制度溢出本质上是 FDI 的制度外部性，而制度的溢出路径遵循示范效应、竞争效应、联系效应和人力资本流动效应四种机制。因此，各地区间制度溢出路径有效性也会随着地理距离或溢出成本的增加而降低，这意味着在区域间跨国公司促进东道国制度变迁的过程中，邻近地区会比较远的地区更有可能形成制度溢出效应。可见，加入空间性的制度溢出研究使得成果更加细化、更具有现实意义。运用空间角度的分析方法可以清晰地了解到 FDI 进入我国以来，对我国各省域间制度变迁产生的影响。本书最终通过逐层递进和具有逻辑性的研究得出结论与相应政策建议，并为未来外资发展提供导向。本书的研究思路与框架如下：

第 1 章为引言。首先，从 FDI 进入我国的特征与作用入手，引出 FDI 促进我国制度变迁这一研究主题；其次，对中外学术界关于 FDI 影响制度变迁的相关文献进行梳理与分析；再次，阐述本书的主要研究内容与方法；最后，对本书的研究思路和创新之处进行归纳总结。

第 2 章为 FDI 影响中国制度变迁及其理论基础。分别对制度、制度变迁、FDI 与 FDI 对制度变迁的相关理论进行梳理，然后就 FDI 在中国转型进程中的重要地位和所发挥的作用予以阐述，得出 FDI 影响我国制度变迁的影响机制，同时，进一步将本书研究中所涉及的溢出理论与空间经济理论加以阐述与说明。

第 3 章为 FDI 促进中国制度变迁的传导机制。首先，将 FDI 影响我国制度变迁过程中的影响机制因素分为直接效应与间接效应，其中，FDI 对我国制度因素影响的直接效应包括市场制度、金融制度、非国有经济制度，间接效应包括法律制度与政府制度。然后，针对每一种制度因素的传导机制予以详尽论述，最后，得出 FDI 影响我国制度变迁的整体传导机制。

第 4 章为 FDI 促进中国制度变迁机制的实证分析。通过格兰杰检验对 FDI 影响各制度变量的直接效应与间接效应予以验证，再通过脉冲响应函数对FDI一个冲击对各制度变量的具体影响趋势图进行验证，并得出相应的影响滞后期，最终以例证形式对先前理论论述加以整体实践论证。

第 5 章为 FDI 对中国区域制度变迁的溢出效应。FDI 影响我国制度变迁的过程中，在微观层面产生了溢出效应。首先通过近几年各省份的制度相关数据论证 FDI 溢出效应的存在与溢出程度，其后根据分析对 FDI 制度溢出效应在我国呈现的特点，进一步加以论述与解释，其间针对溢出效应产生的空间性问题着重加以论证。

第 6 章为相关问题与政策建议。对如何进一步带动 FDI 促进我国制度变迁、增强 FDI 制度溢出性并解决其空间不均衡的问题给出了相应的政策建议，并对我国未来的外资政策给出相应合理的选择。

目 录

第1章 引 言……1
1.1 研究背景……2
1.2 相关文献综述及问题的提出……4
1.3 研究目的、思路与内容……13
1.4 研究方法与创新之处……16
第2章 FDI影响中国制度变迁及其理论基础……18
2.1 制度变迁与FDI理论回顾……18
2.2 FDI影响中国制度变迁及其理论基础……40
2.3 溢出效应理论与空间经济学理论……49
第3章 FDI促进中国制度变迁的传导机制……60
3.1 FDI对制度变迁的影响机制……61
3.2 FDI对中国制度变迁影响的直接效应……66
3.3 FDI对中国制度变迁影响的间接效应……89
第4章 FDI促进中国制度变迁机制实证分析……103
4.1 FDI对制度传导机制的实证分析……103
4.2 FDI对制度影响机制的实证分析……111
4.3 FDI促进制度变迁的案例分析……119
第5章 FDI对中国区域制度变迁的溢出效应……130
5.1 计量及检验结果……130
5.2 FDI对我国区域制度变迁贡献率递增……139
5.3 FDI对制度变迁产生溢出效应……151
5.4 FDI对制度溢出呈现空间区域性特点……166

第6章　相关问题与政策建议……174
6.1　完善FDI促进中国制度变迁机制……174
6.2　强化FDI制度溢出效应……183
6.3　促进FDI空间制度溢出效应的地区均衡发展……192
6.4　利用外资政策选择……198
参考文献……209
后　记……223

第1章

引　言

从海默（Hymer，1976）创建了 FDI（Foreign Direct Investment，外商直接投资）相关投资理论以来，很多学者都对 FDI 的性质与作用及相关领域进行了大量的实证研究与理论分析，其中比较突出的几个领域包括 FDI 的区位选择理论、FDI 的吸收能力及对东道国经济的影响。这些研究都会涉及 FDI 对一国技术进步产生的作用，却很少涉及 FDI 对一国制度变迁产生的影响，即使有所涉及，也很少提及 FDI 对中国这一吸资大国在经济转型、制度变迁进程中所产生的影响。实际上，对于中国这个转型大国而言，外资企业与国内企业在制度方面有着很大区别，引入外资意味着引进一种新的投资主体、新的企业制度、新的运营理念与新的资源配置方式。FDI 作为一种新的制度安排进入我国，本身就是一种制度创新，并且 FDI 在一定程度上取代了民营经济在中国制度变迁过程中所应起到的作用和所应扮演的角色，FDI 这种制度安排必然会导致整个社会资源配置方式与社会局部制度的转变。同时，FDI 作为一种包含着技术、制度、管理经验、先进理念、资金、资本等项目的“复合产品”，对东道国产生着多方面的影响，不仅在技术层面而且在制度层面也产生着重要的影响。最终 FDI 的大量涌入也成为我国迈向市场化经济制度转型所选择的一条特殊道路，以其特殊的性质与特点推动并影响着我国制度变迁。

近年来，中国经济发展的一个特点表现为外资大量流入，伴随而来的是外资对我国现有制度产生了重要影响，这也成为学者们开始关注的一个问题。很多学者从不同角度与层面构建理论框架，对外资流入及其对中国制度变迁产生的影响进行了讨论并取得了丰硕成果。但现有研究成果也存在着一些不足与疑问，有待进一步研究与深化。本书研究旨在从中国经济转型时期的特殊制度安排出发，展现出外商直接投资带动我国制度变迁的影响机制，并通过进一步探讨为在 FDI 对制度变迁影响机制内产生的溢出效应给出合理的解释。在正式讨论之前，我们有必要先了解一下相应的背景情况。

1.1 研究背景

改革开放 30 多年来，中国吸引外商直接投资取得了举世瞩目的成绩，中国经济向国际开放与世界接轨的转型道路在渐进的过程中持续顺利推进。特别是中国加入世界贸易组织后，我国外商直接投资和改革开放与制度转型道路进入了一个快速发展的全新时期。外商直接投资不仅在数量上大幅提升，而且外资的作用与地位也逐步得到重新定位。近年来，吸引外商直接投资已成为我国对外开放政策的重要组成部分，外资不但使我国获得充足的资本资源，还带来了先进的技术和设备，更重要的是，外商直接投资作为外在推动力，极大地促进了我国制度变迁的进程。正如美国著名经济学家洛奇教授在哈佛大学发表演说时所言：现在的国际竞争不是企业之间的竞争，而是国际制度之间的竞争。现阶段外商直接投资对促进我国制度创新起着不可低估的作用。当然，在不同时期，外商直接投资在我国的积极作用不断发生着转变，大体可以总结并分为三个阶段，从最初的资金补给到带动技术进步最后到弥补制度缺口促进并影响我国制度变迁进程，下面详细介绍这三个阶段：

初期，外资对我国发展的作用主要表现为对资金和外汇缺口的弥补。这一时期是从改革开放后至 20 世纪 90 年代初期，外资在中国经历了从进入的初始阶段到逐步发展阶段。随着经济的发展和社会主义经济认知的深化与思想观念的不断解放，中国对外经济拉开了以改革开放为基调的转型序幕。在这一时期，经济发展处于起步阶段，各个经济部门资金短缺、外贸企业外汇匮乏，在发展经济的巨大任务下，我国不得不依靠外资带动本国经济发展。但是在这期间，各部门经济相对薄弱，面对外来资金的强大冲击，我国不得不对外资进行一定程度的限制。与此同时，关于利用外资利弊的争论也开始兴起。随着外资逐渐弥补我国资金缺口并带动经济快速发展，外资在我国经济中的作用与地位进一步被确立。

中期，外资对我国发展的作用表现为对技术缺口的弥补。这一时期是从 20 世纪 90 年代初期至 2004 年，随着“建设社会主义市场经济体制”这一发展目标的确立以及中国政府正式提出减少对外资涉入领域的限制并提出“以市场换技术”带动经济快速发展的方针，我国吸纳外资步入一个新台阶。在邓小平同志“南方谈话”的积极引导下，中国对外资的限制进一步放宽，开始采取更为系统和明确的优惠策略吸引外资涌入。这一阶段，外商直接投资在我国大幅攀升，1992 年实际利用外资额超过 110.08 亿美元，较上一年增长 2.52 倍，其后一年中国一跃成为吸引外商直接投资最多的发展中国家，也成为仅次于美国之后的世界第二大外资流入国。大量外资的流入在这一阶段极大地带动了我国各行业技术水平的提高。据统计，20 世纪 90 年代中期，跨国公司在中国设立的各类研发中心近 400 家①，从而带动技术密集型项目的增加，使我国在国际产业分工中的作用大大提升。我国各经济部门在扩大引进外资规模的基础上，积极学习国外先进技术，提高自身生产效率。外商直接投资在此时期的作用集中表现为带动我国各产业的技术进步。

后期，外资对我国发展的作用表现为对制度缺口的弥补。这一时期是从 2005 年开始的，这一阶段最初的资金缺口不复存在，我国自主创新力度不断加大，外商直接投资在前两个阶段的作用逐渐弱化，促进我国制度变迁的作用日益突出。截止到 2012 年 5 月，全国有 9261

① 吴敬琏.当代中国经济改革[M].上海：上海远东出版社，2004：288.

家外商投资企业予以新批设立，实际利用外资额达 471.1 亿美元。中国对待外资的态度也经历了最初限制到放宽限制最终到鼓励的转变。外资的进一步大量涌入不仅带动了技术的进步，还带动着我国制度模式的转变，影响并促进我国制度变迁。近年来，我国出台了一系列在外资带动下的制度完善政策，包括新的《企业所得税法》《反垄断法》、新的《劳动合同法》《外国投资者并购境内企业规定》、企业安全审查制度等。“十二五”规划纲要中也明确提出鼓励企业借鉴国际先进管理理念、制度、经验，积极融入全球创新体系并为之提供优化的投资环境、加大保护投资者合法权益、简化审批程序、延长出资期限，从而鼓励外商企业来华投资。在外商直接投资的带动下，我国制度环境逐渐走向法制化与合理化。目前我国处于转型时期，制度缺口日臻显现，制度创新相对于技术创新更加能够解决经济中的主要矛盾。一项制度优势可以为经济发展带来持久动力；一项有效的制度确立可以极大改善激励机制，促进生产效率的提高。

1.2 相关文献综述及问题的提出

1.2.1 FDI 促进制度变迁文献综述

著名经济学家戴维斯和诺思（Davis and North，1995）指出制度的创新时滞可以通过从外部借用相似的制度安排大大缩减。外商直接投资为我国制度创新与变革带来新鲜血液，对 FDI 先进制度的效仿可以短时期内迅速降低创新成本，加快我国制度变迁进程。克莱森斯和赫伊津哈（Claessens and Huizinga，2001）的研究表明，FDI 与东道国资本市场的发展呈现互补关系，可以有效弥补东道国资本市场发育过程中的缺陷与不足，同时与东道国金融效率呈正相关关系。在促进金融制度方面与克莱森斯具有相同观点的是杜利和福克茨（Dooley and Folkerts，2004），他们指出 FDI 促进东道国金融制度与结构优化的传导机制是：随着 FDI 流入的增加，逐渐将国际金融市场的运行机制引入东道国，从而克服国内金融市场的扭曲，提高国内金融效率；同时由于 FDI 生产并出口国际竞争性商品，因此可以直接利用国际产品市场使国内产品市场的扭曲得以克服，最终提升国内生产效率，优化制度变迁路径。与杜利的研究结论具有一定相似性，Jasminka Sohinger（2005）通过研究欧洲转型国家经济发展得出 FDI 促进了生产效率与制度能力的提升，同时 FDI 有助于欧盟内国家机制相互强化。Anna Zorska（2005）通过分析波兰的转型，认为 FDI 对波兰经济与制度的构建具有重要作用。Victor F. S. Sit 和刘卫东（2000）通过研究中国的汽车制造业，发现 FDI 以跨国公司的形式已经融入到我国的制度环境中，并且影响着制度的变革。Chuck C.Y. Kwok 和 Solomon Tadesse（2006）论证了 FDI 如何通过“规制效应”“示范效应”与“专业化效应”影响东道国的制度环境，促进东道国的制度变迁。

国外学者对 FDI 促进我国制度变迁方面的研究中具有代表性的研究成果包括：Cheung（1990）研究了 FDI 进入中国后的制度效应，为诺思提出的制度外部借用减少制度创新成本理论提供了现实基础，其研究表明中国的开放政策引入 FDI 后会减少中国制度变迁的成本，因为竞争机制的引进会促进体制与制度层面的调整与优化。Kamath（1990）运用中国改革开放后 1979—1985 年经济数据分析了 FDI 对市场经济制度转变产生的影响，他认为外资的进入有助于将先进的市场经济制度引入国内，促进制度变迁。随后 Richard Pomfret（1994）对 Kamath 的数据更新至 1990 年并对 Kamath 的观点进行了详细评论的同时，对未来 FDI 给中国带来的影响做出了展望，Pomfret 充分肯定了我国对外开放政策，认为外资的进入为中国带来了积极的影响，将会促进市场经济的进一步发展。同年，Kamath（1994）又对 Richard Pomfret 的分析进行了回应，他认为 Pomfret 并没有充分讨论 FDI 对我国产权、企业家才能、竞争力等方面产生的影响。同样，Kamath 还认为产权、竞争力等也是 FDI 影响中国制度变迁的方面，FDI 的进入会导致产权体系和制度的变革，其中包括法律、法规与宪法等。两位著名国外学者从不同层面出发，在争论的过程中，都肯定了 FDI 对我国制度变迁产生的积极影响。Kueh（1992）也指出 FDI 进入中国不仅能够弥补外汇缺口与技术缺口，还会为中国带来现代管理经验的示范效应。

在国外学者对 FDI 影响一国制度变迁问题研究的基础上，我国学者也逐渐开始着眼于研究 FDI 对我国制度变迁产生的影响。早期，孙杰（1996）探讨了外商直接投资通过促进市场中排他性制度安排的转变，促进企业相关制度的创新，从而带动我国制度创新，最终影响我国制度变迁，并认为外商直接投资在我国制度创新方面起着不可小觑的作用。储祥银（1996）对其他转型国家如苏联和一些东欧国家剧变后引入 FDI 的作用进行了考察，发现外商投资企业通过促进市场经济法规制度的建立、竞争机制的引进与产权结构的调整、推动特殊行业的发展，的确在一定程度上加快了转型国家的转轨进程。汤文仙与韩福荣（2000）提出，进入 20 世纪 90 年代以来，资金缺口和外汇缺口逐步消失，但是制度缺口依然存在，FDI 通过制度溢出可以有效弥补制度缺口和管理缺口。随后，金新亮（2001）指出外商直接投资会加速中国经济体制变迁，同时也针对早先的一些外资政策给出相应的建议。倪克勤（2002）认为 FDI 促进了中国所有制结构多元化的变迁，对市场化变革提供了持续的动力，从而促进我国制度变迁。桑百川在 FDI 影响我国制度变迁方面进行了较广泛的研究，在其《外商直接投资下的经济制度变迁》（2000）一书中提出，外商直接投资作为一种制度安排不但丰富了我国多元投资主体形式，还促使要素分配制度变迁使之更加合理化，同时 FDI 强化以市场为基础配置资源的方式，对传统计划经济的瓦解起到了推波助澜的作用。FDI 通过产权制度变革、法律制度的完善、价值观念的转变等一系列作用最终加快了我国经济制度变迁进程。在其随后的研究中，桑百川（2008）又指出外商直接投资在我国发挥了极大的制度效应，不但推动了经济体制转轨和市场经济发展，在创造了大量的就业机会的同时，还带动着经济的快速增长，形成了以开放促改革和发展的中国特有经济与制度转型道路。与桑百川的研究视角具有一定的相似性，王霞与陈柳钦（2007）等学者结合近年趋势与成就，对 FDI 影响我国制度变迁有了进一步的归纳分析，他们认为 FDI 之所以能够影响东道国制度变迁，是由于外资具有所有权优势，东道国为了吸收和发挥外资作用，往往会对其区位优势进行改善与完善，以便吸引更多外资流入，结果使得 FDI 促进东道国制度变迁与优化。随后，王霞（2009）在《FDI 对中国制度变迁的影响分析》一书中详细论述了 FDI 对我国产权制度变迁和金融制度变迁的推动作用，她认为外商直接投资改变了原有计划经济体制下的国企与民营企业产权状况，使产权得以清晰界定、产权结构得以优化，从而促进中国产权交易，影响产权制度变迁。同时，她还认为外商直接投资改变了我国原有自上而下的强制性金融制度变迁路径，FDI 的进入为金融机制引入新的竞争主体，打破原有金融制度变迁中的“路径依赖”。在桑百川与王霞研究的基础上，李莉（2009）从非国有化率、市场化程度和对外开放三个指标考察了 FDI 对我国制度变迁的影响，认为 FDI 使我国产权结构趋于多元化，企业运营理念不断变革，政府职能得到转变，从而进一步推动了我国经济制度转轨。

金莹（2005）、徐俊武（2006）、丁宁（2007）、周俊宇（2007）、陈勇兵（2009）与郭宏（2008）等学者都将 FDI 看作我国制度变迁过程中的外部力量。周俊宇（2007）通过模型化的定量论证方式得出 FDI 的制度变迁效应在于通过引入市场竞争主体这一外生力量改变国内市场结构、突破制度瓶颈，进而改变原有市场主体之间的利益格局，实现制度变迁。郭宏（2008）也认为 FDI 作为一种外部力量，通过改变我国市场经济制度带动制度变迁进程。其论述表明，制度变迁的动力不仅存在于国内，国际间的外部力量也发挥着重要作用，FDI 已逐渐成为一种重要的变革力量，以其自身优势通过示范、关联、竞争等机制促进现代市场经济制度的发展，我国应充分发挥外资作为制度变革推动者的积极作用。金莹（2005）将视角转向跨国公司，她认为跨国公司作为相对于东道国政府与国内企业的第三种外在力量，可以通过提高市场竞争程度来影响我国市场结构，其中跨国公司对我国国内企业制度的影响主要通过溢出效应和竞争效应实现，而对我国政府制度的影响主要通过相互抉择的过程完成，使得 FDI 最终带动我国整体制度变迁。陈勇兵（2009）从所有制等方面论述了 FDI 对我国制度变迁的带动作用，认为 FDI 作为一种外生制度变量打破了原有制度僵化的状态，直接推动着我国所有制结构、收入分配等基本经济制度的变迁。丁宁（2007）则在他的论述中提出，外商直接投资进入我国后，以一种外部力量打破国有企业在大多数行业领域处于垄断的地位，弥补了民营经济竞争力不足的缺陷，竞争性市场环境质量明显提高，使制度走出低效率均衡并促进形成国有企业诱致性制度变迁路径。

王雷、韦海鸣（2003），谷克鉴（2005），万承刚（2008），孙辉、李金生、李浩鑫（2008），李亚玲（2010）都认为FDI影响我国区域制度变迁，并且FDI与制度变迁存在良性互动的关系。其中王雷、韦海鸣（2003）认为FDI的进入对区域间市场竞争的公平性、法律法规的完备性、政府工作效率与透明度提出了更高要求，有助于改变以往计划经济阴影下省市内政企不分、地方保护主义等弊端，从而加快地方政府体制改革步伐，对区域制度变迁产生积极作用。谷克鉴（2005）提出外资通过特殊的加工贸易和出口带动中国区域产业结构升级和贸易结构优化，尤其是对我国先行开放地区的产业链条与产业集群的发展发挥显著的推动作用。万承刚（2008）认为FDI与我国区域制度变迁有着较强的相关性，FDI有效地提高了中国整体制度环境的质量。同时，王雷、韦海鸣与万承刚还认为FDI主要对我国不同区域内体制改革、市场机制及人们的思想观念产生了深远的影响，外资企业进入中国后在与当地企业合作的过程中，使人们有更多机会接触到国外的思想观念、文化意识和风俗习惯，了解符合市场经济规则和国际惯例的标准，促进与市场经济相适应的新观念与新思想的灌输，推动制度向更高层次演进，从而有力地推进我国区域制度变迁。孙辉、李金生、李浩鑫（2008）认为外资的流入为我国西部地区带来先进的制度安排并对现行经济体制带来了冲击，在一定程度上推动着西部地区的制度变迁。李亚玲（2010）的实证研究结果表明中国区域制度变迁与FDI存在双向关系，FDI在我国区域制度变迁过程中发挥着重要作用。

1.2.2 FDI溢出效应相关文献综述

FDI伴随着东道国进行人员培训与投资建厂以及关联产业等方式

出现投资行为，在这些实际经济活动中，不但会产生技术的转移，还会导致先进管理经验及运营方式的扩散，从而产生 FDI 溢出效应。在某种层面而言，技术与制度的引入传播具有一定的相似性，产生的溢出途径也较类似，都是通过竞争效应、示范效应、人员培训效应、关联效应实现的。在以往的研究中，更加侧重技术层面，但是 FDI 以其所有权优势、内部化优势与区位优势，不仅可以使微观层面上先进管理经验、运营机制进入东道国，还会影响宏观层面上东道国政府政策的出台与实施，在更加广泛的范围内产生溢出效应，同时也使得 FDI 的溢出效应存在着空间性的特点。下面先来了解一下关于 FDI 溢出效应的国内外研究进展与成果。

新增长理论强调国际间合作的溢出效应。一般认为 FDI 对东道国存在正向的溢出效应，可以促进东道国生产效率和技术水平的提高。最早麦克杜格尔（McDougall，1960）通过研究 FDI 对东道国经济福利影响问题首先考虑了外溢效应。其后凯夫斯（Caves，1974）、格洛伯曼（Globerman，1979）与布罗斯多姆（Blomstrom，1983）对 FDI 溢出效应的存在性与正向性问题予以证实，特别是芬德利（Findlay，1978）构建了一个由发达国家向落后国家进行直接投资产生溢出效应的动态模型，验证了外资份额等特征对溢出效应的影响，芬德利假设外资企业与内资企业间的溢出是通过员工之间的相互交流、相互学习和相互模仿完成的，他认为溢出效应随着 FDI 存量的增加而变大。

哈达德和哈里森（Haddad and Harrison，1993）利用摩洛哥制造业对外商直接投资所产生的溢出效应进行的经验研究与 Briian J. Aitken 和哈里森（1999）利用委内瑞拉数据对制造业溢出效应的增量效应都表明了溢出效应的存在。Wang 和 Blomstrom（1992）构建了一个跨国公司与内资企业相互作用的模型，此研究强调了竞争的重要性，他们认为在东道国市场价格机制充分发挥作用的情况下，外资企业为保持市场占有份额，不断把比较优势从母国转移过来，逐渐被内资企业所模仿，竞争进一步加剧，如此反复条件下，竞争越激烈，FDI 溢出效应也就越大。Branstetter（2001）通过对美国和日本双向投资的研究与实证检验过程发现存在显著的溢出效应。

在对我国的研究中，Liu 等（2001）、Wei 和 Liu（2001）的研究结果都印证了 FDI 溢出效应的存在性，他们检验了外资企业在生产活动中对我国电子制造业劳动生产率的影响，并且得出 FDI 溢出方式与企业所有制形式密切相关。其中 Liu et al.认为国有企业主要从与外资企业的竞争效应中获得 FDI 溢出效应，而其他当地企业则要通过示范与模仿效应获得 FDI 溢出。同时，通过 1995—1999 年期间的 511 家大、中型制造业企业数据，Hu 和 Jefferson（2001）检验了外资制造业企业对中国国内企业的溢出效应影响，其实证结果表明外资企业增加了产品种类数后，对中国制造业产生了溢出效应。Cheung 和 Lin（2004）也考察了外资企业对中国企业研发、创新活动的溢出效应，其运用 1995—2000 年间各省域的面板数据发现外资企业对中国企业 FDI 溢出效应具有明显的正向影响。

近年来，Hale 和 Long（2006）列出了 10 项国外学者对中国外商直接投资外溢效应的研究，其中 9 篇报告提出了存在显著的正向溢出效应结论。在他们的研究中证实了 FDI 溢出效应正向性的存在。Grong 和 Greenway（2001）进一步将外资企业的溢出途径概括为模仿、竞争、人力资本和出口四个方面。FDI 溢出途径总结如表 1.1 所示。

表 1.1　FDI 溢出途径总结

途径	获取生产率提高的方式
模仿	采用新的生产方法
	采用新的管理方式
竞争	降低无效率
	尽快采用新技术
人力资本	提高补充性劳动力的生产率
	提高隐含经验类知识
出口	规模经济效应
	接触更先进技术

资料来源: Gorg，H. & Greenway，D. Foreign Direct Investment and lntra-Industry Spillovers:A Review of the Literature. 2001，GEP Research Paper Series，37.

国内学者也逐渐开始对 FDI 的溢出效应进行研究，秦晓钟（1998）的研究认为就我国工业总体而言存在着 FDI 的溢出效应，其实证检验立足于对 9 种行业的横截面回归分析。而姚洋（1998）则基于第三次全国工业普查资料，实证检验将随机抽取 14607 家企业、12 个大类行业数据作为样本，通过比较国有企业与三资企业，发现 FDI 确实存在溢出效应。随后，沈坤荣（1999）通过分析各省的外商直接投资总量与其全要素生产率的横截面相关性，得出若 FDI 占国内生产比重增长 1 个单位，综合要素生产率会随之增长 0.37 个单位。沈坤荣（2001）、郑云（2005）、谢建国（2006）、严兵（2006）、李平（2007）等运用各年间省际面板数据对 FDI 在我国的溢出效应进行实证检验，发现 FDI 在我国具有一定程度的正向溢出效应。不可否认，FDI 通过溢出效应渠道带动着我国技术的进步，制度在某种层面与技术有着相似的特征，一般认为 FDI 的进入一方面通过投资与合作过程必然引致技术转移的同时，还会带来先进的管理理念与运营模式，这不仅提高技术水平，还会促进东道国的制度优化；另一方面也会通过提高市场竞争力、带动产业关联效应、增加学习和效仿的机会以及人力资源的流动，从而影响国内制度变迁。因此，FDI 带动我国制度变迁同样存在与技术扩散相类似的溢出效应，并且这种制度溢出效应逐渐在我国各省域间呈现出区域性的特点。

在 FDI 空间溢出性方面，诶斯特尼等（Easterly，1998）开创性地运用增长率空间滞后项的系数作为指标度量 FDI 技术溢出效应，发现当一国改善影响经济增长的某个因素，其他国家也会通过 FDI 溢出效应而受益。哈斯克尔等（Haskel et al，2002）指出，外资溢出不仅存在于行业内与行业间，还会按地区路径发生。某一地区的外资企业的生产经营活动不仅会影响本地区，也可能会影响周边以至地理距离更远的其他地区。罗破兹（Lopez，2004）在研究欧共体的溢出问题时运用空间计量经济模型，其检验结果表明生产在空间上的聚集现象会导致收益递增，空间溢出效应也应被考虑进来；在很大程度上溢出效应体现在一定范围之内，并且服从距离衰减定律。其次，在国内 FDI 与制度溢出空间性方面，康继军、王卫（2009）等学者分析并证明了制度作为促进经济增长的显著变量具有空间效应，各地区市场化进程存在制度溢出效应。冼国明、杨长志（2009）等学者证明了外商直接投资也具有空间性，各省之间的FDI存在互补关系。钟昌标（2010）对FDI的空间性进行了分析，认为外资在某一地区的投资不仅刺激和提升了本地区生产率绩效，同时也间接带动了其他地区生产率的改进，FDI具有空间溢出性的特点。

以上所介绍文献都从不同层面和角度对FDI溢出效应进行了检验与印证，但是在学术界也存在着一些学者对FDI溢出性持否定意见。有些学者认为FDI不存在溢出效应，还有一些学者认为FDI的溢出效应产生需要在特定情况之下。Blomstrom（1986）、Haddad和Harrison（1993）与Kokko（1994）、Haksar（1995）、Tansini和Zejan（1996）、Aitken和Harrison（1999）等学者运用委内瑞拉、墨西哥、印度、乌拉圭、摩洛哥等国家的经济数据对FDI溢出效应进行了检验，他们的结果在一定程度上不支持FDI溢出效应的假设，或者可以说FDI溢出效应只在一定条件下成立。Yong与Lan（1997）通过研究大连FDI企业得出外资企业对本地企业溢出效应十分有限，同时Yong也给出了相应解释。他认为FDI溢出效应受到当地合作者技术吸收能力的限制，使得溢出效应不明显，并且很多外商投资者并非技术的真正的拥有者，同时在合资企业中，由于有时差距不明显，使得模仿、学习空间受到制约。Huang（2001）通过研究较长时间内港、澳、台来内地投资的现象认为，外资企业大量涌入的原因是受到我国政府对国内民营企业投资制约所致，因此FDI溢出效应并非普遍现象。同时，Fan与Warr(2000)通过计量分析得出由于内外资企业的技术差距保持在一定范围之内，因此也就使得低端、中端产业的溢出效果最为明显。Bennett等（2001）对在华投资的20家欧盟制造业企业进行调查发现，FDI溢出效应在我国高端制造产业中并不明显，与以上两位学者研究具有一致性的Zhang与Taylor（2001）通过对中国自动化产业的分析表明，FDI溢出效应往往发生在低、中端的生产中，并非在所有产业中都会产生溢出效应。Thompson（2002）利用84家在内地的香港服装企业的数据进行实证分析发现，存在于行业内与行业间的两种溢出效应要以产业聚集为条件，产业聚集效应是影响 FDI 溢出效果的关键因素。之后，我国很多学者都提出了门槛理论，在超越这一门槛后才会产生 FDI 溢出效应，具有代表性的学者包括潘文卿（2003）、顾保国（2005）、刘厚俊、刘正良（2005）等。

在众多学者对 FDI 溢出效应的争论中，我们不禁开始思考 FDI 的制度溢出效应到底是否存在？如果存在，那么要在什么条件下才能充分发挥？FDI 溢出效应随着经济的不断发展又出现了哪些新的特点？以上的问题都需要我们在探讨 FDI 促进我国制度变迁并产生溢出效应的过程中充分予以考虑。因此在后面我们分析完 FDI 促进我国制度变迁机制后，对 FDI 促进我国制度变迁的溢出效应及其存在的空间溢出性特点特别提出，并进行详细分析。

1.3　研究目的、思路与内容

1.3.1　研究目的

本书着重解决长久以来对 FDI 的争议问题：FDI 是否会影响我国制度变迁。如果会，那么 FDI 在我国经济转型过程中扮演什么角色，又是通过什么机制影响我国制度变迁。FDI 影响制度变迁的过程中，在我国产生了什么趋势与特点。针对这些 FDI 进入我国后产生的种种问题与现象，我们应该如何应对，未来的外资政策应该如何选择。以上亟待解决的问题是本书的研究目的，也是我们在书中接下来需要详细论述的。

1.3.2　研究思路

本书最初梳理了国内外对 FDI 促进一国制度变迁的相关理论，并详细论述了 FDI 影响我国制度变迁的理论基础，其后得出相应传导机制，并将此传导机制划分为两大效应，分别为直接效应与间接效应和五大制度因素，分别为市场制度、金融制度、非国有经济制度（这三大因素属于 FDI 影响的直接效应因素）、法律制度与政府制度（属于 FDI 影响的间接效应因素）。

在分析完传导机制后对其进行实证检验，进一步对理论分析予以证明。FDI 促进我国制度变迁过程中产生制度溢出现象，且 FDI 制度溢出在我国具有其自身特点。最终通过逐层递进和逻辑性的研究得出结论与相应的政策建议，为未来的外资发展提供导向。以上研究思路结构图如图 1.1 所示。

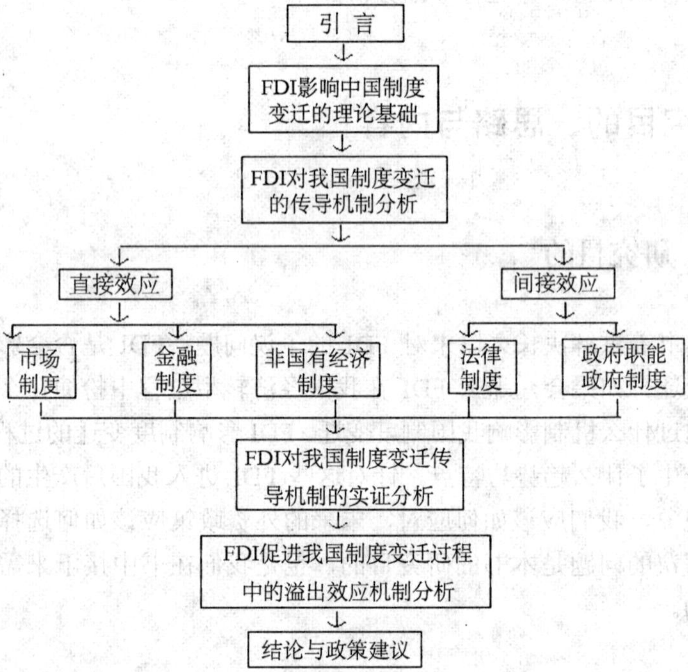

图 1.1　本书框架逻辑流程图

1.3.3 研究内容

FDI 进入我国后带来了新的制度模式，增加了制度创新收益，改变了原有的制度安排。通过促进市场制度、法律制度、非国有经济制度、金融制度与政府制度影响我国制度变迁。本书在得出 FDI 促进我国制度变迁的传导机制后，分析了 FDI 促进我国制度变迁过程中的溢出效应，认为溢出效应具有空间性的特点。其后，本书在分析 FDI 对制度溢出空间性的基础上得出：制度溢出性呈现出区域性与聚集性的特点。

全书分为六章。

第 1 章为引言。首先，从 FDI 进入我国的特征与作用入手，引出 FDI 促进我国制度变迁这一研究主题；其次，对中外学术界关于 FDI 影响制度变迁的相关文献进行梳理与分析；再次，阐述本书的主要研究内容与方法；最后，对本书的研究思路和创新之处进行归纳总结。

第 2 章为 FDI 影响中国制度变迁及其理论基础。分别对制度、制度变迁、FDI 与 FDI 对制度变迁的相关理论进行梳理，然后就 FDI 在中国转型进程中的重要地位和所发挥的作用予以阐述，以论述出 FDI 影响我国制度变迁的影响机制，同时，将本书研究中所涉及的溢出理论与空间经济理论加以阐述与说明。

第 3 章为 FDI 促进中国制度变迁的传导机制。根据 FDI 对制度因素影响机制的不同，将其分为直接效应与间接效应，其中 FDI 对我国制度因素影响的直接效应包括市场制度、金融制度、非国有经济制度，间接效应包括法律制度与政府制度。其后，针对每一种制度因素的传导机制予以详尽论述，最后，得出 FDI 影响我国制度变迁的整体传导机制。

第 4 章为 FDI 促进中国制度变迁机制的实证分析。通过格兰杰检验对 FDI 影响各制度变量的直接效应与间接效应予以验证，再通过脉冲响应函数对 FDI 一个冲击对各制度变量的具体影响趋势图进行验证，并得出相应的影响滞后期，最终以例证形式对先前理论论述加以整体实践论证。

第 5 章为 FDI 对中国区域制度变迁的溢出效应。FDI 影响我国制度变迁的过程中，在微观层面产生了溢出效应。首先，通过近几年各省份制度相关数据论证 FDI 溢出效应的存在与溢出程度，其后，根据分析对 FDI 制度溢出效应在我国呈现的特点进一步加以论述与解释，其间针对溢出效应产生的空间性问题着重加以论证。

第 6 章为相关问题与政策建议。对如何进一步带动 FDI 促进我国制度变迁、增强 FDI 制度溢出性并解决其空间不均衡的问题给出了相应的政策建议，并对我国未来的外资政策给出相应合理的选择。

1.4 研究方法与创新之处

1.4.1 研究方法

为了能够深入分析 FDI 对我国制度变迁的影响，本书主要采用理论研究与实证分析相结合、定性分析与定量分析相结合、过程分析与现状分析相结合的方法。其中，实证分析为：第一，采用双变量滞后 K 期的 VAR 模型研究 FDI 对各制度变量影响的动态关系，并采取格兰杰非因果性检验的方法对 FDI 与制度因素的影响关系进行检验。运用脉冲响应函数分析在扰动项 FDI 上施加一个标准差大小的冲击对制度变量当前值和未来值所带来的影响。第二，运用空间计量方法来衡量一个地区 FDI 的进入对周边地区的影响效果及溢出效应。空间相关存在两种模型：空间滞后模型与空间误差模型。本书采取空间滞后模型即一个地区制度的变迁成为解释相邻地区制度变迁模型中的一个自变量。通过分析引入空间滞后模型前后误差对比来确定其空间溢出性，从而估计 FDI 与制度空间溢出性在多大程度上促进我国制度变迁。由于制度问题只停留在实证检验会较片面，因此本书在分析过程中还加入了大量的例证分析法，以实践与现状分析的角度对 FDI 进入后，对我国制度变迁产生的影响予以全面论证。

1.4.2 主要创新点

（1）研究视角的创新性。FDI 作为一种制度安排进入我国后，经过 30 多年的发展，已经成为推动我国制度变迁的重要动力，但是目前针对 FDI 促进我国制度变迁的研究还是一个较少涉及的领域。本书将 FDI 对我国制度变迁影响机制细分为两大效应与五大因素，通过分析 FDI 对我国具体制度因素的影响得出 FDI 促进我国制度变迁的传导机制，为我国未来外资政策选择提供依据，也为解决长期以来我国对外资的诸多争议提供新的证据。

（2）研究观点的创新性。以往的研究很少将外资溢出效应的空间性考虑进来，在传导机制的过程中 FDI 对制度变迁的空间溢出性不容忽视。现代空间经济理论认为，当运输成本维持在一个较高水平时，各地区之间会由此形成较高的贸易壁垒并维持着自给自足的均衡。同时，外资制度溢出本质上是 FDI 的制度外部性，而制度的溢出路径遵循示范效应、竞争效应、联系效应和人力资本流动效应四种机制。因此，各地区间制度溢出路径有效性也会随着地理距离或溢出成本的增加而降低，这意味着在区域间跨国公司促进东道国制度变迁的过程中，邻近地区会比较远的地区更有可能形成制度溢出效应。可见，加入空间性的制度溢出研究使得成果更具有现实意义。同时，将 FDI 促进我国制度变迁过程中产生的溢出效应研究定位在区域视角下进行使分析更加细化。运用空间角度的分析方法可以清晰地了解到 FDI 进入我国以来对我国各省域间制度变迁产生的影响，更具有实际意义和研究价值。

（3）研究方法上有所创新。通过脉冲响应对 FDI 进入后对各制度因素的冲击影响进行模拟，并分析冲击时滞产生的时期及原因。同时，本书采用空间计量经济学中考虑空间效应的空间滞后模型（Spatial Lag Model，SLM），对各省域制度指标进行估计研究，将距离因素考虑进来并赋予空间权重，使得运用空间方法衡量制度溢出效应更加精准。这不仅在计量方法上有所突破，而且通过实证检验使得本文理论观点更具有说服力。

第2章

FDI影响中国制度变迁及其理论基础

研究 FDI 促进我国制度变迁，必须建立在一个相对系统而又具有理论兼容性的分析框架下。这就需要结合理论与历史对 FDI 促进制度变迁的演化轨迹和构建条件统一进行分析和总结。特别是 FDI 进入我国后对制度各方面产生的影响与其特殊性，需要予以阐述。基于此，本章从制度变迁与 FDI 的理论入手，逐层深入分析外商直接投资促进我国制度变迁的发展过程。同时，针对 FDI 产生的溢出效应予以详细论述。本章以 FDI 溢出效应的性质出发，研究了制度溢出途径和决定因素，并为进一步分析 FDI 制度溢出空间性问题提供空间经济学理论基础。

2.1 制度变迁与 FDI 理论回顾

制度与制度变迁伴随着人类经济活动的发展一直在发生着变化，制度与制度变迁一直都是制度经济学研究的核心内容。当然制度与制度变迁作为经济机制中固有的一种属性，并非全部受到 FDI 影响。随着社会经济活动的不断演进，出现了以往不存在的多种变量成为影响制度与制度变迁的因素，FDI 就是随着经济的发展出现在制度运行框架下的一种新的影响因素，值得我们进一步认知与探索。在分析 FDI 对我国制度变迁的影响机制之前，我们有必要了解一下制度变迁的动因、过程及其方式。

2.1.1 制度与制度变迁相关理论研究概述

2.1.1.1 制度定义与构成

1. 制度的定义与内涵

对制度的认识与分析在人类历史上起步较早，不同流派对制度与制度变迁的认识都有着自己的见解。老制度主义代表人物托斯坦·凡勃伦、约翰·R.康芒斯等对制度定义及其性质予以论述。凡勃伦考察了外在影响因素对制度安排产生的作用，研究了既定社会惯例和既得利益者阻碍这种变迁的方式。凡勃伦（1964）将制度定义为“人们在长期交往中形成的约束人们行为的一种思想习惯，认为制度是大多数人所共有的一些固定的思维习惯、行为准则、权力与财富的原则，制度随着环境的变化而变化、社会的发展而发展。”[①]个人与社会的行为受到本能支配，决定人们行为的目的与方式，在社会环境下，这些行动逐渐形成思想和习惯，从而形成某种社会心理，进而形成制度。制度又会对人们进一步的行为做出约束。这样制度成为思想与习惯长期积累的产物，制度的演进过程也成为人们思想淘汰更迭的过程，也是人类对外界条件、环境的心理变化过程。凡勃伦是旧制度经济学派中最早给制度下定义的人，其后由克莱伦斯进行发展与修正将政治经济权利的现代经济结构和观念结合在一起。著名经济学家康芒斯的研究将视角转移到法律、产权、组织及其演变，以及这些变迁与演变对法律和经济权利、经济交易和收入分配的影响。康芒斯认为制度是在买卖交易、管理交易和限额交易的运行机构中的运行规则[②]，实质就是“集体行动控制个人行动的一系列行为准则或规则。”[③]在这种运行机制中，人们之间交互影响的行动在已有规范的约束下，随着交互关系进一步

① 凡勃伦.有闲阶级论[M].北京：商务印书馆，1964：139—140.

② 康芒斯.制度经济学（上册）[M].北京：商务印书馆，1962.

③ 康芒斯.制度经济学[M].北京：商务印书馆，1983：87.

扩展，构成一种适宜长久利益的运行规则。人们会学习通过谈判消除利益冲突，使运行机构中的运行成本降低，形成自身运行规则即制度。

其后，新制度主义逐渐得到发展，根据对制度研究的侧重点不同，新制度经济学相较于老制度经济学，更加关注特定体制形态内的相互作用。制度是约束人们行为的一系列规则，这些规则涉及政治与经济方面。诺思的研究具有代表性，他认为“制度是旨在约束个人追求效用最大化过程中被制定出来的一系列行为准则、守法程序和道德伦理规范。”制度是社会中人与人交往时所共同遵守的一套行为准则，“它们是由两部分组成的。一部分为正规的成文规则，另一部分为以正规规则为基础与补充的典型非成文行为准则。”[①]除此之外，其他很多新制度经济学家从不同角度出发，也对制度根据自己的理解给出了相关定义。例如，德姆塞茨将对制度的研究放在产权的角度，把制度安排看成是一种产权安排。T·W.舒尔茨在其研究中，将制度定义为管束人们行为的一系列规则。诺斯（1994）在《经济史中的结构与变迁》与《制度、制度变迁与经济绩效》两本书中都界定了制度，总体认为制度是一种规范人行为的规则。

2. 制度的特点与构成

制度归结起来至少具有以下三种特点：

第一种，制度的规定性构成。制度的规定性特点是制度构成的基本环节，表现为以具有规则条文等进行定性约束的特点，是制度的静态层面与基础层面，为制度的运行、实施提供依据与框架，是制度稳定性的保障与源泉。

第二种，制度的能动性构成。制度的能动性是制度依照其规定性条文作用于行为人，使其约束与规范功能产生效应的过程，也是制度的价值得以实现的环节，表现为使制度规定性条文得以执行、实施与作用。制度的能动性体现为制度的操作层面特征，充分表现出制度的作用力，使制度的预期目标得以实现。制度对行为人的影响、约束在此过程形成，制度的威严在此阶段建立。这一阶段是对规定性特征的

① 道格拉斯·C.诺思，R.托马斯.制度变迁理论纲要[M].上海：上海人民出版社，1995.

诠释和发展，是制度由抽象向具体转化的过程，也是制度由静态转变为动态的过程。这一特点是制度的关键与核心，是制度与行为人真正的结合点。

第三种，制度变动性构成。制度的变动性构成既包括制度规定性构成的变迁和发展，也包括制度能动性的变化和调整，是一个通过规定性、能动性与行为人相互磨合、相互作用与反作用，最终使得制度得以发展，这也是制度创新生成与制度产生变迁的环节，制度的变动性是制度的提升环节。通过规定性环节，制度框架中的缺陷与不足得以弥补，使之更趋于合理，约束范围更广，可执行度更高，在能动性环节，制度的约束能力得以增强。变动性环节结合以上两个环节的特点后，弥补制度其他层面的空白，使整体制度体系更加健全，这一过程是对原有制度的创新与优化，既有与能动性层面的互动，也有向规定性层面的回归。从某种意义上来说，变动性层面是动态与静态的融合。

制度是由这三个特点有机构成的一个有效整体，三个特点构成有各自的特征和功能，相互联系，密不可分。规定性构成就像整体骨架支撑着整个内在机制；能动性构成就像肌肉带动整个机制的平稳顺利运行；变动性构成就像对整个有机体的演进与分化，使整体机制随着外部环境的改变而变化，更好地适应生存、发展需要。其中，规定性构成是制度的基础与前提，反映了静态层面的特点；能动性构成是制度的运行与操作，是制度的诠释、发展与价值体现，反映了动态层面的特点；变动性构成是制度的发展与繁衍，是规定性特点与能动性特点相互作用的结果，反映了静态层面与动态层面相融合的特点。三个制度特点共同构成了制度体系。

2.1.1.2　制度变迁理论回顾

1. 制度变迁的定义及其动因

制度变迁，是指新制度（或新制度结构）产生、扬弃或改变旧制度（或旧制度框架）的过程，从一般意义上可以被理解为是用一种新旧制度更迭、转换与替代的过程，从演化论的角度来看，制度的变迁体现着制度由低级向高级演变的客观规律。由于制度的稳定性是相对的而不是绝对的，也就是说制度变迁不是一成不变的。诺斯（1994）将制度变迁定义为“制度创立与变更及随着时间变化而被打破的方式”。伴随着社会经济环境的改变以及人类知识、认知水平的提高，原有的社会制度不再适应社会经济的发展。在这种情况下，社会主体将能动地做出选择，推动某项具体的制度安排乃至整体社会制度结构发生变化。卢现祥[①]（2004）认为，制度变迁应当被视为一个社会选择的过程，它是社会规范体系的通称，包括选择、创造、新建和优化的过程，也包括制度的调整、完善、改革和更替的过程等。制度变迁包含着两方面的内容：一方面为制度的创新问题，体现了新的制度安排如何产生；另一方面为如何从旧有的制度安排过渡到新的制度安排，即新旧制度的转轨问题。

制度变迁的动因可以归结为：要素相对价格的变化、技术的不断创新、利益集团间的博弈与经济增长。

第一，要素相对价格的变化。诺斯认为要素与资源相对价格的变化是历史上制度变迁的主要原因，其中要素的价格变化包括如土地与劳动力、劳动力与资本、资本与土地之间这些要素价格比率的变化，信息成本的变化和技术的变化等。由于这些要素价格的上升，要素所有者会相对于其他所有者获得更高的利益。相关产品价格在要素相对价格上升的引导下逐渐上扬。这些在外界因素的影响下致使不同组织对其做出反应。要素相对价格的变化改变了原有组织的谈判地位。就如土地与劳动力相对价格改变的情况下：当人多地少时，土地拥有者具有较高的谈判资本；在地广人稀时，劳动者拥有的谈判力量相对强大，因此在战争或灾疫发生时，统治者出台的政策往往是休养生息，减少人民税赋等。也就是说，相对要素价格的变动促进原有制度发生变化，使制度变迁转向更加有效的制度激励机制，它在改变人们行为模式的基础上，改变着制度模式与制度构成。

第二，技术的不断创新。与诺斯认为的要素的相对价格变化产生制度变迁理论不同，一些学者认为技术决定着制度变迁的发生与发展

① 卢现祥.新制度经济学[M].武汉：武汉大学出版社，2004：144.

方向。就如马克思相对于其同时代的学者更早地预见了技术与制度变迁的关系。在马克思的理论体系中，他认为生产力是社会向前发展的根本动力，生产力的发展引起了生产力与生产关系之间的不匹配，从而决定并推动生产关系的变化，生产关系的变迁进一步影响上层结构的变化，而生产关系的变化又进一步引起上层建筑的变化。生产力的发展推动了制度的变迁，特别是经济制度的变迁。新制度的产生与实现是伴随着生产力与生产关系这一社会矛盾在阶级斗争的过程中的解决而实现的。这是由于代表适应新的制度安排与生产力发展方向的阶级与代表着旧有生产关系的阶级，随着经济的发展必然产生不相适应的矛盾，当前者战胜后者，新的生产关系占据主导地位。也就是由技术进步带动生产力发展到一定阶段后，必然与原有生产关系即旧有制度不相适应，从而产生新的制度形式与制度安排实现制度变迁。老制度主义者凡勃伦和其追随者阿里斯（1945）提出老制度经济学的一个主要纲领："该纲领认为新技术对制度安排会产生影响，既定社会惯例和既得利益者阻碍这种变迁方式"，他们还认为技术是推动经济增长及制度变迁的一个重要动态因素，技术变迁与进步直接导致制度变迁。纵观历史发展，我们可以发现一个客观规律：技术创新与制度变迁的相关性很高，一项新的技术出现会带动生产力提高，生成新的制度安排，产生制度变迁。技术创新能够改变制度安排的相对效率，使原有制度不相适应。这是由于一方面，技术创新使产出在一定范围内出现规模报酬递增，增加制度变迁潜在利润，使制度创新获得相对收益变得有利可图；另一方面，技术创新可以使制度变迁过程中的交易成本大大减少，交易成本主要体现为其中的操作成本，包括信息成本与组织成本，就如计算机、通信、网络技术的进步使得社会经济运行的成本大大降低。

第三，利益集团间的博弈。制度是经济主体或行动团体之间所选择的一种制度安排，制度变迁的产生是由经济主体之间利益格局发生变化后，新的利益格局建立之前，通过多次的相互博弈所建立起来的新的制度安排转变的过程，而这些利益格局的变化通常由制度环境的变化而产生。奥尔森 (M. Olson) 在《国家兴衰探源》中系统研究了利益集团与制度变迁之间的关系，指出不同利益集团之间的分配博弈决定着制度结构。同时，奥尔森还指出随着时间的推移与经济的发展，一个稳定的社会结构中会出现多种利益集团，法律会变得日益复杂。随着政府干预的不断加强、社会结构日益僵化和利益集团的不断强大，利益集团会逐渐掌控运作规则、生产活动、新技术的运用、核心市场的准入。此时，制度变迁的产生与方向取决于寡头利益集团间的博弈、较量。利益集团博弈力量随着时间的推进不断发生变化，对稀缺资源的掌控力度决定着博弈过程中的力量强弱。而对这些稀缺资源的掌控权产生在寻租的过程中，即利益集团通过自身所有资源贿赂、俘获政府通过政治过程获得特权，在增加个人收益的过程中，以社会福利净损失为代价。只要存在财富转移的可能性，就会吸引利益集团寻租与护租行为的发生，利益集团间的博弈最终决定着制度变迁的走向。

第四，经济增长。顾名思义，该理论认为制度变迁的发生是由经济增长带动的，舒尔茨（1968）曾在其所撰写的《制度与人的经济价值的不断提高》中提出制度是具有经济价值的供给，制度是经济领域中的内生变量，制度变迁是对经济增长的动态反应，当然，舒尔茨也指出并非所有的制度变迁都可以运用该理论分析，即只有依赖于经济增长的制度变迁可以按照该理论进行解释，而一些不依赖于经济的制度变迁还需要单独考虑。拉坦（1978）也认为制度变迁不仅会对资源使用有所影响，制度变迁本身也是一种资源使用性的活动。舒尔茨与拉坦都认为经济增长与制度变迁相联系，并且经济增长是制度变迁的原动力。

2. 制度变迁的主体

制度变迁的主体是制度的推动者与实施者，是社会、经济生活中的利益集团或利益主体，可以是个体、团体、利益集团或政府。个人是制度变迁主体的最小单位，新制度经济学家认为制度的起源与发展和个人行为有着密切的关系，马克思认为“全部人类历史的第一个前提无疑是生命的个人存在。”[①]哈耶克认为制度变迁最基本的行为主体是以个人形式出现，而不是作为集体组织中的理性中心即政府出现。

随着经济的快速发展和人类社会的不断进步，新的经济组织形式、社会组织形式以及宗教、文化、信仰等团体不断涌现。与此同时，行为人追求个人收益最大化受到各种共同利益的驱使形成了各种利益集团，这些利益集团逐渐取代个人在制度变迁中的作用，成为生产、生活的主导力量，形成社会、经济等方面制度变迁的行为主体。各利益集团都有自身的特性与追求目标，这是由于这些利益集团是由人们按照自身经济生活中所处的地位和获得经济利益的方式，也按照社会地位、追求效益目标、所持有的偏好以及意识形态的不同所组成的。利益集团的组成成员可能从属于其他单个或多个不同利益集团，不同利益集团也可能依照其规模、性质、组织形式与在社会中所扮演的角色不同承担社会中的不同职责。规模较大、涉及范围较广的利益集团可能是由多个小的利益集团所组成的，这些利益集团对外可能是利益一致的共同体，而在集团内部会存在矛盾、竞争或分歧。马克思的理论中涉及的阶级就是依照经济关系划分后利益集团发展到一定阶段的产物，此时利益集团之间的竞争上升为阶级矛盾与阶级斗争。当然以其他形式划分的利益集团也可能存在内部矛盾，例如，以宗教信仰划分的利益集团中也可能包含多个阶级代表着不同的利益。因此，制度变迁的主体并不是一成不变的，当同一个利益集团成为制度变迁主体后也会分化出不同的利益目标，从而又产生出多个利益集团相互竞争，最终成为新的利益集团主体。对研究利益集团与制度变迁关系做出杰出贡献的奥尔森认为利益集团之所以能够成为制度变迁的主体，是由于制度变迁取决于利益的变化，以及新的制度相对于旧有制度为某些人带来了更多收益，这些人在既得利益的驱使下联合起来成为利益集团，其产生就是基于利益的一致性。在这种机制驱动力的作用下，利益集团会以制度变迁主体形式出现。

在政府作为制度变迁主体的情况下，常常伴随着强制性制度变迁

---

① 马克思，恩格斯.马克思恩格斯选集(第一卷)[M].北京：人民出版社，1995：67.

模式，政府作为制度的供给者与推行者影响着制度变迁的方向。由于制度作为一种公共物品，在推行与实施的过程中伴随着搭便车的现象，政府以其垄断优势和强制力可以有效降低制度变迁成本，使制度变迁顺利、有效推进。但是政府由于受到多种因素限制，其中包括统治者多元偏好不同和有限的行为理性、相异的意识形态刚性、官僚主义政治、利益集团之间的冲突以及社会科学知识的有限性与局限等，政府在制度供给以及制定和实施方面存在诸多无效率的现象。政府也会采取机会主义行为改变博弈规则，干扰社会秩序，成为社会衰退的根源，产生诺斯所言的“政府悖论”。这也就说明政府作为制度变迁主体形式出现有自身劣势，但是政府作为制度变迁主体应充分发挥其积极作用，以其强制力量保证制度安排的顺利实施，履行政治统治和社会管理职能，增强公正性和权威性。政府作为制度变迁主体，应以不参加或不享受制度变迁带来的直接利益为前提，这样的政府作为制度变迁主体明显具有有效性，而此时的政府制度供给也会受到社会的广泛认同。

3. 制度变迁的过程

历史上制度变迁是人类长期存在的社会现象，但对制度变迁理论真正进行经济学分析并构建起一般理论的经济学流派的当属新制度经济学，其中以诺斯的制度变迁理论为典型代表。诺斯早期的制度变迁理论是建立在新古典经济学的理性选择、均衡分析和供求分析等方法论的基础上的，诺斯将制度变迁视为一个动态的过程：制度均衡—非均衡—新均衡。这种制度均衡是指在现有的制度安排下已经获得了所有要素资源产生的潜在收入，虽然潜在利润存在，但改变现有均衡条件制度安排的成本过高且已经超过潜在利润，如果不改变制度环境则不可能实现收入的重新分配[①]。但当某些因素发生变化时，原有制度结构不再适应上述三个条件，制度由均衡走向非均衡，从而产生制度变迁。诺斯将这些因素归结为：新的潜在收入随着条件的变动而生成；组织或群体实施一项新制度安排的成本发生变化；制度环境由于法律

① 科斯，阿尔钦，诺斯.财产权利与制度变迁[M].上海：上海三联书店、上海人民出版社，1991：297.

或政治的变化受到影响，使得某些利益集团实现再分配或获得既有外部利润的机会成为可能。

制度非均衡的出现表明制度结构的不稳定性增加并存在制度变迁的可能，但制度变迁推动需满足制度的净收益超过预期成本。在满足这些条件后，诺斯进一步提出了制度变迁理论的一般过程，他认为一项制度变迁总体上经历以下过程：首先，某些个体或组织在理性分析现有制度的成本收益后开始酝酿自发的制度变迁试验，由此生成推动制度变迁的初级行动集团，而初级行动集团的成员可以是个人、企业、社团等组织，也可以是政府；其次，当初级行动集团发现制度试验可以经得起制度市场的竞争检验时，那么他们将维持、改进并有可能推广这些实验，否则将终止试验或探寻其他改革方式；再次，在初级集团试验的示范效应影响下，或由初级集团的直接游说产生了推动制度变迁的次级集团；最后，在初级行动集团和次级行动集团的共同作用下，推动制度变迁发生。

4. 制度变迁的方式

制度变迁方式是一种形式、速度、实践路径等的总和，存在于制度创新主体为实现一定目标时，所采取经济行为的过程中。其中制度目标是指制度创新主体在一定效用函数和约束的条件下旨在实现的制度安排。制度变迁方式主要受到社会利益集团的权力结构和社会结构偏好的影响。在诺斯提出的制度变迁理论基础上，一些学者对制度变迁的方式进行了进一步研究，具有代表性的学者为林毅夫，他通过归纳影响制度变迁的需求和供给因素，提出了诱致性制度变迁与强制性制度变迁。诱致性制度变迁是指由个人或群体在响应获利机会或实现自身潜在收益时自发倡导、组织和实行的对现行制度安排的变更或代替。诱致性制度变迁大多表现为渐进性的、局部的变迁过程，其中包含着非正式制度向正式制度的转化，也可能是由社会经济运行过程中内生因素所引致的；而强制性制度变迁是指由政府和法律引入和实行的制度变迁，往往是在政府的主导下强制性的、先从宪法秩序的创新开始的，它的发生是整体的、突变性的。两者的区别在于：首先，两种制度变迁的原因不同，诱致性制度变迁产生的原因是随着知识、技术的积累，人们对制度创新能力不断提升，从而影响制度结构的整体变化，同时要素相对价格的变动在长期引致制度变迁主体利益格局的变化，产生对制度创新需求增加并促进新制度安排运行与实施。与此不同，强制性制度变迁是由政府法令与政策颁布实施所推动的制度变迁，其中更多依赖于政府或统治阶级的利益偏好，当潜在收益存在时，统治者会推进新的制度安排并强化激励机制，使得制度变迁依照其目标实现与实施。其次，两种制度变迁方式的主体不同，诱致性制度变迁的主体是市场中的广泛微观主体或组织、团体。强制性制度变迁的主体往往是个人即政治精英或政府。两种方式主体的区别不但包括数量上的差异，还包括性质上的不同。最后，两种制度变迁方式的特点不同，诱致性制度变迁是满足广大微观主体的广泛利益，对制度需求满足一致性原则和经济原则，而强制性制度变迁往往是满足统治者的利益，这样的制度变迁依靠强制力量实施成本较低、效率较高，可以在最短时间内以最快的速度推进。两种制度变迁方式都有各自优势，当诱致性制度变迁不能有效满足微观主体制度诉求时，可以通过强制性制度变迁方式对制度缺口尽快进行弥补。

5. 制度变迁的“路径依赖”

路径依赖（Path Dependence）是指一个具有正反馈机制的体系，由于外部性偶然事件发生对内产生的影响被系统采纳，此机制便会沿着一定的路径演进，而很难被其他潜在的乃至更优的体系所取代。一般而言，路径依赖是一种惯性，事情一旦进入运行的轨迹，就由于惯性产生了一种对路径的依赖性，即使之后可能会出现更好的不同的选择，但由于存在着转换成本等原因，事情依然可能按照原来“相对低效率”的路径继续行进。正如诺斯所说的那样“人们过去的选择决定了他们现在可能的选择”。[①]在物理与数学领域最早提出路径依赖的概念，在经济学中戴维·保罗在其所著的《技术选择、创新和经济增长》一书中[②]最早探讨了路径依赖问题。20 世纪 80 年代以后，戴维·保

① 道格拉斯·C.诺斯.经济史中的结构与变迁[M].上海：上海三联书店，1991：1－2.

② 戴维·保罗.技术选择、创新和经济增长[M].伦敦：剑桥大学出版社，1975.

罗（1985）和阿瑟（1989）提出了自我强化机制，对路径依赖现象给予了经济学方面的解释，其认为新技术在采用过程中具有报酬递增的特性与性质。之后，随着路径依赖理论的进一步发展和完善，该理论目前已被广泛应用到许多学科中。新制度经济学的代表人物道格拉斯·诺斯首先将路径依赖理论引入制度变迁研究领域。诺斯在其《制度、制度变迁与经济绩效》一书中提出并强调了规模报酬递增的性质，认为由于此性质的存在，可以在制度变迁中应用路径依赖理论。诺斯还运用路径依赖理论，深入探讨了世界上不同国家和地区之间经济绩效存在的差别，其认为经济发展过程中的路径依赖的根本原因应该是各国的初始条件和发展速度存在差别。正因为存在路径依赖，使得落后国家的经济发展水平很难赶超发达国家的经济水平，路径依赖理论成为解释经济长期运行、变化与发展的关键因素。也正是因为存在着路径依赖的问题，一个国家经济发展和政治体制的变迁有可能产生诺斯路径依赖 I，即保持旧有良性循环并不断优化，也有可能导致诺斯路径依赖 II，即在低效率体制中无法跳出恶性循环，如诺斯所言，若要改变这种状态，就必须依靠外部力量推动或者政权的更迭。

“两种力量会影响制度变迁的路线：收益递增与不完全市场。”[①]所以，这两种力量决定了制度变迁的不同路径选择与路径依赖方式，也决定了在长期内很多低效制度的存在并陷入锁定状态均衡。由此，诺斯对国家之间的贫富差距进行了分析，即为什么一些国家富裕而另一些国家贫穷，他认为：“由于缺少进入有法律约束和其他制度化社会的机会，造成了现今发展中国家的经济长期停滞不前。”[②]路径依赖形成的深层次原因就是利益因素，在路径依赖的自我强化机制影响下，初始制度变迁路径会不断强化自身的惯性，这是由于维持现有的变迁路径和方式比新的制度路径可以节省成本并获得更多收益。初始的制度选择与变迁路径会产生与之相关联的利益集团，他们在现行制度安排下可以获得既得利益，若现有制度安排被改变，会使他们丧失原有利

① 道格拉斯·C.诺斯.制度、制度变迁和经济绩效[M].上海：上海三联书店，1994：127.

② 道格拉斯·C.诺斯.制度、制度变迁和经济绩效[M].上海：上海三联书店，1994：120－125.

益来源、根基和动力。因此，在初始制度安排下产生的利益集团往往会反对变革，即使这种变革会为整个社会带来财富和福利的增加，他们也会不遗余力地进行阻挠，来保持现有制度。所以，随着路径依赖的逐步形成和之后的不断自我强化，时间越久，这种在现有制度体系下由既得利益构成的框架与结构也就越牢固，再进行任何的改变都会基于现有利益格局之下，逐渐成为对现有制度的小修小补，往往表现为一种渐进式的制度变迁路径选择。继诺斯之后，一大批新制度经济学家也相继对路径依赖问题进行了研究。萨格登（1989）、扬（1998）、青木昌彦（1999，2001）和奥野正宽（1999）等人将博弈论的研究方法运用到制度变迁的分析当中去。他们认为，经济活动的参与者在博弈路径的选择策略与其本身的文化背景、历史上的已有规则相关，因此，制度的选择体现了路径依赖的特性。

2.1.2 中国制度变迁相关研究理论概述

2.1.2.1 制度变迁二元并存论

林毅夫（1990）根据制度的供给与需求原理将制度变迁方式分为诱致性制度变迁与强制性制度变迁。在诱致性制度变迁方面，他认为制度安排是从一个可供挑选的制度安排集合中选择出来的，而选择的条件是从生产和交易的两个方面加以考虑，当这种制度安排比其他制度安排更加有效时，这个制度安排才会得以实现。但这种特定制度安排中产生的交易费用还取决于其他因素，包括法律、习惯、意识形态等。要发生诱致性制度变迁必须要有某些来自制度之外的不均衡获利机会，也就是现有制度安排不再是最有效的。一个制度安排的不均衡打破了原有整个制度结构的均衡状态。这是由于制度安排之间是紧密相关的，一个特定制度安排的变迁，也将引起其他相关制度安排的变化。当发生这种不均衡时，制度变迁的过程最有可能是从一种制度安排逐渐地传导到其他制度安排上，这个过程是在一个由历史确定的制度结构中发生，并以这个现行的制度结构为条件。制度变迁的过程类似于一种进化的过程。在强制性制度变迁方面，林毅夫认为由于制度安排是一种公共产品，所以搭便车问题成为制度创新过程中的固有问题，诱致性制度创新会使整个社会中制度安排的供给少于社会最优水平。因此，强制性制度变迁通过国家干预可以有效补救持续的制度供给不足。国家干预可以通过采取适当的激励措施减少国家的费用和效益。国家的决策往往出自统治者，包括国王、主席、内阁总理或总统等，有些情况下，理性的统治者由于“政策失败”的原因未必能够矫正制度安排的供给不足。

经济增长时会出现制度不均衡，有些可以由诱致性创新来调节，有些会因为存在私人和社会的收益与费用之间的不同而继续存在。如果统治者在强制推行制度变迁的过程中预期收益高于预期费用时，他会采取行动来尽力消除制度不均衡，若制度变迁会降低统治者的效用甚至威胁到统治者的生存，那么国家还将会继续维持这种无效的不均衡。制度能够提供有用的服务，制度选择与制度变迁最终可以通过“需求与供给”的理论框架进行分析，无论是诱致性制度变迁还是强制性制度变迁都离不开交易费用与净收益两大因素的影响，决定着未来制度变迁方式与演进的方向。林毅夫对制度变迁二元并存论的研究具有开创性与价值性，为后来学者的一系列研究提供了前提与基础，也为分析我国制度变迁模式给出了研究框架，下面我们继续论述其他学者对我国制度变迁做出的相应理论研究。

2.1.2.2　制度变迁方式转换的三阶段论假说

杨瑞龙（1998）提出制度变迁渐进过渡路径为供给主导型制度变迁方式逐渐转变为中间扩散型制度变迁方式，最终实现需求诱致型制度变迁方式的三阶段论假说。他认为中国采取的是渐进式改革，在初始阶段，权力中心作为改革的倡导者和组织者以制度创新能力和制度安排决定制度变迁方向。这种供给主导型制度变迁方式具有增量式改革与试点型推广的特点，可以组织资源加快改革进程并且以较低的摩擦成本启动市场化改革，在这方面发挥了重要的作用。但由于这种制度变迁方式的内在规定性，当自上而下的改革面临障碍时，地方政府利益集团在市场取向的改革中扮演着“第一行动集团”的角色，并依照此理论提出了“中间扩散型”制度变迁方式的假说，描述了我国在向市场经济过渡中，制度变迁方式的转换将依次经过供给主导型、中间扩散型和需求诱致型制度变迁三个阶段。

制度作为一种稀缺性资源，它的变迁和创新受到供给与需求规律的制约。[①]这种供给与需求能否实现，取决于不同群体经济主体在社会宏观层面上博弈能力的强弱对比。[②]“第一行动主体”的不同必然带来对新制度供给与需求偏好的不同。不同的制度利益主体会带来不同的制度变迁模式。中国制度变迁起始模式是在计划经济体制和经济发展严重失衡的大背景下，以政府主导、国家干预、强化市场机制为目的的制度变革。中国政府一直是制度创新、制度变迁方向的权力中心，扮演着制度转型的倡导者和组织者角色。在转型初期以较低的摩擦成本指导经济“平滑性”过渡，但在转型中后期，这种“自上而下”的供给主导型制度变迁方式，在完成向市场经济体制过渡方面产生了障碍，形成了“诺思悖论”。这就是说，在实施制度创新的过程中，权力中心力图获取最大化的垄断租金，通过降低交易费用实现社会总产出最大化。这样，统治者及其集团在降低交易费用与促进经济增长的有效体制之间，存在着持久的冲突，从而当权力中心面临竞争约束和交易费用约束时，会容忍低效率产权结构的长期存在。[③]

中国的制度变迁在“诺思悖论”中逐渐演化出中国模式，即将地方政府作为沟通权力中心的制度供给与微观主体的制度创新需求的中间环节，重建经济、政治合约，使效率与产权达成一致，化解“诺思悖论”。地方政府作为中央政府的政治代理者成为又一行动主体，在经济活动中积极参与地方政府间竞争，实现自身利益最大化、谋求有利于本地经济发展的制度安排，相对于微观主体（众多企业与个人）行政资源较丰富、拥有更强的制度创新能力和与权力中心“讨价还价”的能力。因此，地方政府可以突破制度创新壁垒促进制度变迁。这就形成了中国当代制度变迁模式由“制度供给主导型”向“中间扩散型”转换。[④]地

① 冯舜华，杨哲英，徐坡岭.经济转轨的国际比较.北京：经济科学出版社，2001：2.

② 汪洪涛.制度经济学——制度及制度变迁性质解释.上海：复旦大学出版社，2003：24.

③ 道格拉斯·C.诺思.经济史中的结构与变迁.上海：上海三联书店，1991.

④ 杨瑞龙.我国制度变迁方式转换的三阶段论——兼论地方政府的制度创新行为.经济研究，1998：（1）.

方政府的制度创新往往能够激发微观主体的积极性，提高生产效率、创造出更多生产性利润、实现帕累托改进。随着地方政府中间扩散制度规则效应的扩大，制度变迁由命令控制转变为谈判协商，权力中心在制度供给中的主导地位逐渐弱化。企业与地方政府共同分享剩余利润，企业的自主权逐渐扩大，制度创新成本与壁垒障碍性逐渐减小，出现“小政府，大社会”的制度结构。当微观主体逐渐成为制度变迁的主导者时，我国的制度方式就完成了从“中间扩散型”到“需求诱致型”方向的转变。最终整个社会的制度变迁模式就发生了从“制度供给主导型”到“中间扩散型”，最后到达“需求诱致型”的转变。同时，制度变迁的主体也随着制度变迁模式的演进发生着转换，最初阶段的制度创造者由国家逐渐转变为中间阶段的地方政府，最后阶段代表广泛利益的微观个体。正如黄少安所指出的“主持制度变迁的主体是会发生转变的，最初阶段的制度创新者未必一定是以后各个阶段的制度创新者，支持某一阶段制度演化的主体未必就一定也支持其他阶段的制度演化。”

2.1.2.3　制度变迁的政府职能与主体角色转换

论述中国制度变迁特点中具有代表性的研究包括黄少安（2000）《关于制度变迁的三个假说及验证》，第一点，他提出了政府职能在推进市场化改革中的必要性与可行性。黄少安认为政府可以通过行政手段这种非市场的力量，推动整个社会向市场经济体制前进，并且这是转型国家必须经历的一个过程。对于中国这个转型国家，通过政府的行政力量排除市场化进程中的阻挠，为市场发育扫清制度障碍。同时，政府推进制度变迁可以减少社会震荡，降低变迁成本。第二点，黄少安提出制度变迁的过程中会涉及不同的制度主体，包括个人和团体，不同主体的角色是变化的、可转换的。角色转换就是指相关主体对制度变迁的态度以及在变迁中的作用、地位、行为等方面在原有基础上发生了变化，或者指变迁主体的变更，包括一些主体的解体和新主体的产生。影响角色定位和角色转换的根本因素是利益关系，即存在于制度变革与否及如何变革之间对不同制度主体的损益值和损益程度。

实践证明，在转型与制度变迁的过程中不能把政府职能完全让渡给市场，而是应在政府积极政策的指导下建立合理的经济、制度环境。“强政府”是市场化进程顺利推进的基本条件，一个能力有限的“弱政府”无法调控市场化进程，引入改革将使改革绩效呈递减趋势。由于领导机构无法掌握完备而对称的信息，不了解有关的经济状况，因此展开大规模、全面的改革充满不确定性风险。同时，领导机构无法充分行使职权，不能控制与调节不同集团间的利益，也无法规范、惩处改革过程中产生的不法行为（如私有化过程中利益、规则都由少数寡头垄断集团所控制）。因此，一个大型的、设施精良的、能力颇强的官僚机构则可以提供发起综合性改革所必需的行政需求。一旦通过改革得到政治上的协调认可，就能够展开一场及时的、大规模的、平滑的改革。

制度模式的确立，在不同制度模式下，会产生新的制度变迁主体。因此，相异的制度模式会产生不同的制度变迁主体，随着制度变迁与演化，制度主体也在发生着转换，但转换路径并不以主体意识为导向，并且制度变迁主体既可以是制度的供给者也可以是制度变迁的需求者。不同阶段的制度主体之间是存在着利益矛盾的，在利益矛盾的收益与成本的权衡下进行着更迭，其过程存在着多种不可控性因素。在相互依存的制度路径下，制度主体在一系列外在性组织学习过程中逐渐加强这一轨迹，促进制度带来经济的增长，并在长时期内表现出制度主体的有效性与促进性。同时，新的制度主体在有效的制度结构下逐渐由适应有效制度的缔约组织所形成，并进一步推动经济长期增长。往往这种内部性制度主体转换模式，由于系统内部制度构建参与个体、组织机构相互博弈中所具有的适应性、创新性可以不断克服制度变迁中的不均衡因素，从而保证了整个经济系统向有效率制度结构的平稳过渡，并使这一结构不断完善和发展，得到正向自增强效应；在锁定路径下，由于在市场不完全、组织无效情况下建立起的制度主体往往伴随着与其共荣的利益结构网，制度主体转换变得十分困难，往往需要出现新的强有力的制度主体，借助外部效应与政权变化取代无效的制度主体实现转换，走出“闭锁陷阱”。这种外部性制度主体转换模式，通常需要新的制度主体从经济体系外部设计和推进新的制度转换模式，来打破旧有的利益结构网。显然外部性容易对制度的需求和供给判断失误或扭曲，带来制度非效率性的风险更大，制度变迁主体转化路径不可控性也就更大。内部性制度主体转换模式更容易达到或接近制度安排的适应性效率。因此，在制度变迁的过程中，制度变迁主体在不同阶段扮演着不同的角色，并且发生着转换，但其转化路径并不以主体意识为导向。

2.1.3 FDI 及其相关理论的研究概述

最早的经济理论中并没有对国际直接投资理论给予过多关注，FDI 理论真正的发展应追溯到第二次世界大战之后，各国学者对国际直接投资进行了大量研究与广泛的探索。与之相衍生的理论建立在现代经济学的基础上，从而假设条件多为不完全竞争市场和具有一定垄断优势的少数寡头主体，这种假设与现实经济更加贴近。随着国际直接投资理论的进一步发展与深化，逐渐形成了派别林立、观点各异的现代国际直接投资理论体系，在各理论中具有代表性的包括厂商垄断优势理论、产品生命周期理论、比较优势理论、市场内部化理论和国际生产折衷理论等，下面进行详细介绍。

2.1.3.1　厂商垄断优势理论

Hymer（1960）通过研究美国企业对外直接投资的现象，以不完全竞争为假设前提，结合产业组织理论最早提出了垄断优势理论，他认为由于种种限制措施会使市场偏离完全竞争，而这些限制因素包括：规模经济、商标、技术垄断、税收、融资优势、产品差异、价格控制、管理技能以及关税等。而这些也使得不完全竞争市场的主要形式表现为寡占，也因此美国企业对外直接投资的决定因素为寡占者的垄断优势。随后，Kindleberger（1969）也通过研究发现，当美国企业可以获得高于本地投资的利润时，对外直接投资才可能发生。在不完全市场下，美国企业拥有其自身的垄断优势并超越了跨国经营产生的风险和成本，使跨国公司获得超出本地经营的利润。总结起来，这些垄断优势包括产品差异、价格控制、商标所有权与销售技术；要素市场不完全竞争的优势包括专利、技术、诀窍、管理技能、资金获得及融资条件优势；企业内、外部规模经济优势等。这些垄断优势使得跨国公司获得超额收益。Johnson（1970）认为跨国公司拥有的无形资产如技术、诀窍、管理与组织技能、销售技能等知识资产成为其垄断优势，知识的转移成为直接投资过程的关键，跨国公司可以以较低成本运用母国的知识资产，但对于东道国本地企业，其成本却十分高昂。Caves（1971）则认为跨国公司在不完全竞争市场中拥有的垄断优势，主要表现为利用技术优势生产差异化产品，包括质量、包装、商标、品牌与消费者感受。Knickerboker（1973）认为国际直接投资由寡头竞争者之间的相互作用与相互反应决定，寡头竞争者将进入新的国外市场作为战略约束，当一个寡头企业进入到一个国家投资办厂，其他寡头厂商也会纷纷进入本地设厂，以取消第一个进入的寡头企业建立的市场优势，力图保证市场中的竞争均势。

垄断优势理论将不完全竞争的假设引入到研究中，在提供新的研究思路基础上，将国际直接投资理论与原有传统贸易理论及国际资本流动理论相区分，较好地解释了第二次世界大战后美国经济涌现的大规模企业对外直接投资现象，这一理论也为后期的进一步研究奠定了基础。但是垄断优势理论也存在自身缺陷与局限性，其不能有效解释在拥有技术垄断优势的前提下，企业为什么要选择对外直接投资；也不能有效解释 FDI 区位选择与定位问题；更不能有效解释发展中国家为什么对外直接投资问题，特别是发展中国家为何对发达国家直接投资的问题。这些缺陷与局限性不断促使更多学者从不同新的角度研究国际直接投资问题。

2.1.3.2　产品生命周期理论

Raymond Vernon（1996）最早提出了产品生命周期理论，Vernon同样以美国企业的对外直接投资为研究切入视角，结合工业区位理论揭示了国际直接投资的生产动机、区位选择与时机。产品周期划分为三个阶段：产品生命周期第一阶段为产品的创新阶段。在创新阶段，产品的研发成本与生产成本相对较高，生产还未达到规模化、标准化水平，此时的消费群体主要集中在国内高消费人群，生产也集中在国内，只有小部分用来满足发达国家的消费需求。产品生命周期第二阶段为产品成熟阶段，在此阶段，产品需求逐渐增加，生产逐渐达到标准化与规模化水平，但此时企业原有垄断优势和寡占市场优势逐渐被削弱，市场中的价格机制显现。在产品基本成熟的情况下，其他发展中国家廉价的劳动力成本吸引跨国公司进行国际直接投资。产品生命周期第三阶段为产品标准化阶段，此时生产技术与规模已经完全达到标准化，原有技术垄断与寡占市场优势不复存在，决定产品出售的价格和成本因素成为关键，此时吸引发达国家国际直接投资的重要因素为发展中国家低廉的生产成本，因此跨国公司往往会选择在发展中国家投资设厂，以便产品供应满足全国需求。

由于跨国公司所处的阶段不同，不同跨国公司之间选择东道国的区位与生产投资设厂的时机存在着差异。产品生命周期理论在直接投资的动态分析之中引入时间变量，较合理地解释了第二次世界大战后美国为什么对西欧国家直接投资。但是该理论同样存在一定的局限性，第一，没有对发达国家之间存在的双向直接投资问题做出合理解释；第二，没有涉及资源开发与技术开发型投资的国际直接投资问题；第三，无法合理解释在国际生产与销售体系下的直接投资行为；第四，对发展中国家的对外直接投资行为没有给出很好的解释；第五，认为由于母国公司垄断优势的逐渐丧失导致对外直接投资的理论与现实问题不符。

2.1.3.3　比较优势理论

日本学者小岛清（Kiyoshi Kojima，1977）最早提出比较优势理论即边际产业扩张理论。该理论最初是小岛清通过国际分工的比较优势原理进行研究，从而得出日本对外直接投资的动机，因此该模式也称为“小岛清模式”。其认为国际直接投资不仅要考虑微观层面，还要考虑宏观层面，即考虑跨国公司垄断优势与国际分工的比较优势。就如美国具有国际比较优势的产业为制造业，因此美国对外直接投资主要集中在制造业，美国对外出口减少的同时逆差增加，主要是由于这些部门大量直接对外投资所导致的，此现象属于贸易替代型投资；而日本对外直接投资的制造业已成为在东道国还具有比较优势、可在国内却不具有比较优势的部门。通过对外直接投资，日本可以集中资源用于发展更大产业的比较优势。由于满足比较成本与利润的相对应原则，日本对外直接投资和贸易在一定程度上具有互补性，因此其属于贸易创造性直接投资。比较优势理论认为应当从本国处于比较劣势的产业开始进行对外直接投资，而这些产业又是在东道国具有比较优势或潜在优势的部门。小岛清从这一角度出发将对外直接投资区分为贸易创造与贸易替代两种类型。但是该理论也存在一定的局限性，不能很好地解释以水平分工为主的发达国家之间国际直接投资问题；同时也低估了发展中国家在某种程度上接受先进技术的能力，因此对发展中国家对外直接投资的指导意义不明显；一个重要缺陷就是，按照该理论，发展中国家只能接受发达国家的边际产业，永远赶不上发达国家。

2.1.3.4 市场内部化理论

巴克利和卡森（Buckley and Casson，1976）最早提出市场内部化理论，后由拉格曼（Rugman，1981）进一步深入与扩展，该理论以市场不完全为假设条件，并以发达国家跨国公司为研究对象。同时，该理论认为国际分工并非通过世界市场而是跨国公司内部来进行，该理论研究了世界市场的不完全性和跨国公司的性质，并解释了跨国公司对外投资的动机与决定因素，因此市场不完全性与企业性质是内部化理论的核心。“内部化”是指跨国公司克服外部市场的交易障碍产生成本即消除交易成本，内部化理论以交易成本理论为基础，认为中间产品市场存在不完全竞争成为拥有垄断优势的企业难以通过市场交易实现资产价值的核心原因，企业不得不通过消除交易成本即“内部化”的方式使用核心资产，这一过程超越国界后成为国际直接投资。中间产品不单指半成品与原材料，重要的是专利、专有技术、商标、商家信誉、管理技能和市场信息等无形知识产品。由于中间商品市场的不完全性，使得在进行市场交易的过程中存在着泄密和定价困难的现象，企业为了避免这些障碍需要付出高昂的交易成本，使得外部市场成本高昂且低效。因此，企业只得不通过内部组织结构取代外部市场，将资源配置和知识产品的使用置于统一的所有权之下，通过对外直接投资加以利用。拉格曼认为，内部化是一种将市场建立在公司内部的过程，并且逐渐将内部市场取代外部市场，公司内部同样受到价格机制调节，像外部市场一样有效运转。该理论解释了跨国公司在出口、直接投资与许可证安排三种方式选择的依据。内部化的收益包括：在内部交易的过程中，资源转移的交易成本可以得到有效降低；相互交错依赖的经济运营得以控制在统一机制下，使不同阶段的供求关系得以调节；买卖双方及市场的多种不确定性得以消除；在中间产品市场中，通过前后向投资和兼并形成垄断力量；避免例如政府干预、转移资金、逃避税赋等多种不确定因素。内部化理论说明了各跨国公司形成的基础，成为国际直接投资的一个重要转折点。与以往研究国际直接投资理论主要研究海外投资动机和决定因素不同，该理论从跨国公司企业性质入手，参照科斯交易成本原则解释了跨国公司经济活动的现象与问题。

2.1.3.5　国际生产折衷理论

英国著名学者邓宁（Dunning，1977）最早提出国际生产折衷理论，该理论主要结合产业组织理论与厂商和金融理论的主要观点。同时，该理论在结合区位理论对发达国家的跨国公司的兴起与发展及对国际生产理论进行分析的基础上提出国际生产折衷理论。企业在拥有的所有权、内部和区位三种优势综合作用下进行国际直接生产投资。第一，企业拥有其他企业无法获得的无形资产与规模经济等优势共同构成了其所有权优势：资产所有权是指具有资产价值的产品，包括原材料、先进生产技术等；交易性所有权包括商标、信誉、管理经验、信息等无形资产。Dunning 比较强调的是知识资产所有权，企业国际直接投资中的能力往往由其所有权优势直接决定。第二，内部化优势是指企业在避免由外部市场产生的不完全性所带来的交易成本的过程中，将企业优势保持在内部的优势。外部市场的不完全性主要是指政府干预、信息不对称和竞争性壁垒等。在这些外部市场不完全性的影响下，企业所有权优势逐渐丧失，但是通过内部化过程帮助企业所具有优势获得最大收益和利益。第三，区位优势是指吸引外资企业进行跨国生产的投资环境和政策优势，包括东道国的相对要素价格、地理位置、市场需求、基础设施、运输与通信成本、市场发育程度、政府的干预、思想文化差异等。在东道国较强区位优势吸引下，外资企业往往会进行对外直接投资。因此，区位优势不仅成为决定外资企业是否选择直接投资的重要因素，还对直接投资的类型、经济部门和国际生产类型有着重要影响。这就弥补了以往理论一直无法解释的为何美国接受直接投资的原因，区位优势使美国成为吸引外资的主要原因。最终，所有权优势、内部化优势、区位优势这三组变量解释了各国跨国公司国际生产的类型、行业和地理分布问题，为今后国际直接投资相关理论奠定了基础。

2.2 FDI影响中国制度变迁及其理论基础

2.2.1 FDI与中国转型过程中制度变迁

在进行关于 FDI 对我国制度变迁影响机制的分析过程中，首先阐明外商在华投资现状和我国制度与经济转型进程是十分必要的。这不但使我们对当前外商直接投资和我国经济转型大背景有一个宏观了解和掌握，还使我们充分认识到 FDI 作为民营经济的替补军，在我国制度变迁的过程中占据着重要的地位，并发挥了举足轻重的作用。

2.2.1.1 中国经济中的外商直接投资

自十一届三中全会确立改革开放政策以来，中国作为最具潜力的发展中国家和转型国家为外商直接投资提供了巨大的机遇，而我国的FDI也呈现出明显的阶段性态势，可以大体分为起步阶段、高速发展阶段和调整阶段这三大不同阶段加以讨论：

第一阶段为起步阶段，大致时间是从 1978 年到 1991 年间。这一时期，我国对外开放尚处于起步尝试阶段，1979 年 7 月，国务院颁布了《中华人民共和国中外合资经营企业法》，标志着我国正式对外开放的开始，该法的颁布为我国境内引入 FDI 提供了法律保障，也为 FDI来我国投资营造了一个良好的环境。随后几年，其他一些配套法律法规也相应出台。这一阶段的外资增长十分缓慢，法律框架还不健全，基础设施并不完善，特别是与美国、西欧的经济联系较少，外资也不充分。我国经过之前的闭关锁国，使得美国与西欧等国家对我国十分不了解，并抱有迟疑与怀疑态度，1979 年到 1982 年间，外商投资项目只有 922 个，实际投资额仅为 11.7 亿美元，比如今一个月的实际外资投资额还要少。1983 年，国务院召开了第一次外资工作会议，强调放宽政策办好中外合资企业。1984 年邓小平在视察深圳、珠海和厦门三个经济特区时发表了重要讲话，充分肯定特区所取得的成绩，明确进一步扩大开放、加快利用外资发展本国经济的政策战略方针。1985 年，长三角、珠三角和厦—漳—泉三角洲成为沿海经济开发区，中央政府允许这些地方拥有外资、外贸方面更大的管理权。这些措施改善了外资的投资环境，这段时间内我国外资迅猛增长。1983 年到 1985 年，外商投资额达到 35.6 亿美元，是以往 3 年的 3 倍之多。随后，1986 年颁布了《外商独资企业法》、1988 年颁布了《独资企业法》，取消了部分行业对外资的限制，并对外资的所有权予以保障，外国投资者的信心逐渐加强。到 1991 年，实际利用外资已达到 43.7 亿美元，相较以往大大增长。这一阶段在吸引外资方面还存在着一些问题，由于传统意识形态和经验欠缺的问题，很多外资政策还缺乏可操作性。尽管存在许多不足、外资量也有限，但中国的外商直接投资迈出了可喜的一步。

第二阶段为高速发展阶段，大致时间为 1991 年到 2004 年间。这一阶段对外开放与经济体制改革已经为中国经济发展打开了新局面。不但实现了沿江、沿线、沿边的对外开放和扩大 FDI，还在全国范围内形成了全面开放的局面。这一阶段充分激发了外商的投资热情，FDI 在我国呈飞跃式发展，实际利用外资额是第一阶段的 20 多倍。为了进一步加快 FDI 对我国产业升级和创新的促进作用，国家计划委员会、国家经济贸易委员会和对外贸易经济合作部于 1995 年共同颁布了《指导外商投资方向暂行规定》，并同时发布了《外商投资产业指导目录》，明确指出对外资鼓励和开放的产业和领域。特别是在 2001 年，中国加入 WTO 后，为外商直接投资又带来了新的机遇，并在全球国际直接投资出现大幅下降的大背景下，中国的外商直接投资出现了较大幅度的增长，以 468 亿美元的流入额保持了发展中国家最大的外国直接投资受资国地位。2002 年后，中国本着鼓励外商直接投资的战略导向，将《外商投资产业指导目录》中的鼓励项目从 186 条扩充到 262 条；减少限制类条款，由 112 条削减到 75 条。同时对外商投资的持股比例限制予以放宽，并将原先禁止外商投资的城市网络系统领域（电信、燃气、热力、供排水等）对外开放，且对银行、商业、保险等领域进一步扩大开放范围。巨大的市场发展潜力和加入 WTO 后一系列优惠政策，坚定了外商投资的信心。在这一高速发展阶段，中国吸引 FDI 进一步快速增长，并以 527 亿元的引资额超越美国，首次成为全球第一大吸引外商直接投资国。

第三阶段为调整阶段，时间为 2005 年至今。这一阶段我国外商直接投资已经发展到一定程度，无论在引资“量”和引资“质”的方面都有所提升。特别是我国政府更加注意外资质量的提高。在以往的引资战略中，“超国民待遇”以及一系列优惠政策，加之地方政府间的隐性优惠政策，使得外资在我国这些年的高速发展过程中，虽然为我国经济发展带来了诸多收益，但是也不可避免地产生了很多负面效应。例如，由于各地方政府竞争性引资，盲目引入一批技术含量低、环境污染大的无效率的 FDI 项目，造成不必要的浪费，同时外资近年来对我国企业的兼并与收购，在中国市场形成垄断，给我国企业发展、战略培养、民族品牌培育都带来了障碍。在金融领域，海量的外资流入可能会干扰我国正常市场秩序，危害国家安全，带来一定风险。特别是金融危机与欧债危机过后，一批国际游资看准我国哄抬高企的房地产市场流入我国，期望从中抽取大量投机利润。这不但进一步催生我国房地产市场泡沫化趋势，还给我国未来经济发展埋下了危机。外资在我国虽然一直处于增长状态，但由于其伴随发展带来的一些经济问题和弊病，使我国开始重新审视原有的外资政策，并使我国的外商直接投资步入趋于放缓的调整阶段。2010 年对外资“超国民待遇”的取消、2008 年《反垄断法》实施中对外资企业的规定和 2011 年 3 月 7 日公布《商务部实施外国投资者并购境内企业安全审查制度有关事项的暂行规定》，这都体现了我国改变以往粗放式的引资政策，开始对我国

FDI 进行调整。根据商务部资料，2012 年 1 至 7 月，我国设立新批外资企业 13677 家，同比下降 12.33%；在实际使用外资额方面达到 666.69 亿美元，下降 3.64%。虽然外资量与以往相比有所下降，但是 FDI 对加快我国产业结构调整，促进我国制度转型升级发挥了新的作用。王霞（2008）认为 FDI 如今流入我国的意义已经发生变化，着重转变为对我国“制度瓶颈”的弥补。在未来，我国将进一步对 FDI 进行鼓励、指导与调整，使之能够更好地带动我国经济发展。

值得注意的是，我国外资政策从最初就具有地域不均衡的特性。政府基于东南沿海的区位优势，为了吸引香港、澳门等地区的直接投资，对这些地区给予了充分优惠的引资政策。从 1979 年起开始在广州和福建试办出口特区，并在 1980 年更名为经济特区，随后这两个省很快在深圳、珠海、汕头、厦门四个地区成立了经济特区。在经济特区内实施特殊的优惠政策，包括税收、信贷和原材料供应方面给予外资企业优惠待遇。到如今，以东部地区优先发展带动中西部发展的政策导向都有加重 FDI 区域不平衡的现象。从 FDI 自身特性来讲，由于区位选择，FDI 会选择东部沿海地区作为自身投资区域，进一步影响我国经济发展的不均衡。这就要求我国在未来的 FDI 政策导向中，发挥调节作用，适当将中、西部地区作为政策侧重对象加以扶持，加快西部大开发的步伐，积极引导 FDI 项目进入，改变原有 FDI 促进地域发展的不均衡现象。

2.2.1.2　中国制度变迁路径与目标

我国制度变迁主要是从四个方面起步的：一是扩大国有企业自主权；二是农业实行放权让利，推行家庭联产承包责任制；三是在对外开放方面放权；四是实行中央与省、自治区两级财政新体制。这些放权让利和对外开放政策，目的是将市场因素引入原有计划体制中，从而打破原有资源配置格局。随着制度变迁的逐渐深化，1980—1992 年，我国非国有经济的平均年增长率高达 40%，远远高于国有经济的年均增长率 7.8%。在中国工业产出增长中，非国有经济份额从 1978 年的 18%增加到 1992 年的 67.5%。制度变迁促使非国有经济的快速发展为中国经济稳定增长做出了巨大贡献。其中，外资经济作为非国有经济的重要组成成分，在推进我国制度变迁进程中凸显出其独特优势。1993年11月，中共十四届三中全会做出相关决定，中国经济转型进行启动阶段和制度变迁全面推进，中国进入了全面建设社会主义市场经济体制阶段。制度变迁的重点是制度创新和制度安排的推进实施。为了实现从计划经济体制过渡到市场经济体制，中央政府按照建立社会主义市场经济体制的目标，对财政、金融、外汇等宏观经济体制进行制度变革，开始逐渐与国际接轨，放松市场管制，加大对外开放力度，非国有企业大量进入竞争领域。FDI作为一种特殊的制度安排，影响着我国竞争机制的建立，并对金融、法律与市场制度的完善起到了巨大的推动作用。

2002年召开的中共“十六大”提出，本世纪头20年改革的主要任务是加快建设并完善社会主义市场经济体制。目标是在2020年建立起完善的社会主义市场经济体制，使其成为更具活力、更开放的经济体系。这表明我国制度变迁开始逐步向更加规范、成熟的高水平市场经济迈进。中共十六届三中全会提出的《关于完善社会主义市场经济体制若干问题的决定》对以上目标进行了全面部署。社会经济体制建设的重点已经发生了很大变化，从宽泛的改革转变为对某些领域的深入攻坚，并开始高度重视市场经济体制相关的制度构建，各项法律纷纷出台，新的制度形式层出不穷，对培育市场经济的健康发展起到了至关重要的作用。与此同时，中国制度变迁与经济发展呈现出新的趋势，例如，经济结构从生产主导型向流通主导型经济转变，资源约束型向需求约束型转变，短缺经济向低层次过剩经济转变，社会组织逐渐分化呈现多样性特点，社会经济体制由行政审批经济向法治经济和自由经济转变，国内经济稳步发展与对外经济和对外开放不断深入推进相互协调等。此时，我国制度变迁的主要目标是通过全面而深入的制度创新和发展模式转变，建立起更加成熟和完善的社会主义市场经济体制，充分利用FDI作为外在助推力的促进作用实现内部与外部经济的长期繁荣和发展。

2.2.2 FDI 影响制度变迁理论

2.2.2.1 FDI 在中国制度变迁中的作用与地位

1. FDI 作为一种制度安排构成中国制度变迁内容

外商直接投资作为一种制度变革引入中国，始于 20 世纪 70 年代末期。随着社会主义经济认识、意识形态和思想观念的转变，中国经济拉开了以改革开放为大背景的转型序幕。在这一阶段中，外商直接投资作为一种在原有封闭经济条件下不曾出现的新的制度形式引入我国，与此同时，中国对待外资的态度也经历了由最初的禁止到限制再到鼓励的转变。特别是 20 世纪 90 年代初期，随着“建设社会主义市场经济体制”这一发展目标的确立以及邓小平同志“南方谈话”的积极引导，外商直接投资更加成为中国制度变革的重要内容之一。中国开始采取更为明确和系统的引资政策，对来华进行投资的外资企业给予优惠待遇。外资在优惠政策的鼓励下，流入量大幅攀升的同时，三资工业企业数量也同步快速增长。外商直接投资的大量涌入不仅使中国利用外资额逐步上升，还使外资经济在中国国民经济中所占比重不断加大，成为我国经济发展中不可或缺的一种经济构成和制度模式。外资制度安排的引入与中国经济的高速增长存在着内在的同步性，使得 FDI 在我国经济中占有着举足轻重的地位，并发挥着重要的作用。

2. FDI 取代民营经济在制度变迁中所应扮演的角色

中国作为一个向市场经济转轨的转型国家，很多制度安排都具有其自身不同于市场化国家和转型国家的特点。而这些特点也正是引致中国对 FDI 制度安排依存度较高，并且 FDI 制度安排对我国制度变迁影响程度较高的根源。对于发达国家而言，私有经济早已成为带动经济快速发展的引擎，占据经济结构格局中的重要甚至绝对地位。在市场经济体制下，私有经济不但促进竞争机制的完善，而且已经成为带动本国制度创新与制度变革的主力军。而在我国，外商直接投资实际上取代了民营经济在中国制度变迁过程中所应起到的作用和所应扮演的角色。FDI 作为一种制度安排带动制度变迁已成为我国迈向市场化经济制度转型所选择的一条特殊道路。

由于长期计划经济意识形态的影响，中国民营企业一直处于被禁止和被束缚的状态，制约着民营经济在制度变革过程中所应发挥的重要作用。其一，在市场准入方面，有很多外资经济允许进入的部门却不允许民营经济进入，包括商业、运输、金融、旅游等领域的准入限制。虽然 2002 年与 2004 年后颁布的《关于促进和引导民间投资的若干意见》和《国务院关于投资体制改革的决定》明确提出：凡是鼓励和允许 FDI 进入的领域，均应鼓励和允许民间投资和企业进入；特别是在某些实行优惠政策的领域，其投资优惠政策对民间投资和企业同样适用。但是由于私有经济发展时间较短，社会对非公有经济的接受程度相对较低，民营经济在发展过程中和在转型进程中所应起到的作用并不如外资经济充分。其二，在审批和政策优惠方面，很多给予外资企业的优惠政策和较有效率的审核程序，并没有给予民营企业相同的待遇，使得外资企业更易发挥其效率。在民营企业投资过程中的前置审批项目过多过滥，其中表现为审批关卡过多、手续复杂、收费过滥、隐性成本较高等。同时，给予外资企业的种种优惠政策中，民营企业却不能享受，包括给予外资企业的占用土地厂房的租赁费用优惠、税收减免、信贷支持、人员补贴等一系列优惠政策。这些特有的待遇与政策直接造成了我国具有自身特点的外资模式，使 FDI 这种制度安排直接取代民营经济在中国制度变迁过程中所应起到的作用和所应扮演的角色成为必然趋势。

2.2.2.2 FDI 促进中国制度变迁的理论基础

1. FDI 以其所有权优势影响中国制度变迁

我国经济稳定发展，巨大的市场需求潜力、丰富的劳动力资源吸引着 FDI 的持续大量涌入，与此同时，FDI 的进入作为一种制度安排在我国转型的不同阶段扮演着不同角色，起到了重要的作用，影响并促进着我国制度变迁的进程。对于外国投资者而言，由于东道国企业具有先天优势，对外直接投资进入一个全新的投资环境，面对经济政策、法律规则不同，社会、文化、风俗习惯迥异的不利因素，外资企业要想与东道国企业进行竞争必然需要具备自身优势，也正是这些所有权优势的存在，构成了与东道国讨价还价的资本，从而影响东道国的制度环境和制度变革。这些所有权优势包括两方面：一是资产所有权，包括原材料、先进生产技术优势、资金优势等具有资产价值的产品；二是交易性所有权，包括商标、信誉、管理经验、信息、管理优势、营销优势、规模优势等无形资产。就宏观方面而言，由于外资企业具有所有权优势，东道国政府希望通过 FDI 的进入，以其雄厚的资金解决自身的外汇短缺和经济发展资金短缺问题，必然会优化外汇管理制度和提升国内投资环境，从而吸引外资的流入；另外，东道国希望利用外资企业先进技术与管理经验提高本国技术水平，必然会加大知识产权保护力度，完善国内法制、法律环境，保障外资企业应有权利的获得。在微观方面，由于外资企业具有所有权优势，FDI 的进入必然会加大市场竞争力度，给国内企业引入新的竞争压力，迫使国内企业不得不加快机械设备的更新换代和先进技术的学习与研发，并带动中国企业经营模式和整体企业制度的变革。

2. 外资企业作为利益集团影响制度变迁路径

外资企业作为一种特有的、外在的利益集团，在我国经济转型的过程中扮演着重要的角色，发挥着举足轻重的作用。其一，外资经济已成为我国经济结构中的重要组成部分和我国市场经济体制转型中的重要制度变迁主体，并在我国制度变迁的过程中以利益集团的形式影响着变革路径的选择。外资作为利益集团有着巨大的内在动力关注、参与并影响制度变迁过程。通常情况下，外资进入东道国的最大动机为实现自身利润与收益的最大化，在经济运营的过程中，必然会对东道国的制度环境与投资环境做出要求。进入我国的外资企业大都来自发达国家，拥有着完善的运营模式与机制，适应市场经济发展趋势。但进入我国后，由于我国市场经济体制还不健全，很多政策与机制还不成熟，外资企业为实现自身利润，必然会对我国的制度变革提出自身要求。相对于内资企业，外资企业这一利益集团更加具有左右政府决策、影响政府制度实施的能力。我国政府为吸引外资的进入，必然会考虑外资利益集团的意愿，完善政府职能、保持政策的连贯性与稳定性、保障制度颁布与实施过程中的透明度，增强外国投资者的投资信心与动力。其二，外资利益集团的进入打破了原有制度格局和所有制结构，并以入股参股的形式为国有企业改革注入新鲜血液和活力，加快国有企业制度变革进程，打破国有企业绝对垄断的利益格局，并以其强劲的实力给国有企业市场经济活动带来竞争力。同时，在外资作为又一利益集团进入我国后，对监管体制的建立和运行提出了要求，为避免外资企业在兼并、收购我国国有企业或民营企业过程中的违法行为，我国近年来加快了监督管理体制的建设，并与之相应出台了一系列的法律、法规对企业市场行为进行规范，如《反垄断法》与《商务部实施外国投资者并购境内企业安全审查制度有关事项的暂行规定》等。为此，我国制度变革的过程中，在外资这一外在利益集团的影响下，对法律制度、金融制度、非国有经济制度、市场制度与政府制度等经济制度变迁各个方面进行了不断深入的改革。

3. 区位优势 FDI 促进我国制度变迁

区位优势是指生产地的投资环境和政策优势产生的吸引力，包括东道国的相对要素价格、地理位置、市场需求、基础设施、运输与通信成本、市场发育程度、政府的干预、思想文化差异等。当东道国的区位优势较明显时，外资企业就会进行直接投资。区位优势不仅决定着外资企业是否选择直接投资，还决定着直接投资的类型、经济部门和国际生产类型。若中国区位优势不明显，则不能有效吸引外资进行直接投资，中国地方政府在吸引外资与 GDP 经济发展为考核体系下，必然希望通过改善自身区位优势吸引外资。就宏观方面而言，地方政府为充分吸引外资，必然会完善本区基础设施，降低运输与通信成本。与此同时，在地方政府间竞争引资作用下，地方政府会通过积极完善自身职能、简化审批程序、降低相对要素价格、实施优惠政策、保证市场交易渠道的有效性等措施吸引外资。在一系列的内资激励的带动下，各地方政府的制度机制得以改善与进步，甚至在一些特殊条件下生成新的制度创新，会进一步带动我国制度变迁的发生。在微观方面，外资的进入会提升市场经济发育进度，不但成为我国地方政府引入外资后市场的主体参与者，还以竞争效应与示范效应影响本地内资企业技术进步与制度模式的进步。在示范效应下，为了本地企业能够更加充分吸收 FDI 的溢出效应并且积极学习模仿外资企业技术、管理经验与运营模式，地方政府必然出台一系列对民营经济的利好政策，带动民营企业的快速发展。在竞争效应下，本地企业必然为获取原有市场份额与外资企业展开竞争，打破原有区域经济间的垄断格局与市场分割局面，促进资源在区域间的有效配置。同时，随着外资企业在区位优势的吸引下流入本地投资，必然会带动就业机制与人力资源培养机制的优化。政府也会在 FDI 的需求压力下，健全就业保障机制，加强在职培训与就业再培训的发展，为外资企业提供高水平合格人才的同时，加大了对外资比较优势的吸收能力。总之，在各种激励机制的带动下，外资的进入会为中央政府与地方政府的制度变迁带来外在压力，也会通过间接或直接的影响带动我国各方面整体制度变革的实现与实施。

2.3　溢出效应理论与空间经济学理论

2.3.1　FDI 溢出效应理论

2.3.1.1　FDI 溢出效应的理论发展

最早认识到 FDI 溢出效应的是 Mac Dougall，在 20 世纪 60 年代初期把技术外溢效应作为外商直接投资的一个显著现象进行分析。在凯恩斯与新古典主义经济学的框架下，国外资本都被看作为一种与国内资本同质的简单投入形式，这使得 FDI 对东道国的流入具有中性的特征，不会对经济增长产生影响。随着 Arrow 与宇泽等带动内生理论模型的出现，FDI 对经济增长的影响性逐渐凸显。一些学者也开始研究 FDI 影响东道国经济增长的其他渠道，并将 FDI 的溢出效应视为影响东道国经济增长最重要的源泉。

FDI 的溢出效应主要是指，随着 FDI 的流入对东道国的经济发展能力、经济效率与经济增长产生非主动性和无意识的影响，这种影响并不受到跨国公司的意志控制，其影响范围也较广泛，因此也通常被视为FDI流入东道国后对东道国经济、产业等最重要的影响方式之一。之后关于FDI溢出效应的理论主要依循着内生增长理论中资本积累、技术研发与人力资本投资产生外部性的研究思路，缺少对溢出性系统性、全面性的总结。Caves（1971）第一次全面总结了FDI进入后对本地厂商和地区产生的外部性问题，并将这种外部性分为三类。第一类包括本身就存在高进入壁垒的产业，跨国公司进入后逐渐打破原有垄断格局，使原有厂商垄断扭曲受到抑制，资源配置逐渐合理化。第二类是当跨国公司进入后带来了竞争效应和示范效应的发生，为内资企业带来竞争压力的同时，通过示范效应带动东道国企业更加有效且合理地使用现有资源，推动当地生产效率的提高。第三类是由于竞争效应、模仿效应及其他原因的存在，跨国公司的进入可以加快扩散效应和溢出效应的速度。

Caves之后，Findlay在FDI溢出领域做出了重要贡献。他通过局部均衡理论模型分析东道国外资溢出效应的决定因素。Findlay（1978）设定了一个由发达国家向落后国家进行直接投资并产生溢出效应的内生动态模型，该模型认为影响FDI溢出效应的因素包括技术差距和外资份额，跨国公司对东道国在当地的直接投资份额越高，FDI溢出效应越明显；潜在机会越多，技术趋同越快，扩散速度也就越快。同时，Findlay还提出影响技术差距与投资份额的参数包括：东道国的经济发展速度和教育水平、跨国公司的利润、边际储蓄倾向等，这些因素同样可以间接影响FDI的溢出效应。Blomstrom（1992，2002）在其研究中指出，FDI溢出效应的发生可能是在跨国公司与本地企业的频繁接触中，跨国公司的比较优势不通过市场交换的形式逐渐转移到东道国本地企业中。

2.3.1.2 FDI溢出效应的途径

众多学者检验了FDI对东道国企业的溢出效应和相关溢出途径。在众多研究中，综合看来，大致可以将溢出效应分为四种途径：

第一种为示范效应，也称为传染效应（Contagion Effect），最早由Findlay（1978）指出，他认为国内企业可以通过模仿和学习外资企业新的技术、生产流程、产品和管理经验等来提高自身生产水平与技术。

第二种为竞争效应，Mansfield 与 Romeo（1980）通过研究在英国的美国企业生产活动对溢出效应产生的影响，他们研究结果表明，在美国企业进入后，英国企业不得不进行被动的学习、模仿以适应美国企业为市场带来的竞争压力。竞争效应也经常被诠释为一种由于外资企业进入加剧国内市场的竞争程度的效应，由于竞争效应的存在，迫使国内企业被动改善运营机制、改变以往陈旧的管理方式与理念、加快产品更新换代、加大研发投入力度，以各方面的优化升级来适应外部企业进入带来的竞争压力。此后的研究都遵循着“FDI 进入以比较优势向东道国进行优势转移—东道国市场竞争压力增大—本地企业对国外企业进行模仿”的分析路径。

第三种为人员培训效应，指由于外资企业对当地员工进行培训，特别是管理人才、研发人才的培训，使得当地人力资本存量得以提升的效应。受到外资企业培训后的员工流入当地企业或自己开办企业都会促进外资企业比较优势的传播，受训后员工流动速度越快、越频繁，FDI 溢出效应越明显。Caves（1996）通过对 OECD 国家的一项研究表明外资企业对东道国管理者的培训大大加速了 FDI 溢出速度，尤其是在一些高新技术产业。然而，虽然外资企业与东道国企业相比，其在对企业员工的在岗培训、教育方面投入更多，但外资企业人员培训效应所产生的溢出效果根本上取决于受训员工能否有效地被当地企业雇佣或是自主创业。就如 Gerschenberg（1987）与 Chen（1983）的研究，他们都认为外资企业与当地企业相比，往往提供更多的管理者培训项目和更多的培训支出经费。但是 FDI 溢出效应是否能够更快、更有效实现，还要依靠人员在地区间的流动。Gerschenberg（1987）通过对肯尼亚 41 家制造业企业的调查表明，跨国公司往往比当地企业在人员培训方面投入更大，但是培训后人员的流动并不乐观，溢出效应也并不十分明显。Chen（1983）通过研究香港的跨国公司也指出，与当地企业相比，跨国公司投入确实较高，但是FDI溢出效应取决于人员流动。Katz（1987）认为外资企业人员培训的情况普遍发生在发展中国家，这就决定了发展中国家本地企业提供的人员报酬必然小于跨国公司，从而不能很好地促进受训人员外流，实际中的人员流动常常会出现逆流状况。以上的种种分析表明，要很好促进 FDI 溢出效应的发生，就要注重人员流动为载体的渠道畅通、快捷、有效。

第四种为关联效应也称为链接效应，指当外资企业在与内资企业合作中，通过与其上、下游产业发生链接而带动当地企业进步所产生的效应，这种链接效应通常分为垂直产业链接（Vertical Linkages）效应和横向产业链接（Horizontal Linkages）效应。FDI 溢出效应交易发生在垂直产业链接效应的过程中，垂直产业链接效应发生的两条渠道包括“上游产业链（Upstream Chain）”“下游产业链（Downstream Chain）”。Lall（1980）通过对印度的研究发现，外资企业进入本地后在下游产业链条中，即外资企业通过采购当地化产生溢出效应，主要可以通过以下 5 种渠道：选择当地具有发展前途的供应商并帮助其建立生产设施；为当地供应商提供多种援助或生产信息支持；为当地供应商在原材料及中间品采购的过程中提供运营和管理帮助；给当地供应商提供各类培训服务并协助其运营管理；为当地供应商寻找新客户来源。由于东道国大多会对外商企业生产的当地采购化提出要求，从而也就使以上渠道下产生溢出效应成为可能，在很多研究中，东道国对外资企业原料、中间品投入的当地采购要求这一变量被广泛应用于度量产业链条程度的过程中，并用来衡量 FDI 溢出效应的大小。

在 FDI 溢出效应渠道中，示范效应、竞争效应和人员培训效应一般发生在产业内溢出效应，而链接效应大多存在于产业间溢出效应。溢出效应可能存在正的外部性，也可能存在负的外部性，部分学者通过比较得出产业内的溢出效应一般小于产业间的溢出效应，因为外商企业不愿意将自己的专利、技术和管理经验与东道国内的竞争企业分享，经常通过增加种种限制来防止东道国同类企业的模仿与学习，并且外资企业的进入抢占了内资企业的市场份额，加剧市场竞争程度，使内资企业的生产成本明显上升。

2.3.1.3 FDI 溢出效应的外部性

表 2.1 分析了 FDI 溢出效益的产生及外部性。

表 2.1　FDI 溢出效应产生及外部性

效应	对相关问题提出	产生渠道	外部性
产业内溢出效应			
示范效应	Girma 和 Wakelin（2001）	对于外资企业技术、产品、生产流程的效仿	正外部性
		吸收能力较弱	负外部性
竞争效应	Aitken 和 Harrison（1999）	在竞争压力增大条件下优化升级，提高生产水平	正外部性
		竞争增强、市场份额减少，平均生产成本上升，产生挤出效应	负外部性
人员培训效应	Driffield 和 Taylor（2001）	对本地员工进行职业培训，提高人力资本存量	正外部性
		人员倒流	负外部性
产业间溢出效应			
前向联系	Markusen 和 Venables（1999）；Kugler（2001）	技术转移，新管理方式、理念引入	正外部性
		吸收能力弱	负外部性
后向联系	Markusen 和 Venables（1999）；Kugler（2001）	中间品质量得以提高	正外部性
		外资企业竞争加大国内企业成本	负外部性
聚集效应			
劳动力市场	Driffiled（1999）	企业家精神引入，劳动力培训增加	正外部性
		人员倒流，劳动力成本上升	负外部性
基础设施	Taylor 和 Wren（1997）	带来更多商机，运输成本下降	正外部性
		拥塞现象，挤出效应	负外部性

FDI的溢出体现了一种要素的跨国界、跨区域流动，对东道国既有直接影响，也有间接影响。FDI溢出效应的直接影响是指跨国公司通过子公司或通过与东道国企业交易和合作过程中进行要素转移，对东道国产生的影响。间接影响是指跨国公司为东道国带来的外部效应，包括对东道国本地企业通过竞争效应、模仿效应、人员流动和前后向关联等途径产生的正外部性和挤占效应、竞争效应对东道国内资企业产生的成本上升等负的外部性影响。

对于FDI溢出效应正外部性的研究代表学者包括Caves（1974），他认为FDI的溢出效应产生的原因主要是跨国公司的创新性活动为东道国带来竞争机制，通过竞争压力不断消除东道国内部各种资源配置的扭曲。Globerman也采用加拿大制造业横截面数据进行实证研究并得到与Caves相同的结论。Blomstrom（1983，1989）选用行业数据检验特定行业内外资进入对当地生产率的影响时，他发现当地企业的生产力逐渐与跨国公司的生产力趋近，外资在行业内份额越高，当地企业生产力水平提高速度越快，从而FDI存在正溢出效应。Kokko（1992，1996）认为FDI的溢出效应是由于跨国公司直接投资的过程中，在东道国设立子公司，带动当地技术和生产力的不断进步，使得生产力水平不断提升，溢出效应也是跨国公司与东道国企业相互作用的结果。竞争是导致溢出效应的主要途径，跨国公司能对本地企业生产力水平产生正面影响。Dunning（1993）把FDI的溢出效应看作为跨国公司与内资企业进行接触时直接获得一种好处。Lanping（1996）将溢出效应定义为，跨国公司所拥有的多种优势伴随着与东道国企业原材料与市场交换和人才流动流出的过程逐渐扩散出去的一种状态。Liu（2000）在考察英国制造业行业面板数据时，发现存在明显的FDI正溢出效应，在与外资技术差距比较小的行业内，溢出效应更加明显。Girma和Wakelin随后研究发现，不同国家之间的FDI溢出效应存在差异，例如，日本FDI溢出效应较美国强，主要是由于美国所使用的技术相对陈旧。众多学者在其研究中都发现FDI对东道国行业或产业都有不同程度的正向溢出效应，但由于各国、各地区要素条件有所差距，导致FDI正向溢出效应的大小存在差异。当然，还有部分学者如Haddad和Harrison

（1993）、Aitken 和 Harrison（1999）、Djankov 和 Hoekan（2000）、Driffield（2001）、Girma（2001）、Barry（2001）等在研究各国数据时指出，FDI 存在负溢出效应的现象。

FDI 的溢出效应并不是一成不变的，FDI 进入东道国后会随着区域的不同呈现出不同的变化趋势。Barrios（2005）认为，在 FDI 进入初期，由于竞争效应占据优势，则会挤出国内企业，抢占东道国市场份额，FDI 溢出效应逐步下降。但随着 FDI 进一步加深，跨国公司的继续进入，正向外部效应逐渐强化并会超过竞争效应，从而带动国内企业的快速发展，FDI 溢出效应转而上升，最终 FDI 溢出效应的变化曲线呈现"U"型特点。

2.3.1.4　FDI 吸收能力理论

1. 基础设施与吸收能力

最早研究吸收能力的经济学家为 Abramowitz（1986），他提出的"社会能力说"（Social Capability）被认为是吸收能力理论的雏形。Abramowitz 在分析国际生产率水平分化和收敛的过程中指出：一个国家要吸收先进的科技成果，必须拥有较完备的基础设施与技术水平等基本条件。基础设施的完备程度不仅决定着对 FDI 的吸引力，还决定着 FDI 溢出效应是否能够被充分、有效的吸收。一方面，基础设施的完备程度与 FDI 溢出效应的传播速度有着密切联系，当基础设施较完备时，将有利于外部信息的传播，从而促进外部信息的获取、流动和交换能力，增强 FDI 的吸收能力。另一方面，基础设施的完备程度与吸引外资量之间存在显著关系，基础设施完备程度较高，可以吸收更多高质量的 FDI，从而为东道国提供更多学习模仿的机会，提高东道国吸收溢出效应的机会。

2. 研究与开发和吸收能力

Tilton（1971）、Allen（1977）和 Mowery（1983）的研究都认为加大研究与开发（Research and Development，R&D）投资力度可以为企业带来内部技术能力，从而更好地吸收外部信息。Cohen 和 Levinthal（1989）第一次明确阐述了 R&D 与吸收能力之间的关系，他认为 R&D 不但可以提高企业创新能力，还可以提高吸收能力，其中，吸收能力包括获得、吸收、转化和运用外部信息的能力。R&D 可以加大对外资企业中先进技术与制度的模仿与创新力度，也可以提高自身现有水平与能力，从而促进对外资吸收能力的增强。Cantwell（1989）在分析欧洲和美国投资企业产生的外溢效应过程中得出，溢出效果的关键决定于当地企业现有吸收能力。其后，Kinoshita（2000）进一步利用捷克斯洛伐克制造业的数据，将 R&D 分为创新与学习效应两部分，得出东道国内 R&D 力度的提升将提高国内对 FDI 溢出吸收的效果，其研究还发现国内 R&D 的增进对吸收能力的作用远远大于其创新作用。可见，R&D 不仅带来了创新，最重要的是增强了本国对 FDI 溢出的模仿、学习和吸收能力。

3. 人力资本与吸收能力

Borensztein（1998）等开始研究人力资本对吸收能力的影响，他们首次设计了包含人力资本和 FDI 的内生增长模型，证明了东道国人力资源水平对吸收能力影响的重要性。只有当东道国的人力资本存量足够丰富时，才能有效提高吸收能力，充分吸收 FDI 溢出效应。他们后续的研究还发现人力资本水平与吸收能力成正比，随着人力资本水平增长、人力资本存量增加，吸收能力明显提高，FDI 溢出效应也越来越明显。值得关注的是，不但人力资本水平决定着吸收能力的大小，人力资本流动速率同样决定着吸收能力。这是由于人力资本流动有利于 FDI 溢出在区域间的扩散与传播，从而对吸收能力提高具有重要作用。知识、制度、技术这种非物质资本具有强烈的人才依附特性，以人力资本为载体，人力资本不仅决定着吸收能力的大小，还决定着潜在经济增长。

2.3.2 空间经济学理论分析

空间经济学也被称为“新经济地理学”，此门学科是在区位理论的基础上发展起来的，其重点在于研究空间经济现象和经济规律，以及生产要素的空间布局和经济活动的空间区位，即资源在空间中的配置问题和经济活动的区位问题。

2.3.2.1　空间经济学的演进

空间经济学的发展与演进有着悠久的历史。早在 18 世纪末、19 世纪初冯·屠能就撰写了巨著《孤立国同农业和国民经济的关系》，他将经济活动距离考虑进来，运用地租和土地利用的研究，探讨了农业区位问题。冯·屠能认为距离与地租呈负相关关系，这样以城市为中心向外围逐渐延伸，形成同心圆环，于是他设计了包括六个圈层的“圈层结构”，这就是著名的“圈层布局论”。冯·屠能首次将空间考虑进来的理论使人耳目一新，打破了当时经济学家的旧有思想，成为后来城市经济学的起源。此后，1909 年阿尔弗雷德·韦伯撰写了《工业区位论》，非常严谨地表述了一般区位理论，并将一系列相关区位理论、概念、原理和规则逐步系统化。韦伯将影响因素分为两大类，分别为区域性因素和集聚性因素。用这两个因素，韦伯解释了区位转移的原因和内在经济规律，他认为各区域布局受到区域性因素影响，而在区域内的集中受到集聚因素的影响。区域内集中成为集聚力和分散力相互作用条件下最终达到均衡后的状态，而集聚力的影响因素包括：技术的不断发展、市场化作用因素、劳动力组织以及经济环境的变化等因素；分散力受到伴随聚集过程中带来的地租增长的影响。韦伯阐述外部经济时采用集聚经济，指出集聚的种类和结构决定着集聚能否产生效益和其规模。韦伯还认为区域存在多种变化，厂商在依靠多个原材料供应商的同时，也会为相应市场提供产品，因此，在相互经济活动中会涉及多个区位。在区位影响下将劳恩哈特以往著名的“区位三角形”概念拓展为“区位多边形”概念，这就将区位的概念予以拓展。可以说，《工业区位论》对后期的区位理论发展和经济地理研究在某种程度上奠定了基础的同时，产生着深远的影响与联系。1939 年，勒施出版了《区位经济学》，此书在研究区域结构中将一般均衡理论运用于空间，并将局部均衡转向一般均衡。同时，勒施将竞争者的影响考虑进布局中，依靠竞争力量将逐步建立一个三区一体的区位体系，包括工业区、经济区和市场区，此体系可以是生产聚集地，也可以是集聚中心地，交叉由工业区、经济区和市场区同时决定。勒施至此建立并完善了工业区位、经济区位和市场区位三大理论。1993 年克里斯塔勒出版了《德国南部的中心地区》一书，他不但系统阐述了中心地区相关理论（Central Place Theory），并开创了以城市聚落为中心分析市场相关网络的理论，该理论说明了区域间次序排序原因，该理论也被认为是基于中心地区理论的静态新古典模型。

2.3.2.2 空间经济学的发展

在以往的空间经济学研究中，虽然历史悠久，并且已经逐渐认识到空间问题在分析经济问题时的重要性，但是就如 Isard, W.抨击以往空间经济学是“在一个没有空间维度的空中楼阁中”的分析，空间经济学一直没能成功纳入主流经济学的范畴中。1991 年至 1995 年，克鲁格曼的新著《地理和贸易》《发展、地理和经济理论》陆续被麻省理工学院出版。在著作中克鲁格曼认为在国家内部，研究经济活动的区位本身就有十分重要的意义。空间经济学解释的是：经济活动在什么地方发生，又为什么会发生在此处，经济地理与空间性为什么十分重要。克鲁格曼作为主流经济学派衣钵传人和捍卫者，开创性地创立了现代空间经济学，将空间经济引入到经济学的一个重要领域，弥补了长期区位因素成为主流经济学研究中的“盲点”的缺陷。在研究中，克鲁格曼构建了一个包括两个区域和一种劳动生产要素的经济系统，并在假设劳动力与商品可以在区域内自由流动情况下的空间分布情况。在这种“核心—边缘”模型中，劳动力作为唯一生产要素，成为区域间推动产业转移的核心力量，此模型较合适地分析了一国内部不同区域之间空间效应与经济发展差异。从微观层面，空间经济学深入剖析了企业区位决策的影响因素，并且从宏观层面进一步揭示了现实经济活动为什么会在空间范围内集聚。克鲁格曼在研究中将经济活动空间模式定义为在市场接近与拥挤两大效应的共同影响与作用下，会产生两种相反的作用力，一种为聚集力，也就是说，微观经济主体在追逐市场接近性优势的行为下产生了聚集力，由于接近商品市场而带来运输成本的降低和产品价格的下降，促使劳动者纷纷涌入，形成该区域的向心力——集聚效应作用力；另一种反作用力为扩散力，即由于市场拥挤效应的存在，使劳动力向周围区域的溢出和分散，弱化了集聚效应产生反作用力的扩散效应。从而在两种力的作用下，在均衡与不均衡的交互更替下，形成空间区域性特点。克鲁格曼的研究开创了现代空间分析的先河，将要素的流动和商品之间的贸易放入统一分析框架之下，更加符合当代经济活动现状，因此越来越多的经济学家开始关注空间经济学这一理论，并在此基础上建立了更加完善、形式相异的空间经济学理论模型。

空间经济学中要素在区域内的流动和聚集起到了重要作用，随着限制范围扩大，“国界”影响因素逐渐被考虑进来。Martin 和 Rogers（1995）在生产要素进一步扩充的基础上，将要素流动的限制范围引入各国之间。Martin 和 Rogers 在其假设中，将劳动力定义为非流动要素，虽然在技术上处理更加容易，但由于分析过于简化，使得模型失去了很多解释意义和许多有价值的含义。此后，Forslid（1999）和 Ottaviano（2001）将要素划分为劳动力要素和人力资本要素。人力资本要素特指的是企业家，在要素国际间流动的过程中，劳动力要素不能自由迁徙，但是作为企业家的人力资本却可以在国际间自由流动。人力资本可以跨国流动，即企业家迁移模型也被称为“自由企业家”模型。随后这一模型又进一步被 Forslid 和 Ottaviano（2003）重新系统化，企业家成为推动产业转移形成空间区域化的主要推动力。这一模型解释发展差异化、空间化、区域化无疑具有更好的解释力与启发意义。

第3章

FDI促进中国制度变迁的传导机制

自改革开放以来，我国政府的一个政策目标就是通过吸引外资来促进地区经济发展。自1993年起，中国吸收外资量已居世界第二位，仅次于美国。到1997年，我国外商直接投资达到510.03亿美元，如今，仅2013年1—2月份我国外商直接投资就已达到174.84亿美元。可见外资作为我国经济发展与投资的重要组成部分，所起作用及规模都不可小觑。外商投资与其他投资不同，本身就属于一种制度安排，涉及并影响着我国的政府制度、市场制度、非国有经济制度、法制制度、金融制度及经济运行方式。FDI依存于一定的经济体制，而且改变着已有的经济制度，推动着制度的变迁。我们不能仅仅从对经济增长贡献的角度分析FDI的价值，还要看到中国作为一个转型大国，在制度转型的过程中，外商直接投资对制度变迁产生的重要影响。基于此，本章从FDI促进我国制度变迁的传导框架入手，根据其传导机制不同，分为直接效应与间接效应，其后根据不同效应下的具体制度因素进行逐一详细分析。

3.1 FDI对制度变迁的影响机制

3.1.1 FDI对制度变迁影响传导框架

中国正处于由原有计划经济体制向市场经济体制转轨的特殊时期，不仅面临着经济体制的过渡问题，更重要的是面临着如何在经济发展中产生与之相适应的制度模式与制度创新，并在新的制度下进一步带动经济快速发展。制度创新与变革存在于经济的各个方面，我国在采取渐进式的转型模式下，制度的创新具有阶段性和循序性，体现着中国制度变迁的独有特点。在这种转型模式下，需要制度供给者根据经济的发展，不断提供与之相适应的制度供给。而在如今的市场体制下，广大微观主体对制度的诉求也是愈发强烈，这就要求我国加大制度供给与制度创新力度，不但依靠自身力量，而且借助外在力量提供及时、有效的制度供给，与当今快速发展的生产力相适应。外商直接投资以其比较优势成为我国对外开放政策下的外在制度供给主体，以其所有权优势成为影响我国制度变迁路径选择的重要力量，在我国转型的过程中作为政府制度供给的有效补充，带动我国制度变迁进程。

前面的理论分析表明，FDI对我国制度变迁的影响有其内在动力，制度变迁体现了伴随着社会经济环境的改变以及人类知识、认知水平的提高，原有的社会制度不再适应社会经济的发展。在这种情况下，社会主体将能动地做出选择，推动某项具体的制度安排乃至整体社会制度结构发生变化。FDI正是随着我国制度模式变化与经济发展应运而生的一种新的制度安排，这种社会制度更加适应现有经济发展结构，并且在我国经济结构内部，FDI作为外在利益集团，成为又一新的制度变迁主体，以其能动的选择与影响力推进新制度安排实现，从而带动整体社会制度结构发生变化。制度安排的变迁可以分为五个彼此联系又相互独立的环节，即：FDI对市场制度的变迁影响效应、FDI对非国有经济制度的变迁影响效应、FDI 对金融制度的变迁影响效应、FDI

对政府体制转型影响效应与 FDI 对法律制度变迁影响效应，FDI 对各个制度变革的影响效应集中构成了 FDI 对我国制度变迁的影响机制，体现着 FDI 带动我国制度变迁的传导框架。在这个影响机制传导框架下，五个制度方面彼此联系体现在：市场制度、非国有经济制度与金融制度展现了 FDI 影响我国制度变迁的直接效应；政府制度与法律制度表现出 FDI 对我国制度变迁的间接效应。而影响机制传导框架下，五个制度方面的相互独立体现在市场制度、非国有经济制度、金融制度、政府制度与法律制度构成了制度变迁的组成因素。综上所述，FDI 进入后对我国制度变迁的传导框架如图 3.1 所示。

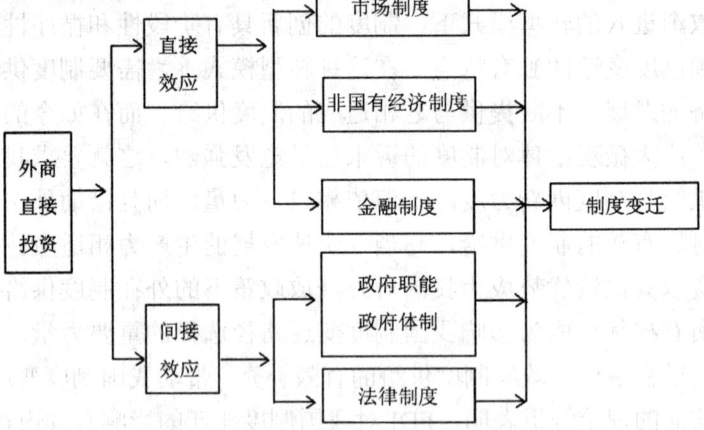

图 3.1　FDI 对制度变迁的传导机制图

通过以上的分析，传导机制可以定义为：在 FDI 发挥作用的过程中，整体制度变迁通过各个制度因素作为媒介体，在 FDI 对各制度因素的作用下，形成一个有机联系的整体，进而最终实现制度既定目标的传导途径与作用机制。当然，我们的分析不能只停留在定义与单纯影响框架的初级层次上面，更加细致并且有价值的分析需要深入到 FDI 对每一个制度因素的具体影响机制环节中去，下面我们就对这一路径从两方面进行分析，这两个方面为 FDI 对制度变迁影响机制的直接效应与间接效应。

3.1.2　FDI 对制度变迁传导的效应机制分析

3.1.2.1　直接效应传导机制分析

在 FDI 对我国制度变迁的影响机制中，对非国有经济制度、市场制度与金融制度的三个制度因素的影响具有直接效应，其中主要原因为 FDI 作为一种制度安排直接参与到这三个方面的制度变迁过程中，外资作为制度变迁主体在这三个制度因素的变迁中具有重要影响力。

（1）非国有经济制度。非国有经济制度的发展在旧有意识形态与发展模式影响下一直有所欠缺，其深化与完善成为我国现阶段制度转型的重要方面，影响着经济转轨的进程。FDI 作为非国有经济的有效构成，发挥着不可或缺的重要作用。在某种程度上，FDI 取代了民营经济在中国制度变迁中所应起到的作用和所应扮演的角色，FDI 成为非国有经济中超越民营经济的绝对力量，直接推动着我国制度变迁进程。FDI 对非国有经济制度影响的直接效应表现在：FDI 的进入促进了我国所有制结构合理化进程。外资经济作为非国有经济的直接有效构成，其比重不断攀升，并以其特有的制度安排形式丰富了我国所有制结构，带动非国有经济的发展；FDI 的进入促进了我国经济产权明晰化进程。外资企业以其所有权优势直接对我国企业投资或参股，使得股权重新分配、产权清晰界定，促进产权制度与产权结构的合理化；FDI 的进入促进了国有资产重组进程。外资企业以直接购买国有股权和购买国有资产的方式参与并推进国有资产重组进程，带来先进技术的同时并以其充沛的资金解决后续发展瓶颈，并打破原有低效率的国企垄断市场均衡格局；FDI 的进入促进了非公有制企业的发展，FDI 直接参与市场竞争，以竞争效应提高市场竞争压力，促进非国有制企业制度优化与转型，以模仿效应扩大 FDI 溢出，促进我国政府对民营企业相关政策与制度的完善。

（2）市场经济制度。我国制度变迁与经济转轨的目的就是从原有的计划经济体制逐渐转变为现代完善的市场经济体制，FDI 作为市场经济体制转型过程中的重要参与者与影响者发挥着直接作用，表现在：

外资企业大多来自于西方发达国家，市场经济健全、完善，外资企业内部管理机制成熟，FDI 的进入通过传导机制直接将国外完善的企业经营模式与市场机制引入我国，促进中国市场化进程；外资企业为中国市场经济发育提供示范。FDI 的进入主要通过关联效应、培训效应对我国内资企业产生溢出效应，并对国内供应商提供技术指导与质量标准培训，从而对我国市场中微观主体产生影响，促进我国市场经济发育进程；跨国公司的进入改变我国市场集中度，激励内资企业管理体制改革。跨国公司以其雄厚的实力，打破国内市场经过长期的博弈达到竞争均衡，瓦解各行业进入壁垒与地方保护主义，健全市场机制，降低市场集中度。

（3）金融制度。金融制度一直是我国经济发展过程中，亟待完善和深化的制度内容。FDI 的进入不但为我国金融体制直接注入了新的活力，还为我国金融制度变革提供了源源不断的制度创新。同时，外资银行也成为我国金融机制快速发展趋势下的有机组成部分，直接发挥着自身的参与和带动作用，影响着金融制度的变革。FDI 对我国金融制度影响的直接效应表现在：FDI 的进入直接带来了丰厚的资金支持，弥补了“储蓄缺口”与“外汇缺口”，为金融机构改革提供资本保证；大型跨国公司带来充足资金，促进我国金融系统完善与优化。大型跨国公司以资金池的形式注入我国银行债权资产运营，降低金融系统风险的同时提高利润，大型跨国公司的直接进入也为我国金融体制带来了优质的客户群，使金融体制与金融制度更加稳定地运行；外资银行的进入丰富了我国金融体系构成，外资银行进入金融体制后加快了我国金融制度变革与对外开放的步伐，打破我国单一、垄断的金融机构运营模式；外资银行为我国金融机构带来了竞争机制，外资银行的进入不但实现了金融制度变迁、经济主体的多元化，还为东道国银行业带来新的竞争机制，有助于银行业竞争度的提高和金融服务质量的改善，实现金融创新，增加金融服务的多样性。外资银行带来新的金融产品与管理理念，外资银行在华多为全能型银行，经过多年的发展，具有混业经营的经验和专业技术，在金融产品创新和管理理念都具有优势，外资银行的进入改变了以往中资银行只注重盲目扩大资本，粗放式的发展理念；外资参股国资银行推进国内金融制度改革，外资参股促进我国金融机构股份制改造，实现我国商业银行股权多样化，外资股东的参股进一步通过制衡相关权利监督、完善中资银行董事会制度、降低代理成本，避免大股东与代理人、代理人与代理人之间产生串谋行为出现“内部人控制”等制度缺陷。最终，FDI 的直接进入为金融机构注入新鲜血液的同时，推进着我国金融制度改革进程。

3.1.2.2　间接效应传导机制分析

在 FDI 对我国制度变迁的影响机制中，对政府体制与制度、法律制度两个制度因素的影响具有间接效应，其中主要原因为 FDI 作为一种制度安排，间接影响着两个方面的制度变迁。在政府体制转型与制度变革的过程中，FDI 虽然不能直接参与其转轨进程，但可以间接影响政府制度变迁的路径选择，促进政府职能的完善与政策出台的稳定性、连续性与透明度。在我国法制化不断健全与完善的过程中，FDI 也起到了一定的影响作用，FDI 不但可以加快我国法律监督、实施制度的完善，还进一步推动着我国法律、法规的标准化进程，并使之与国际接轨，提高法律服务水平的同时，带动着我国法律制度的优化与变迁。

（1）政府制度。外资对政府制度变迁具有间接效应，外资作为外生力量而非内生因素推动政府制度变迁外，外资企业与内资企业作为市场中的微观个体对政府制度变迁具有间接影响效应，相比于其他市场微观主体，外资企业对政府职能转变具有更强的推动作用，特别是对地方政府的影响作用更加巨大，这主要是由于地方政府在竞争引资机制的带动下，更加具有内在动力完善自身职能，减少官僚构成，提高政府办事效率，最终实现外资企业促进政府职能转变和政府制度与体制的变迁。

（2）法律制度。与政府制度变迁具有一定相似性，国家扮演了法律制度供给者的角色，FDI 促进法律制度变迁具有间接效应。FDI 在法律制度变迁中的重要角色为制度变迁的推动者，其制度诉求的需求能否转化为正式法律制度取决于国家对制度诉求的认可与否，并且法律制度变迁能否成功也取决于外资力量与国家行政力量的相互博弈。外资进入我国后不但促进我国引入外资相关的法律法规体系日臻完善，还使得我国国内监管制度的完善与投资相关法律环境得以优化，包括：增强法律法规决策颁布、加强执行透明度，规范监管行政行为，及时发布法律法规变动的有关信息；FDI的进入促进我国知识产权保护。外商投资企业的进入对我国构建合理、完善的知识产权保护法律体系提出了要求，知识产权保护法律体系的完善程度直接决定着外资企业来我国投资与否，近年来，我国积极提升知识产权创造、运用、保护和管理能力，加快法律制度的完善，最终，外资企业的进入还有助于推动我国法律体系建设与国际接轨。

3.2 FDI对中国制度变迁影响的直接效应

3.2.1 FDI促进我国非国有经济制度变迁

3.2.1.1 FDI的进入促进了我国经济产权明晰化进程

非国有经济制度的变迁实质体现了产权制度的变迁过程，明晰的产权制度与合理的产权结构是制度变迁的重要组成部分，发挥着举足轻重的作用。我国制度变迁是指由计划经济转型为市场经济过程中制度的更迭。在计划经济体制下，非国有经济发展严重欠缺，产权制度常常体现出无效率、缺乏激励与动力等种种弊病。国有制使得生产资料归全体人民所有，而每个人都不具有独立的产权，在市场交易的过程中并不能成为行动主体。这使得产权的边界模糊不清，企业既不是市场的决策者，也不是市场的参与者，一切生产与交易活动都由政府统一计划、分配、实施。这样就使得在信息不完备的条件下，市场无法充分有效运转。国家作为产权的主体担任着“双重”的角色，既是企业的所有者，也是企业的管理者，企业内的管理者和工人对生产活动几乎没有任何谈判权。产权不清、划分不严格使市场机制失效，政府需要组建起冗繁的组织、机构来把握企业的生产，指导人民的需求，于是出现了技术创新很难实现，即使生产过程中有了新技术，也很难快速有效地运用到生产工程中。产权的不明晰消灭了竞争，彻底否定竞争的积极意义，并抑制了大多数人的工作能力，最终使得所有者缺位、激励约束机制失灵、劳动者积极性下降、市场资源不能得到合理配置、生产力总体水平低下。

企业快速发展要进行技术与制度创新，产权明晰化成为首要前提。FDI 的进入对促进我国产权明晰化起到了积极推动作用。在市场经济体制下以分工和交换为基础，交换的本质是产权的交换，广泛微观个体以独立产权在参与市场经济活动的过程中成为制度变迁的主体。外资以其所有权优势成为独立的行动集团，在利益最大化的约束前提下影响着我国制度变迁方向。作为经济制度的核心，产权制度的完善与否决定着我国经济制度的优劣。目前，中国企业很多都存在着产权缺席、产权划分不够清晰等问题。外资企业的进入与参股明确划分了投资主体，股权重新分配，产权清晰界定，企业内部决策、执行和监督分而治之，股东会、董事会和监事会制度逐渐完善。同时，外资的进入使得企业所有权与经营权相分离，企业与企业成员成为不同的主体，已不再是企业成员的大集合，二者两权分离。无论是在法律关系上，还是在经济关系上，都有了各自的独立性，在财产和产权责任方面不再相互混同。产权主体趋向于以利润为目标，逐渐减轻了企业非生产性功能的包袱，将国家所有者的身份与现代企业职能相分离。

3.2.1.2　FDI 的进入促进了国有资产重组进程

单一的国有资产所有制形式限制了我国经济进一步的发展，中央文件中多次指出我国今后不再只片面强调国有资产流失，而是要在产权多元化方面有所突破。这就要求国有资产进行创新性、有效性的重组，而国有资产重组是一个艰辛且漫长的过程，对新一轮投资的规模提出了要求。虽然近年来积极的财政政策得到充分发挥，但对于庞大的国有资产重组工程显得杯水车薪，国家不可能通过无限期的发行国债维持国有企业的优化改组，必须向均衡的政策转变。因此后续资金的来源也无非是非国有资本和外资，而资本市场不景气使融资遇到很大困难，使得非国有投资者的投资能力受到很大限制。多年来，国有企业改革该用的招数基本都用上了，但效果并不十分明显。从最初 1988

年《全民所有制工业企业承包经营责任制工业企业法》鼓励在国营工业企业中各种形式的承包制带来了效率的下降，到1995年《关于国有企业改革和发展若干重大问题决定》使国有资产从分散走向集中带来了数亿资产的损失，再到2001年《减持国有股筹资社会保障资金管理暂行办法》国有股减持正式运行带来极度恐慌和证监会的紧急叫停。

FDI的进入为国有资产重组开辟了新的渠道，外资以其雄厚的资金实力可以通过购买国有股权和购买国有资产的方式参与并推进国有资产重组进程。原国家经贸委主任李荣融也表示，从众多跨国公司对大型国有企业的重组经验来看，跨国公司不仅可以带来先进技术，而且能够较好地进行职工安置和后续发展所需资金等问题，这对提高国有企业后续竞争力具有十分重要的意义。我国很多大型国有企业通过跨国公司重组过程走出困境，逐渐显示出良好的发展势头。我国政府也逐渐认识到外资在国有资产重组进程中的重要作用，2001年11月，对外经济贸易部和中国证监会联合颁布《关于上市公司涉及外商投资有关问题的若干意见》，允许外资非投资公司通过售出转让流通股的形式收购国内上市公司股权。"十六大"后又出台了利用外资改组国有企业的一系列鼓励、规范政策，包括《关于向外商转让上市公司国有股和法人股有关问题的通知》以及《利用外资改组国有企业暂行规定》。在此暂行规定中，对利用外资改组国有企业的投资主体、投资渠道、被改组的范围以及相应的要求、原则、改组的程序等都做了明确的规定。外资的进入实现了对公司所有权结构、控制权结构和资产结构的改变，加快了企业内部体制改革，政府逐渐淡出企业管理，经营者成为真正的主人。如甘肃省电力工业局与美国CEA有限公司合资成立"中外合资靖远电厂"，外资进驻后改变了以往技术、管理落后的局面，公司良好的运转改变了甘肃省电力能源紧缺的状况。

FDI的进入有助于打破在重要经济领域和高盈利竞争性领域的国企垄断状况（如电信、房地产）。外资进入后，国家逐步减少对企业的实际控制，并放宽实现生产功能以外的其他功能的约束，企业及主管部门不再有机会利用这种优势不断扩张盈利能力，挤占市场份额。目前，国家也进一步放宽了对国家垄断行业外资进入的限制。2008年9

月 12 日《外商投资电信企业管理规定》正式对外公布，根据此规定，将外商投资电信企业的最低注册资本由原来的 20 亿降低为 10 亿。外资进入门槛的调低带动了外资进入和开放的速度，而外资的进入也进一步带动了企业经营效率的提高。如上海贝尔移动通信有限公司将 51%股权转让，出让方是一家中央企业，该部分股权被韩国一家电器制造企业收购，以挂牌价格 9200 万元成交，转让后改变了连年亏损和无主营业务收入的状况，企业发展逐步走向稳健。上海广寓置业发展有限公司 100%股权出让，出让方是上海一家国有控股的机械施工有限公司，该股权被香港的一家国际有限公司收购，成交金额 5710 万元。

3.2.1.3　FDI 的进入促进了我国所有制结构合理化进程

随着经济转型不断深化，我国以往单一国家所有制也逐渐转变为以国家所有制为主体、多种所有制共同发展的制度模式，产权结构得以丰富，非国有经济快速蓬勃发展，市场经济体制得以完善。随着制度变迁的逐渐深化，1980—1992 年，我国非国有经济的平均年增长率高达 40%，远远高于国有经济的年均增长率 7.8%。在中国工业产出增长中，非国有经济份额从 1978 年的 18%增加到 1992 年的 67.5%。制度变迁促使非国有经济的快速发展为中国经济稳定增长做出了巨大贡献。在此过程中，外资作为非国有经济的重要组成部分，以其所有权优势成为我国制度变迁的重要主体丰富着我国所有制结构，影响着我国制度变迁的方向。我国处于由最初高度集中的计划经济体制向现代社会主义新型市场经济体制过渡的转型时期，需要在体制内部与外部做出相应的改革与调整。建立和完善社会主义市场经济体制离不开所有制结构的多元化，FDI 作为市场中微观经济主体，拥有着所有权优势和独立的经济利益。FDI 在所有制结构演进的过程中和市场经济建立的过程中，扮演着重要的角色。所有制结构的合理化，归根结底是市场机制的完善与深化，FDI 进入我国所有制结构中，不仅仅是融入与共处，更是竞争机制的结合，外资与内资在优势互补中，竞争将更加激烈。市场机制与适者生存的双重定律，使以往单一所有制形式面临市场的考验，摒弃以往长久存在的弊病，在竞争中快速成长与优化。特别是在混合所有制内部具有自身特点与优势，通过这种互补性与竞争性的结合，实现多种生产要素和资源的合理配置，激发活力的同时，增强国际竞争力。

3.2.1.4 FDI的进入促进了非公有制企业的发展

长久以来，我国非公有制经济的地位与作用并未得到充分的重视，一直作为国有经济和集体经济的补充而存在。在政策优惠方面一直处于劣势，并在很多行业与领域受到政策限制与准入限制。如民营企业经常会在融资、投资、股权比例、税赋、市场准入、配套政策执行等方面受到不公平待遇。

FDI的进入增强我国经济的活力，带动非国有经济的发展，在中国一直都很受青睐。民营企业在与外资企业相互竞争，争夺市场的过程中越来越重视维护自身权益，争取平等地位与待遇。民营经济与外资作为非公有制经济的组成部分，二者的平等化也得到重视与关注。中国政府在招商引资、着力吸引外资的过程中，逐渐放宽了对国内企业进入限制。2001年3月15日，在第九届全国人大四次会议批准的《中华人民共和国国民经济和社会发展第十个五年计划纲要》中明确提出："凡是对外资开放的领域，内资均可进入。依法保护各种所有制企业的合法权益。"这不但表现出国家对非公有内资企业与外资企业平等化导向，还表现出国家开始逐步重视非公有内资企业的发展。2005年2月，由国务院颁布的《关于鼓励支持和引导个体私营等非公有制经济发展的若干意见》（以下简称《意见》）中，重点强调了要贯彻内外资企业平等准入和具有公平待遇的原则，《意见》中明确提出允许外资进入的行业或领域，国内非公有资本也应允许进入。同时《意见》中对股权比例限制予以放宽，鼓励扩大私营企业准入范围等优惠措施。这样，非公有内资企业取得了与外资企业平等的准入渠道。

随后，我国各个地区分别开始大力响应中央政策导向，为国内非公有资本打开长久不平等禁锢。2007年3月6日，温州市政府首先发布了《温州市人民政府关于进一步拓宽非公有制经济市场准入的若干意见》，明确表示：除去国家明令限制投资的相关行业和领域外，其他都需要按照内外资同等的条件对国内非公有资本予以开放，对股权比例的限制也予以放宽。温州市对非公有资本进入的行业和领域进一步放宽，使国内非国有资本与外资可以在相同行业和领域内享受到同等待遇。同时，允许非公有资本进入一切法律法规未禁止进入的行业和领域，包括垄断行业、基础设施领域、公用事业和社会事业及金融服务领域等。温州市鼓励非公有制企业积极参与军民两用高新技术开发产业及其产业化过程的同时，还采取多种有效措施鼓励非公有制科技型企业快速发展，推动国内科技创新；在鼓励非公有资本大力发展现代服务业和社会服务事业的同时，还积极鼓励非公有资本进入以往未涉及的基础设施与市政公用事业和农业水利等领域；同时，温州市政府还要求进一步加大对非公有制企业的金融支持力度的同时，逐步提升非公有制经济的服务水平，引导非公有资本逐渐参与到国有经济战略性调整与转型的浪潮中来，使得非公企业与国资、外资企业一样，可以享受到市场准入平等、政策平等的待遇。

外资的进入不但提高了我国对非公有制经济的重视程度，还提高了对民营企业扶持力度。外资企业与民营企业同属于我国非国有经济的组成部分，外资企业能够享受到的待遇，非国有内资企业也应享受到，在民营企业家不断比较、争取的过程中，政府也开始出台一系列“平等化”的政策。FDI 所发挥的外部效应也越发明显，在带动我国非国有经济制度不断完善的同时，优化了民营企业的经营环境，促进了非公有制企业的发展。

3.2.2　FDI 促进我国金融制度变迁

3.2.2.1　FDI 弥补“储蓄缺口”与“外汇缺口”，为金融机构改革提供资本保证

美国经济学家钱纳里和斯特罗特提出“双缺口”理论，该发展理论指出发展中国家可以通过利用外资来弥补国内资金的短缺。发展中国家的国内储蓄与外汇供给，与经济计划目标所需资金方面往往存在着缺口，而追加国内投资所需储蓄称为“储蓄缺口”，筹集进口商品所需的外汇短缺称为“外汇缺口”，FDI 的进入有效弥补了这

两个缺口。

经济的快速发展离不开大量的投资，而储蓄作为转化为投资的有力渠道，在推动经济增长过程中发挥着重要作用。在我国改革开放初期面临着底子薄，国内积累不够，储蓄严重不足的现象。外资的进入有效地弥补了“储蓄缺口”，促进我国的资本形成并化解了金融业资产匮乏的问题，加快了我国初期金融机构改革的步伐。外资对“外汇缺口”的弥补为稳定我国金融体系奠定了基础。从表3.1中可以看出，1980—1989年间，我国总投资增长迅速，相对而言，总储蓄明显不足，出现“储蓄缺口”。在此期间，FDI增长迅速，由1980年的45.47亿元，占总投资比重的2.84%，增长到1990年的537.09亿元，占总投资比重达到7.96%。在十年间增长了5个百分比，而“储蓄缺口”在1985年达到顶峰后回落，1990年总储蓄超过总投资，“储蓄缺口”消失。外资的快速增长促进资本的形成，弥补了“储蓄缺口”，保证国内投资计划顺利实施。1994年后，我国资金已基本较充裕，没有再出现“储蓄缺口”现象。但是何德旭（2007）提出，即使不存在“双缺口”的情况，在全社会的投资与储蓄之间，由于金融系统不能有效发挥其“中介”和“分配”的双向功能，企业也存在着投资需求与外汇需求得不到满足的可能。外资的进入将有助于缓解投资困境，带动金融系统转化，提高国内储蓄转化为投资的效率。李扬（2006）认为引进金融外资本质上也是相应引进了国外效率较高的金融体系，可以使国内储蓄得到比较充分的利用，从而较好地支持中国经济高增长。

表 3.1　1980—2000 年中国储蓄、投资与实际利用外资情况　（单位：亿元）

年份	总投资	总储蓄	储蓄与投资差额	实际利用外资金额	外资/总投资（%）
1980	1599.7	1585.0	−14.7	45.47	2.84
1985	3457.5	3090.4	−367.1	148.7	4.30
1989	6332.7	6147.1	−185.6	474.79	7.50
1990	6747.0	7257.3	510.3	537.09	7.96
1991	7868.0	8485.5	617.5	627.38	7.97
1992	10086.3	10361.9	275.6	1104.12	10.95

续表

年份	总投资	总储蓄	储蓄与投资差额	实际利用外资金额	外资/总投资（%）
1993	15717.7	15038.2	-679.5	2240.12	14.25
1994	20341.1	20975.2	634.1	3724.96	18.31
1995	25470.1	26468.7	998.6	4001.67	15.71
1996	28784.9	30244.1	1459.2	4581.61	15.92
1997	29968.0	33517.9	3549.9	5339.43	17.82
1998	31314.2	34943.4	3629.2	4848.52	15.48
1999	32951.5	35327.2	2375.7	4360.17	13.23
2000	34842.8	37233.0	2390.2	4914.68	14.11

注：汇率折算采用各年年末中间价。

资料来源：根据历年《中国统计年鉴》整理得出。

从 1980—2000 年我国外汇情况表 3.2 可以看出，1980—1989 年间我国存在着“外汇缺口”，且 1980—1985 年间“外汇缺口”扩大迅速，1985—1989 年间“外汇缺口”呈现缩小态势，到 1990 年“外汇缺口”消失。在此期间，我国实际利用外资额大幅攀升，特别是 1985—1989 年间，实际利用外资从 47.6 亿美元增长到 100.6 亿美元，翻了近一倍，FDI 进入在改革开放初期弥补了“外汇缺口”。1994 年以后我国不存在“外汇缺口”现象。由于我国外汇资源配置大部分为行政化，小部分为市场化，不能很好地满足内资企业外汇需求，因此从国家层面看，我国不存在“外汇缺口”，有足够的外汇资源满足国内企业外汇需求，但从企业层面看，存在一定的“外汇缺口”。外资的进入不仅可以直接弥补进口国外资本品的“外汇缺口”，还可以提高金融系统对企业融资支持的效率，完善稳定金融体系建设。

表 3.2　1980—2000 年我国外汇情况　（单位：亿美元）

年份	实际利用外资金额	外汇储备	外汇缺口	年份	实际利用外资金额	外汇储备	外汇缺口
1980	30.31	-12.96	19.00	1994	432.10	516.20	-54.00
1985	47.60	26.44	149.00	1995	481.33	735.97	-67.00

续表

年份	实际利用外资金额	外汇储备	外汇缺口	年份	实际利用外资金额	外汇储备	外汇缺口
1989	100.60	55.50	66.00	1996	548.05	1050.29	-122.20
1990	102.89	110.93	-87.40	1997	644.08	1398.90	-404.20
1991	115.50	217.12	-81.20	1998	585.57	1449.59	-434.70
1992	192.00	194.43	-43.50	1999	526.59	1546.75	-292.30
1993	389.60	211.99	122.20	2000	593.56	1655.74	-241.10

资料来源：根据历年《中国统计年鉴》整理得出。

3.2.2.2　大型跨国公司的进入带来充足资金促进我国金融系统完善与优化

国外大型跨国公司资金管理，一般都采用资金池模式。拥有跨国公司资金池的银行不但具备了充足资金用于大量债权资产的运营，而且在降低系统风险的同时，还为银行带来巨大利润。2004 年通用电气将我国招商银行定为外币现金池的主办银行。外币现金管理为我国金融机构提高了银行资本充足率，并为我国银行逐渐具备提供集本外币于一体的专业化现金管理服务的能力奠定基础。随着国外跨国公司国际业务及分支机构在我国的扩张，越来越多的跨国公司将资金管理业务移入我国银行，如中国光大银行等。同时，进入我国的大型跨国公司有相当一部分实力都非常雄厚，是我国银行优质的客户群。银行中优质客户群的保障，不但成为银行财富的源泉，还可以降低不良贷款率，提高银行运营效率。跨国公司带来大量的外汇业务，在提高外汇资金使用效率的同时，扩大了外汇市场交易主体。跨国公司的进入也促进我国外汇市场相应法律、法规的建立与完善，例如 2006 年我国针对完善外汇市场交易出台《国家外汇管理局关于推动浦东新区跨国公司外汇管理改革试点有关问题的批复》，试点方案放宽了跨国公司进入外汇市场条件限制，促进我国金融系统市场化进程。

随着跨国公司的进入与迅速发展，中国金融市场已逐渐与世界市场相融合，资本在国际间的流动冲击着国内金融市场的壁垒，使中资跨国公司也逐渐参与到全球一体化的浪潮中，内外资跨国公司的发展对金融业的服务提出了要求，带动了我国金融系统国际化进程与金融机制的转变。

3.2.2.3　外资银行的进入丰富了我国金融体系构成

我国金融体制改革最早对外开放的领域就是银行业，外资银行的进入起步较早、规模较大，丰富了我国金融体系构成。改革开放后，最早进入的外国金融机构为日本长期信用银行，该银行在北京设立第一家外资金融机构代表处。2011 年在华外资银行业金融机构情况如表 3.3 所示。

表 3.3　在华外资银行业金融机构情况　　（单位：家）

	外国银行	独资银行	合资银行	独资财务公司	合计
法人机构总行		37	2	1	40
法人机构分行及附属		245	8		253
外国银行分行	94				94
总计	94	282	10	1	387

资料来源：《中国银行业监督管理委员会 2011 年报》。

1982 年后，首批外国金融机构在深圳等经济特区设立分支机构，开始从事各项外汇金融业务。随后，多家外资银行纷纷在我国沿海及内陆城市设立营业性金融机构。1995 年，中国建设银行与美国摩根斯坦利等外资金融机构在北京设立了第一家中外合资银行。各国外资银行在华业务也迅速展开。截至 2011 年底，共有 45 个国家及地区的 181 家银行在华设立 209 家代表处；共有 14 个国家及地区的银行在华设立了 37 家外商独资银行和 2 家合资银行以及 1 家外商独资财务公司。并且，有 26 个国家及地区的 77 家外国银行在我国设立了 94 家分行和 260 家独资银行以及 9 家合资银行。有 44 家外国银行在我国设立分行，有 35 家外资法人银行经获准允许经营人民币业务，并且已有 56 家外资银行允许从事我国金融衍生产品交易业务。在我国外资营业机构数达到 387 家，总资产达到 2.15 万亿元，增长 23.6%，资产额占全国金融机构中资产总额的1.93%[①]。相比于2009年的1.71%增长0.32个百分点，外资银行已逐渐成为我国金融体系中的重要组成部分。随着外资银行所占比重的迅速增长，促进我国金融体系从“大一统”向多元化、现代化转变。在华外资银行营业机构数与资产情况如表3.4所示。

表3.4 在华外资银行营业机构数与资产情况

年份 项目	2004	2005	2006	2007	2008	2009	2010	2011
营业性机构数（家）	188	207	224	274	311	338	360	387
资产（亿元）	5823	7155	9279	12525	13448	13492	17423	21535
占银行业金融机构总资产比（%）	1.84	1.91	2.11	2.38	2.16	1.71	1.85	1.93

资料来源：《中国银行业监督管理委员会2011年报》。

从外资银行的发展趋势可以看出，2004—2007年间外资银行发展极为迅猛，占银行业金融机构总资产比重达到了2.38%。金融危机期间，外资银行受到外部冲击，在华发展放缓，但近年来发展复苏迅速。外资银行的进入为金融体制改革注入新鲜血液与活力，丰富我国金融体系构成，随着外资银行快速发展，将进一步打破我国单一、垄断的金融机构运营模式。

3.2.2.4 外资银行的进入为我国金融机构带来了竞争机制

外资银行的进入实现金融制度变迁、经济主体的多元化，由于与旧有经济主体的利益取向和价值偏好存在差异，就为原有金融制度下所造就的稳定性的分配格局及利益格局带来竞争机制。Levine（1996）认为外资银行进入会为东道国银行业带来竞争机制，有助于银行业竞争能力的提高，有助于改善金融服务的质量，并使东道国银行运用更多的现代技术。Lensink与Hermes（2004）也认为外资银行的进入可以

① 银监会：《中国银行业监督管理委员会2011年报》，银行业改革开放与科学发展。

通过竞争机制，促进东道国金融业降低成本，提高效率，带动金融创新，增加金融服务的多样性。

目前，我国金融体系还处于国有商业银行为主体的垄断型市场结构，众多股份制银行与地方性银行虽然取得了一定的发展，但总体上呈现出资金少、实力弱、机构网点少、经营规模小、体系不完善、信用水平低等特点，很难与占垄断地位的国有银行竞争。因此，在国有商业银行强大的排斥力下，我国金融业表现出竞争水平低、竞争机制不完善的状况。进驻中国的外资银行大多来自发达国家，这些外资银行在母国市场经济竞争中建立起了完备的公司治理体系，积累了先进的管理理念和方法，在管理的过程中主要采用市场化的、以利润为导向的经营模式。我国中资银行行政管理干预较多，机制较为僵化，而外资银行更加适应市场的需要。外资银行的进入为金融业带来竞争机制，而外部竞争机制的引进推动了我国金融机构的改革。外资银行在国际结算方面表现出强劲的竞争力，在我国国际结算业务中的市场份额已达到 40%。外资银行在金融衍生品与国际业务方面优势明显，成为中资银行有力的竞争者，并凭借其在国际融资的优势与中资银行争夺高端客户。例如，2002 年南京爱立信公司由于中资银行（工商银行与交通银行）难以提供“无追索权的应收账款转让”业务（贸易金融业务中的一种），故筹集 19.9 亿元巨资提前偿还工商银行与交通银行贷款，转向外资银行（花旗银行上海分行）签订等额贷款合同。

我国的贸易融资方式千篇一律，多以垄断主导下的形式简单且单一的打包放款与进出口押汇和减免开征保证金三种方式为主，而国际上目前新兴的保理、福费廷很少开办，业务金额也极其有限，而适用于进出口商贸易融资的产品且符合各自特点则更少有。在新的需求下，中资银行不得不改变原有单一、低效率的运营模式，并开始着重缩小在科技和管理水平、金融服务及经营方式等方面与外资银行的差距。包括福费廷在内的一批新型产品已开始崭露头角，中资银行已逐渐寻求创新和完善与外资银行竞争市场份额，业务能力也得以拓展。2011 年统计资料表明，124 家商业银行个人理财产品存续数量共计 7049 款，丰富多样的银行理财产品为企业和居民管理财富资产、调整风险结构、优化资金配置提供了灵活便利的选择。外资银行以其独有优势进入，打破原有垄断主导的均衡格局，带来竞争机制，中资银行在发展的过程中不断提高自身经营效率直面挑战。对中资银行而言，竞争机制的引进不但是挑战，更是自身的机遇，因此，中资银行在面对挑战的过程中，也要坚持现有的比较优势，积极借鉴外资银行的成功之处。中、外资银行的优劣势比较如表 3.5 所示。中资与外资银行的关系不仅停留在竞争层面，还可以以一种战略的合作伙伴关系存在。因为中资银行拥有客户、网络各个方面的优势，外资银行不可能在短期内有这样的优势。外资银行在外汇管理领域的设计、经验以及综合化的母公司的背景，可以为中资银行提供很多好的方法与策略。中、外资银行战略联盟可以提供跨银行平台业务，为实现客户效率、效用最大化服务。

表 3.5　中、外资银行竞争优劣势比较

	外资银行	中资银行
优势	资金雄厚，资产形成规模，盈利能力强	分行及银行网点分布广
	金融产品丰富，经营管理理念先进，熟悉国际业务与市场	金融产品及经营理念适应本土模式
	客户群优质，主要针对大型跨国公司	客户群数量庞大，众多国内企业都为其客户群
	发展历史悠久，国际信誉好，部分具有政策优惠，超国民待遇	以国家为依托，信誉优良，国家政策保护
	适应市场机制与竞争机制，灵活多变，富有生机与活力	具有垄断地位及人民币传统业务优势
	激励制度完善，工资福利待遇好，人才培训体制健全	文化背景一致，认同感强，具有归属感
	资金充足率高，混业经营能力强，全能银行	发展迅速，抗击金融风险能力强，稳定性高

续表

	外资银行	中资银行
劣势	起点高，上下游资源少，整合困难	市场意识与服务理念差，经营成本高，效率低，回报率低
	存在文化差异，对本土市场不了解，产品本土化过程还需时日	内部体制不完善，没有形成现代企业治理机制，法人化与董事会制度不健全
	市场份额小，占我国银行业金融机构总资产比重低	金融监管水平低，不良资产比重高，资金充足率低
	分支机构分布与业务范围区域化明显，大多集中在东南部，在内陆西北部地区范围涉及较少	金融产品创新能力差，经营理念僵化、陈旧

3.2.2.5　外资银行的进入带来了新的金融产品与管理理念

外资银行在华多为全能型银行，经过多年的发展，具有混业经营的经验和专业技术，在金融产品创新和管理理念创新方面都具有优势，如汇丰银行提供有特色的金融服务产品就达上百种之多，而中银香港根据利率和汇率等市场信息变换调整推出的海外无本金交割远期产品对出口型企业具有较大的吸引力，抢占了市场先机。

浦发银行吸收花旗银行先进的管理理念与先进的金融产品，推出全新的贷记卡服务系统，提高了银行卡业务及服务能力。2010 年，浦发银行推出了新一代现金管理平台，该平台是浦发银行在吸取国外银行现金管理服务体系的经验基础上，参考多年来为大量企业及集团提供现金管理服务中所积累的客户需求，建立起来的高技术含量现金管理服务体系。现金管理在海外已经有 30 多年的历史，很多大型的欧美银行都把现金管理作为一个特别的利润中心来看待，甚至配备相应的产品经理，包括销售经理，有一套完整的实施流程。很多的中资银行也在 2000 年初开始相应的现金产品的开发和设计。浦发新一代现金管理平台使得银行在服务功能、客户体验、风险控制以及个性化需求支持等方面得到了全面提升。

招商银行也积极效仿、采纳国外银行在现金管理方面的新金融产品，并建立起拥有自身特色的产品体系。此产品体系在外资银行产品体系的基础上有一定的创新，在设计现金管理产品时，将其分成账户管理、融资管理和风险管理等板块，在比较好地控制流程过程中风险的前提下，最大限度提高资产负债表的价值，实现现金资源的共享，满足更加贴切我国金融的现实需求。外资银行在现金管理领域的设计、经验为我国银行提供大量方法，值得中资银行学习与借鉴。

在管理理念方面，外资银行的进入改变了以往中资银行只注重盲目扩大资本，粗放式的发展理念。在以往发展路线下，中资银行利润率低、不良资产率高、资本充足率低，很多银行都出现了不良贷款的沉重包袱。如 2004 年深圳发展银行在 2000 亿元的经营规模下只产生了 2.9 亿利润，不良资产率达到 11.4%，资本充足率只有 2.3%，远远低于银监会 8%的标准。随后，深圳发展银行积极吸纳外资银行管理理念，将控制信贷风险、控制成本、补充资本作为首要任务，在每一个分行都指派一个管理者做信贷风险和财务的执行官，直接汇报给总行。外资银行成本与风险管理十分严谨，不仅有总行的整体成本与风险管理，还有分行内部的成本与风险管理体系。近年来，越来越多的中资银行学习借鉴外资银行总分支机构之间的成本风险管理理念，建立起成本与风险核算管理制度，外资银行管理理念的注入，使中资银行更加注重成本核算，风险评估与内控机制逐渐得到完善。

在人力资源管理方面，外资银行不但很重视人员招聘渠道的广泛与多样化，还十分重视对在岗员工的关怀和技能培训与管理制度的透明度。中资银行过去一味追求市场扩张、网点数量、人员数量，现在开始逐渐学习外资银行注重招聘人员素质与在岗人员培训，很多国内银行都开始扩大对员工业务培训范围并建立起员工与人力资源部门沟通机制，人力资源部门将员工的建议与意见及时反馈给领导，使员工与企业共同成长。

3.2.2.6　外资参股中资银行推进国内金融制度改革

外资参股促进我国金融机构股份制改造，实现我国商业银行股权多样化。目前国有股的比例在所有参股商业银行中占到 30%—80%之间，而外资所持股比例大多处在 2%—5%之间。虽然国有控股比例具有绝对优势，相对较高，但与过去国有股垄断状况相比，股权结构在很大程度上已经有所改善，并且外资在中资银行的参股比例不断扩大，更是对我国金融改革中所有权多样化的有益补充。截至 2011 年，已有 33 家外资银行投资者向中国商业银行中 21 家投资入股，并且部分在参股交易中已经签订合作意向书，总投资金额超过了 188 亿美元，国际金融公司、汇丰银行、淡马锡等都对中资银行表现出了极大的兴趣，此外，正在积极地与外资接触的中资银行还有数十家。预计外资对中资银行的参股规模还将进一步扩大。外资银行参股中资银行情况如表 3.6 所示。

表 3.6　外资参股中资银行情况

	中资银行名称	外资金融机构名称	外资来源	入股时间	比例（%）
城市商业银行	上海银行	国际金融公司	国际金融机构	1999 年 9 月	7
		汇丰银行	英国	2001 年 12 月	8
		香港上海银行	中国香港	2011 年 12 月	3
	南京银行	巴黎银行 BNP	法国	2005 年 10 月	12.68
		国际金融公司	国际金融机构	2001 年 11 月	15
	西安商业银行	国际金融公司	国际金融机构	2004 年 6 月	2.5
		加拿大丰业银行	加拿大	2004 年 6 月	2.5
	济南商业银行	澳洲联邦银行	澳大利亚	2004 年 11 月	11
	北京银行	荷兰 INC 银行	荷兰	2005 年 3 月	19.9
		国际金融公司	国际金融机构	2005 年	4.04
	杭州商业银行	澳洲联邦银行	澳大利亚	2005 年 4 月	19.9
	南充商业银行	德国投资与开发公司	德国	2005 年 7 月	10
		德国储蓄银行基金	德国	2005 年 7 月	3
股份制商业银行	光大银行	亚洲开发银行	国际金融机构	1996 年 10 月	3.29
	浦东发展银行	花旗集团	美国	2003 年 9 月	4.62
	民生银行	国际金融公司	国际金融机构	2003 年 9 月	1.22
		淡马锡控股有限公司	新加坡	2004 年 11 月	4.55
	兴业银行	国际金融公司	国际金融机构	2004 年 3 月	4
		新加坡政府直接投资公司	新加坡	2004 年 3 月	5
	交通银行	汇丰银行	英国	2004 年 8 月	19.9
	深圳发展银行	美国新桥投资集团	美国	2004 年 9 月	17.89
	渤海银行	渣打银行	英国	2005 年 9 月	19.9
	华夏银行	德意志与萨尔·奥彭海姆银行	德国	2005 年 11 月	13.98
		新加坡磐石基金	新加坡	2005 年 11 月	6.88
	中信银行	瑞穗实业银行	日本	2007 年 4 月	0.17
		比尔巴鄂维茨卡亚对外银行	西班牙	2006 年 11 月	5
	广东发展银行	花旗牵头的财团	美国	2006 年 11 月	8.56

续表

	中资银行名称	外资金融机构名称	外资来源	入股时间	比例（%）
国有商业银行	中国建设银行	美国银行	美国	2005年6月	9
		淡马锡控股有限公司	新加坡	2005年6月	5.1
		益嘉投资有限责任公司	境外法人	2006年	0.34
	中国银行	苏格兰皇家银行主导财团	英国	2005年8月	9.61
		瑞银集团	瑞士	2005年8月	1.55
		亚洲金融	国际金融机构	2005年10月	4.8
		亚洲开发银行	国际金融机构	2005年10月	0.23
		三菱东京UFI银行	日本	2006年6月	0.19
		淡马锡控股有限公司	新加坡	2006年	4.13
	中国工商银行	高盛集团	美国	2006年	4.9
		安联集团	德国	2006年	1.9
		美国通运	美国	2006年	0.4
	中国农业银行	渣打银行	英国	2010年6月	0.37

外资股东的参股可以指导中资银行技术、业务，并积极参与公司的治理。外资股东在投资后会将丰富经验和专业管理人才引入中资银行，这还会直接影响我国商业银行中高层人员业务与管理能力。如国际金融公司进入南京商业银行后，通过自身高信誉向世界各地基金募集资金，并组织委派国际专家组对南京商业银行职员进行全方位业务培训。

花旗银行参股广东发展银行（以下简称广发银行）后在技术合作与协作协议中签署：在合作过程中，花旗集团将向广发银行提供八个领域的支持与协助，其中包括风险管理领域、信息技术领域、财务与内部控制领域、公司治理领域、人力资源与资产负债领域、金融创新领域等，力图帮助广发银行在重组的过程中实现全面提高公司治理水平与经营管理能力。同时，花旗银行还承诺帮助广发银行进行人力资源培训，培养未来所需的各种高素质人才。花旗银行参股后，派出辛迈豪担任广发银行行长，辛迈豪具有丰富的银行管理经验，曾在19年时间里在 8 个不同国家及地区的企业银行从事管理工作。进入广发银行后，辛迈豪指导对现有流程及组织构架的改革，实现了效率高、可控性强的流程管理，并着力扩大银行业务培训范围，包括投资银行业务培训、公司银行业务培训、中小企业标准化授信流程业务培训等。同时，制定全行五年整体规划，加大科技系统与基础设施建设力度，聘请 IBM 为科技规划项目顾问，全面梳理、建设广发银行的科技系统。花旗银行的参股为广发银行提供了一个近距离学习国际一流银行先进管理理念、经营方法、风险与资金内部控制的平台。目前，广发银行已经建立起了分条线垂直管理体制与垂直稽核体系，为广发银行成为世界级金融机构奠定了基础。

外资股东的参股还可以通过制衡相关权利监督、完善中资银行董事会制度。外资股东在持有中资银行股份后三年内不得撤股，为获取利润最大化，保证自身的投资回报率，监督管理者会力促董事会进行制度的完善。董事会是现代公司有效治理模式下的权利核心，具有决策与监督职能，董事会的独立性与公司绩效有着正向关联。我国商业银行在发展的过程中，很多银行都不具有董事会，即使部分银行设立董事会，其机制也不完善、独立性较差。外资股东的进入增强董事会的独立性，使代理人实施更有效的监督，降低代理成本，避免大股东与代理人、代理人与代理人之间产生串谋行为，出现“内部人控制”的局面。引进境外投资者后，外资股东通常会派出董事或高层管理者参与董事会的决策与监督，行使股东与董事的权利，形成制约机制，促进公司治理的不断完善。例如，国际金融公司向南京银行派驻了外方董事；加拿大丰业银行在西安商业银行占据一个董事席位并派出一名专业人士担任银行副行长，参与银行日常管理。目前，我国上市商业银行的董事结构比例，外资董事比例大约在 10%左右、独立董事比例大约在 25%左右，外资股东进入董事会及所占比重的增加有助于中资银行形成现代化商业运作模式。汇丰银行股东进入上海银行董事会后就提出要综合平衡股东的短期利益和长期利益，实现股东回报最大化和银行发展长期化二者的有机结合，并将年度分红从原有的 20%降低至 10%，以便加强银行自我积累和自我发展的能力。总之，外资参股与外资股东进入董事会在为金融机构注入新鲜血液的同时也推进着我国金融制度改革。

3.2.3 FDI促进我国市场经济制度变迁

3.2.3.1 FDI进入通过传导机制将完善市场机制引入我国

我国经济正处于转轨时期，市场行为更多地受到经济体制与政府行为的影响，因而与西方发达国家的成熟市场行为、经济运行方式相比，存在很大差异，FDI的进入有助于将国外完善的市场机制引入我国。邓宁认为跨国公司通过横向或纵向一体化，使得国内与国外市场内部化。凯夫斯（1974）的市场结构传导效应理论认为，投资国通过外商直接投资，与东道国建立起双边相互依赖的关系，使投资国的市场结构向东道国传导。东道国市场结构会出现与投资国或国际化的市场结构相类似的状态。外商在华投资企业看重我国市场的巨大潜力和较高的投资回报，极力扩大在华网点，抢占市场份额。当较早进入的外资企业获得丰厚收益后，其他外资企业也会竞相进入。进驻我国的外资企业大多来自于西方发达国家，市场经济健全、完善，外资企业内部管理机制成熟，有助于将完善的企业经营模式带入我国，并将通过传导机制将成熟的市场机制引入我国。

以零售业为例，德国麦德龙、日本吉之岛、美国沃尔玛、法国家乐福等成为外资进驻我国零售业较早的企业，随后一大批外资零售企业大举进入国内市场（欧尚、易初莲花、万客隆、普尔斯马特等），2008年底进入我国的外资零售企业达到100多家，其门店数目也在快速扩张。外资企业在我国零售业的发展，不但带动了中资零售企业的快速进步，还为我国零售业引进了先进的管理理念、物流运营模式和完善的市场发展机制。外资零售企业十分重视物流系统的建设（沃尔玛花巨资建立以多种形式为传输基础的物流系统），以降低运营成本与产品价格。进入我国后，一批外资企业将自身高效的物流系统引入，同时也带来物美价廉的商品与强劲的市场竞争机制。中资超市在吸收外资零售企业优势的同时，利用多种配送模式，增强多业态集中配送的集约能力。中资大型超市联华在吸收外资企业经验的基础上建成国内首家大型智能化配送中心，运营成本大幅下降，产品价格比较优势明显，被称为“零售连锁推土机”。市场中商品价格下降，商品质量上升，经过近几年的发展，我国零售业市场化逐渐与国际接轨，外国零售业的市场机制被传导入我国。在外资企业不断将完善的市场机制引入我国的过程中，我国零售产业的市场机制也在不断优化。因此，随着外资进驻，我国市场机制日臻完善。

3.2.3.2　FDI 进入对我国市场中微观主体产生影响

FDI 的进入主要通过溢出效应和竞争效应对我国国内企业产生影响。外资企业进入后往往会对内资企业产生溢出效应，主要包括效仿效应、关联效应、培训效应。内资企业作为我国市场中的广泛微观主体，具有自我学习与自我加强的技能。外资进入后，内资企业与之在技术水平差异较大，内资企业通过学习、观察、效仿具有相对较高技术水平的生产活动与相关产品，获得 FDI 溢出。由于物流成本较高，外资企业原材料与中间品大多并不能从母国运输，而选择就近的本地企业作为其指定供应商，供应商提供产品的质量直接决定外资企业的生产质量，因此，外资企业为保证供应商中间品质量，往往会提供技术指导与质量标准培训等。在供应商更换成本的约束下，常常会保持长期的合作关系与长期的培训业务，产生关联溢出效应。同时，外资企业看中我国需求潜力，着力开发国内市场，在与国内客户交易的过程中，会积极展示自身先进的管理机制与优质的产品生产特色和技术。外资企业在与内资企业探访比较的过程中，会将其产品生产特点、先进技术再传达给国内厂商，产生行业内关联溢出效应。在大型外资企业就职的国内人员大多会接受专门的专业技术培训与管理技能培训，当这些培训人员离职后，会凭借自身受外资企业培训后的比较优势，在内资企业中谋求更高职位，在此过程中，外资企业的优秀技术与管理理念就流向内资企业，带动内资企业快速发展，产生培训溢出效应。

外资企业进入会给我国市场微观主体带来竞争效应。国有企业改革之前，企业与政府之间具有密切关系，处于“政企不分”的状态，市场中的微观主体大多以行政性垄断企业的形式存在，市场竞争度低。跨国公司进入后，市场中的竞争就由国内企业的竞争转到国内企业与跨国公司之间的竞争，这打破了原有内资企业的独家垄断与寡头垄断，并伴随着内资企业在巨大竞争压力下的快速成长、成熟与完善。以我国彩电行业为例，在跨国公司进入前，行业内部竞争度低，产品单一、创新不足、技术落后、产量短缺。跨国公司进入带来巨大竞争与挑战，其中包括：日本企业品牌松下、索尼、东芝；荷兰企业品牌飞利浦；韩国企业品牌三星、金星等，与这些国际品牌相比，我国产品技术与营销手段都处于劣势。随着以长虹为代表的企业率先降价，行业竞争大战拉开帷幕，国内企业纷纷采取积极策略迎接外资企业强大挑战，之后，无论在企业利润、市场份额、产品多样化、技术先进化、成本低廉化、促销手段丰富化、服务彻底化等方面都有大幅提高。以长虹为例，1997 年较 1996 年同期，其主营业务收入增长 73.34%，净利润增长 69.95%，产品市场占有率增至 30%。而我国内资企业康佳的市场占有率也达到了以往的 3 倍，净资产收益增长 47%。其他国产品牌与外资企业的竞争都不同程度地使国产彩电行业市场份额得以提高。公平并充满活力的市场竞争，使我国品牌不但在产品制造技术水平上快速提升，还为我国民族品牌（海尔、海信等）进军国际市场奠定基础。外资企业进入，通过竞争机制使得我国产业竞争力不断提高，而市场中一些不具有竞争力的企业逐渐退出，最终在东道国的市场上只剩下具有雄厚实力的跨国公司和同样实力雄厚的内资企业。最终，企业和行业的实力都得到极大增强，并逐渐具有与世界同类大企业抗衡的实力，使得我国大批内资企业打入国际市场成为可能。

3.2.3.3　跨国公司的进入改变我国市场集中度

市场集中度是由市场参与者的数量和参与程度所决定的，反映市场中竞争程度和垄断程度，是衡量市场情况的基本指标。市场集中度通常用集中率（CRn）作为衡量的主要指标，一般选取产业内最大的 4 家或 8 家企业作为市场前几名企业，以它们的生产量或销售量占整个市场供给量的比重为衡量标准。赫希曼指数是更为理想的衡量市场集中度的计量指标，逐渐成为政府审查企业并购的一个重要行政性标准。赫希曼指数不足 1000 的情况下为低度集中市场；1000 至 1800 之间为中度集中市场，超过 1800 属于高度集中市场。我国最早鼓励外商直接投资的为制造业，随着经济的快速发展，外资在服务业投资比重也逐渐增加。跨国公司的进入对我国市场集中度产生着渗透式的影响。费农根据产品生命周期理论提出直接投资对东道国产品市场结构动态转换模型，认为当跨国公司进入东道国后，可以通过自身特点建立起具有比较优势的地位，随着其他国家外商的进入，市场集中度降低，然后再随着其他商家的“效仿机制”和“溢出效应”等使东道国市场走向有效的竞争格局。跨国公司的进入对东道国的市场集中度影响呈现先递减再递增最后递减的变化过程。在跨国公司未曾进入前，国内市场经过长期的博弈，达到竞争均衡，各行业进入壁垒较高，且地方保护主义严重，使得市场结构呈现区域性的特点。民营小企业虽然有着活跃的经营模式与创新思想，但经济实力薄弱，无法与行业内的垄断巨头相抗衡。这些各行业垄断厂家在长期无竞争对手与竞争压力的环境下逐渐表现出经营无效率，企业活力下降，产品创新不足等现象。市场在这种高集中度的环境下出现“闭锁性”路径依赖均衡，市场集中度相对较高。

初期，外商对华直接投资的主要方式是新建投资而非兼并收购，跨国公司的进入为东道国各行业带来了多样化的产品与先进的技术，进入我国的跨国公司多为西方发达国家市场经济培育出的具有雄厚实力的企业，这些企业多为世界 500 强企业。国外大型跨国公司的进入使市场中企业数量、产品数量与竞争程度都有所上升，打破了原有的垄断格局，使得市场集中度快速下降。费农认为东道国原有厂商的市场份额将随着跨国公司的进入而下降。跨国公司在进入我国后，以其竞争优势逐渐抢占我国市场，经营收益与资本回报率大幅攀升。此时，市场集中度再次上升，资料表明，在每个开放的产业，其中外资几乎控制着排名前五位的企业，外资在中国 28 个主要产业中拥有 21 个产业的多数资产绝对控制权。这主要是由于在同行业内，跨国公司的产量往往高于国内厂商所生产的数量，同种商品生产的质量高于、成本低于国内厂商。随后，由于我国市场的特殊重要性，其他国家的跨国公司看到早期进入公司获得丰厚利润后，纷纷采取跟进策略，大举进入我国市场，单一的跨国公司不可能长期控制某一行业的市场。2012年，进入我国市场的外资国家达到100多个，世界前500强企业达到480多家，如AT&T、爱立信、北方电信、西门子、NEC、三星、阿尔卡特、诺基亚等国外厂商都在中国极力抢占市场份额。随着众多跨国公司的进入，市场集中度开始下降，行业内外资企业数量增加，平均企业规模下降。跨国公司在我国抢占滩头阵地的同时，民族企业奋力拼争，积极利用外资企业的“溢出效应”，学习国外企业先进技术与管理理念，充分发挥自身的比较优势，力求在竞争中谋得自身份额，如大唐、华为、金鹏、中兴、巨龙等通信设备制造企业在竞争中实力不断增强，并具备了一定的自主研发能力，市场份额大幅提升，市场集中度逐渐降低，市场竞争机制逐渐完善。

3.2.3.4 FDI的进入打破市场壁垒瓦解利益联盟

外资企业进入对东道国市场壁垒的影响主要体现在投资初期对已存在市场壁垒的突破，和进入后企业发展过程中对市场利益联盟的瓦解。在市场中，新企业的进入必然会抢占原有企业的市场份额并瓜分市场利润，原有企业必然会设置一系列阻力防止新企业进入，这些不利因素构成市场进入壁垒，包括：绝对成本壁垒、规模经济壁垒、产品差异壁垒。市场壁垒成为非完全竞争市场结构根本条件和影响市场结构与市场绩效的重要因素。东道国市场发育程度的不同，使得进入壁垒有很大不同。外资进入我国主要是通过“产品差别化效应”突破市场壁垒，并配以高密度的广告宣传对其产品进行推销。初期，消费者对所宣传产品较陌生，需求并不旺盛，由于消费者品牌忠诚度和消费惯性，国内企业的优势与市场壁垒并不容易打破。但随着外资企业提供差异化产品的增多，消费者多样化需求被满足，外资企业产品被广泛接受，市场壁垒逐渐弱化。在效仿机制的作用下，越来越多的国内企业学习先进技术，模仿跨国公司多样化产品生产，外资企业差异化优势减弱，最终在外资进入，即外在力量的推动下，打破市场原有壁垒。

原有的几家大型内资企业在市场份额快速被外资挤占的状况下，联合起来形成利益集团，共同采取策略抵制外资企业对本地市场的进入，形成地方保护利益联盟的局面。但地方政府多以种种优惠政策鼓励外资企业在本地的发展，其中包括降低占地费用（苏州将外资企业土地开发成本调低至 225 万元，长三角一些地方政府对世界 500 强企业实施“零地价”）、延长增值税与所得税开始缴纳年限及降低缴纳金额（新办固定资产投资项目达到 1000 万元的，属高新科技项目或销售额在 500 万元以上的外资企业，自该企业开始纳税之日起的 5 年内，由财政给予相当于企业所缴纳的企业税收地方留成部分 100%的金额作为企业技术开发专项补贴）、宽松的地方财政政策给予外资企业贷款资金支持（对于外资企业，地方政府承诺由中小企业信用担保中心优先提供担保，财政给予最高达 50%的贷款贴息）等一系列经济支持。在经济政策的支持下，外资企业利用自身比较优势更容易突破、瓦解地方利益联盟的抵制，带动地方经济快速发展，市场走向竞争与完善。

3.3　FDI 对中国制度变迁影响的间接效应

3.3.1　FDI 促进我国政府制度变迁

外资对政府制度变迁具有间接效应。外资作为外生力量而非内生因素推动政府制度变迁。任何制度的变迁都是基于原有制度上出现的制度创新模式，具有路径依赖的特点。按照经济发展的内在规律，政府统制经济在战争期间及战后恢复年代具有巨大的积极效应，因为这种经济调控方式可以有效地集中社会资源用于恢复与重建。但是在我国国民经济走上正轨后，这种安排并未彻底改变。因此社会经济效益将其固有的单一性、不灵活性、强制性等特征以及政府知识及信息的缺陷等方面暴露在经济运行过程中，若没有外部力量，将会使制度变迁由路径依赖走向路径闭锁。外资作为由政策因素所引进的外部力量，推动政府制度变迁，摆脱路径依赖。这种外部力量并不能成为政府本身制度安排的构成成分，其影响机制具有间接效应。

外资企业与内资企业作为市场中的微观个体，对政府制度变迁具有间接影响效应。西方国家政府在完成恢复重建任务以后，渐渐退出统制经济的发展模式，采用以市场为主体为谋求利润最大化而诱使的经济制度变迁，是一种依靠内部力量推动的自我转型过程。我国的制度变迁与发达国家不同，其中最明显的特点就是以政府为主导推动的“强制性”制度变迁模式，政府在制度变迁中发挥了重要作用，既是制度变迁的初始发动者，又是执行与后续推动者。因此，在经济不断快速发展的过程中，微观主体提出的制度诉求很难被认知，即使被认知也很难达成，政府制度改革的微观主体动力缺乏。此时，只有当微观经济领域的障碍阻碍政府效率实施及宏观经济目标达成时，政府部门才会考虑对相应组织部门进行改革。外资进入我国后，以其所有权优势与国内微观主体共同成为制度变迁的主体，虽然微观主体对政府制度变迁的影响具有间接效应，但外资进入我国后，受到政府部门的高度重视，并且以其强大的实力拥有一定的主导权，因此，相对于内资企业而言，外资企业更容易通过间接效应带动我国政府制度变迁。东欧转型的经验也说明，外资的进入对于转轨时期的政府经济制度变迁存在着有效的促进作用。

3.3.1.1　政府受到 FDI 影响产生制度变迁的动因

政府这一概念在传统意义上具有广义与狭义之分，广义上的政府是指立法机关、行政机关、司法机关等共同组成的国家政府体系，其中最主动、最活跃的为行政机关，而一般狭义上的政府是指能够灵活管理国家经济活动与社会活动的权利机关。FDI 对我国政府制度变迁产生影响中的政府制度为广义上的政府概念。随着改革的深入，在内在压力下，这种中国体制模式逐渐转变，但传统体制形成的行政文化对政府制度的影响具有连贯性。中国政府官员是传统体制下的既得利益者，面对新政府体制改革下各种权利被削弱，具有抵制动机。传统的中国政府体制造就了办事效率低下、官僚作风严重与政策、行政行为不透明，这些与跨国公司法制法规健全，社会法律意识强烈相距甚远。但是在中央政府强调以外资作为地方政府业绩考核的重要方面的情况下，使跨国公司等一系列外资形式进入，为影响中国政府制度变迁提供了契机。从中央政府层面，中央领导引入外资是要通过外在力量为国内经济建立游戏规则，从而解决经济增长长期受到官僚机制、地方保护主义、腐败及不透明政策的羁绊。

对地方政府而言，首先，引资状况与地方政府主要业绩直接挂钩，成为决定政府绩效与地方领导人政治前途的硬指标，被认为是地方经济发展活力与未来发展潜力的决定因素之一。其次，外资可以直接带动地方经济的发展，主要包括：新上生产经营项目的增加，有效解决劳动力就业，地方创造税收增加，带动相关产业链条发展，生产能力提高；新技术的引入，生产效率提高；企业管理加强，生产成本降低，运营效率、经营效益提高等。最后，外资与内资相比，含金量较高，成为有效投入解决地方资金短缺渠道，受到地方政府的欢迎和高度重视。外资的引入代表着绩效与业绩的提高，各个地方政府都争先恐后地向外来资本提供优越的投资环境、优质的服务和优惠的投资政策，力图最大限度地吸引外资流入本地区，从而也就在我国地方政府间形成引资竞争机制。外资企业与东道国之间有一种相互选择的关系，我国中央与地方政府希望大力吸引外资企业，主要是由于其有实力、有特色、具有高新技术，可以为本国带来先进管理运营机制与管理理念和国际一流技术，并快速带动本国经济高速发展与市场机制的逐渐完善。但外资企业也以自身的“软权力”对国家政府也提出了相应要求，希望政府职能逐渐完善，政策透明度逐渐提高并具有连贯性与稳定性。政府为进一步吸引外资企业进入与外资流入，在竞争机制的作用下与外资企业的巨大压力下，政府旧有制度的闭锁均衡状态被打破。我国政府为吸引外来资本对自身制度不断做出调整，使得 FDI 更加有效地促进着我国政府制度的变迁。

3.3.1.2　FDI 对政府制度变迁产生影响的方式

外商投资企业作为以利润最大化为目的的经济组织，进入东道国后，为摆脱各种限制、实现盈利，会运用以下政治手段：

（1）政治谈判。政治谈判是外商投资企业影响政府制度变迁的方式之一。政府与外商投资企业的经济利益与政治目的不一致，导致外商投资企业力求通过政治谈判解决矛盾与冲突，从而促进政府政策与制度向有利于自身发展的方向变迁。政府谈判的利益通常来自于获取外商投资企业的专利技术、相关产业链条与市场的带动能力、增加国民收入与地方财税收入、扩大就业、平衡国际收支等，外商投资企业利用政府想要得到的收益进行谈判获取有利于自身发展的政治资源，包括政策的连贯性、平稳性、透明性，政府职能的完善，减少市场干预，保护企业权益等制度安排。同时，外商投资企业对政府进行规制并以停止新项目的签订与撤资相威胁，保证有利于自身的相关制度的贯彻与实施。外商投资企业的谈判能力来源于其特有的比较优势和对某一资源的控制力，政府谈判的力量来源于其对市场进入的控制力和对某一地区的特有控制权力。

（2）政治合作。外商投资企业通常会在公司内部设立有关部门，以政治合作的形式谋求与政府间正式与非正式的协作关系，达到影响政府制度安排的效果。由于外商投资企业与政府之间具有相互依赖的关系，二者的政治合作可以共享关键资源，使双方都获得更多收益。有些外商投资企业特别设置了政府事务部和对外联络部，这些部门直接聘用政府前资深涉外官员，用于与现任政府部门官员（海关、税务、工商等相关职能部门的政府高层官员）的沟通与协作，受到公司内部的重视并直接向公司总部高层汇报，在公司内部组织框架中占有较高地位。在政治合作中，积极配合当地政府部门在海外的招商推介工作。随着中国政府与外商投资企业交流合作加深，机构改革也日趋成熟，政策透明度显著提高，中国政府也更加主动地在政策制定、制度变革过程中与相关外商投资企业进行沟通、协商。未来政府制度的转变更多的是趋向政府与企业之间的双向互动。

（3）政治游说。外商投资企业对我国政府的政治游说行为可以分为三种：第一种为直接游说，就是外商投资企业高层领导通过正式会见或与政府合作展开项目等方式，直接接触具有决策权的政府官员，代表公司表明立场，陈述利弊，列举相关经验及有关资料，以影响政府部门制度变迁方向。这种游说方式易产生腐败等一系列潜在问题。随着政府部门制度的改革，此种直接游说方式逐渐减少。第二种为间接游说，外商投资企业通过行业协会、行业媒体，以联盟团体的形式向政府决策机构提供意见，例如，美国公司在全国人大就相关政策征求公开意见期间，通过中国美国商会提交了十几页的修改意见，很多都被吸纳。若在缺乏第三方的情况下，外商投资企业以其所有权优势成为所处行业的利益集团或联合该行业中具有影响力的利益集团，对政府决策与制度变革予以游说。同时，间接游说还包括外商投资企业通过母国的外交渠道对政府制度予以施压，成为一个独立的政治力量，扮演“院外压力集团”的角色。近年来，外商投资企业使用间接游说的方式越来越多。第三种为公众游说，是指外商投资企业通过一些有影响力的媒介包括：媒体、报纸、宣传画报、广播、电视，塑造公司健康、公益、具有社会责任的形象，造成公众舆论，从而影响政府部门的制度决策，例如，通用、卡特彼勒等公司都在机场显眼处设立广告，宣传公司环保、节能等先进理念，很多大型外商投资企业都积极开展政府倡导的公益项目捐款捐物，在公众与政府部门产生很大反响。

3.3.1.3　FDI 对政府制度变迁产生的影响

外资进入后带动我国政府制度变迁，不但使政府职能逐渐转变，还促进政府政策实施有效性的提高，具体包括：

（1）保持政策连贯性、有效性，提高政策、法规透明度。

（2）加快市场经济发展，建设统一开放、竞争有序的市场环境，逐渐对外商投资企业实施“国民待遇”政策。

（3）积极改进政府治理理念与方式，促进政府形成市场意识，对不合理法律、法规进行清理。

（4）加大对知识产权保护的执法力度，积极鼓励企业各种形式的创新活动。

（5）提高政府部门内部办事效率，简化对外商投资企业审核制度，实行“一站式审批”。

（6）加强依法管理与监督，完善对外商投资企业联合年检制度。

（7）提高对外商投资企业的服务质量，并提供“一条龙”形式的政府服务。

（8）减少对经济领域的过多干预，放宽对外商投资企业投资领域、生产计划、出口及外汇收支等方面的限制。

（9）遵循并参与国际规则的制定，对国内跨国公司寻租行为予以规制。

将以上FDI对我国政府制度变迁的促进作用归结为以下三个方面。

1. 影响政府行为方式

FDI进入东道国后会促使政府职能由管制型向服务型转变。跨国公司作为具有雄厚实力的投资者，带动东道国经济的快速发展的同时，也给东道国提出条件，它不仅要求我国政府加快建设市场经济体制的步伐，还要求简化审核体制与弱化官僚机制。政府在与其谈判、合作的过程中不得不考虑改变传统的治理理念与方式，为适应新的形势，我国政府自引进外资以来，致力于政府机构改革、政府职能转变、政府治理理念与治理方式的改进，并取得了显著的成果。2005年国务院制定和修订行政法规47件，对以往颁布的756项行政法规进行了清理，同时国务院下发通知，要求各地对有关地方性法规、地方政府规章和其他政策措施予以清理，由65个行政审批职能部门清理出来的3948项行政审批项目中取消1195项，改变管理方式82项。《行政许可法》颁布实施对政府的权力予以限制，将政府权力明晰化，设定权与实施权严格分离，并将政府与经济组织、政府与社会、政府与市场、公权与私权的关系合理界定，强调政府治理方式中公开、公平、公正原则的重要性，有助于促进我国政府职能由管制型向服务型的转变。为了改善投资环境和投资服务、提高政府服务效率，方便中外投资者办理审批程序，打造“服务型政府”，我国许多地方政府都开始提供“一站式审批”，商务部门与相关政府部门以联合办公的形式为外商投资事项提供集中受理，极大提高了政府行政效率和审批速度。2010年7月，国务院颁布了《关于第五批取消和调整行政审批项目的决定》，将部分外商投资审核权限下放到省级商务部门，并取消了部分外商投资审批事项。第五批取消和下放管理层级行政审批项目184项，其中取消的行政审批项目113项，下放管理层级的行政审批项目71项。2011年3

月，商务部又发布《关于外商投资管理工作有关问题的通知》，明确下放部分外商投资审核权限，取消部分审批细则，使得外资审核程序更加便利，体现了政府服务效率的提升。同时，各省市区和计划单位都成立了外资投资服务中心或促进中心，为外国投资者提供全过程的“一条龙服务”，转变政府行为方式，实现“服务型”政府职能转型。

2. 影响政府的规制方向

FDI 的大量涌入必然涉及经济活动中产品的采购、生产、销售在国际层面发生，这会促使我国政府在治理市场经济活动方面逐渐与国际接轨。政府在规制经济活动时，必须按照市场经济的要求，按照公平竞争的原则，取消对经济活动不公平的行政限制和干涉、减少歧视行为和地方保护主义的发生。近年来，我国政府对外资投资领域、股权比例、人力资源、产供销方面的限制逐渐放宽：取消外商投资企业外汇收支平衡的限制（企业进口用汇预期外汇收入相平衡的限制、企业达到特定出口目标以实现外汇收支平衡的限制等）；取消当地含量的要求（中外合资企业和外资企业所需要的原材料、燃料、配套件等，应先在中国购买），直接将选择在国内或国际市场上购买的权利赋予外商投资企业；取消先进技术和出口业绩要求（外资企业必须采用先进技术及其产品必须全部或大部分出口的要求，产品出口达到规定比例的外商投资企业可以享受特殊优惠政策），符合市场经济规则有利于国内外市场公平竞争；取消生产计划备案条款（在我国计划经济体制下，国家要求企业向政府备案经营计划），此条款违背市场经济的发展规律，新外商投资企业法中取消生产计划备案条款。FDI 的进入调整着政府以往不合理规制，引导政府规制向经济市场化要求转轨。

3. 影响政府的政策制定与调控

改革开放初期，中国存在着依靠内部文件指导工作的现象，政府出台政策与管理经济的方式不透明，严重与国际脱轨。外资企业的进入要求对国家政策法规进行全面细致了解，政府为促进外商投资的需要，不得不增加政策及经济管理的透明度，要求政府公开很多政策法规的变化，为外商提供可预期的市场政策与政府制度变迁，包括：制定公平的贸易规则，增强政策管理的透明度、公开性、可预见性，保证政策出台实施的连贯性、稳定性。东道国政府政策的突然变迁成为跨国公司最重要的政治风险，我国政府近年来着力建设稳定的政治经济环境，有效的市场经济体制，完善的基础设施建设。FDI 的大量涌入促使政府积极参与国际规则的制定，并按照国际规则行事，以往单纯利用行政手段控制经济运行的方式已无法达到政府调控的目的，这就迫使政府加快制度改革，建立完善的宏观经济管理体制和产业政策，以有效的政策方式实现国民经济平衡发展。为了适应外商投资方式的变化，目前我国政府已经制定了全方位、多层次、多领域的外商直接投资产业指导目录系列：1995 年 6 月，我国制定颁布了《指导外商投资方向暂行规定》，以法规形式引导外商投资，2002 年 2 月公布实施了《指导外商投资方向的规定》，2004 年 11 月和 2011 年分别对《外商投资产业指导目录》和《产业结构调整指导目录》进行修订，要求政府政策与专项规划规范、透明、保持一致、易于执行、可操作性强，在提高外商投资便利程度的基础上，对我国政府政策制定与调控起到一定的完善作用。

3.3.2　FDI 促进我国法律制度变迁

与政府制度变迁具有一定相似性，FDI 促进法律制度变迁具有间接效应。法律制度作为国家供给并实施的产品，其制度的设计、运行、创新和改革一般由国家通过立法、执法和司法活动来实现。国家通过为社会提供所需要的法律制度产品而获得相应收益，因此国家扮演了法律制度供给者的角色。FDI 在法律制度变迁中的重要角色为制度变迁的推动者，其利益构成了制度变迁中最初的制度诉求，但其制度诉求的需求能否转化为正式法律制度，取决于国家对制度诉求的认可与否，并且法律制度变迁能否成功也取决于外资力量与国家行政力量的相互博弈。法律制度变迁的目的是在利益集团博弈之间使社会经济达到一种“帕累托最优”，即通过法律制度的创新使部分利益集团获得既得利益的同时，不使其他利益集团的收益绝对恶化。国家在实施法律制度变革的同时，而不带来负外部性的约束前提下，会考虑到大多数人的收益。此时外资作为利益集团，当其法律制度诉求有利于大多数社会利益集团时，国家会考虑并予以满足，使其成为正式法律法规颁布于众。若其制度诉求不能使社会利益向"帕累托最优"趋近，若只在获取自身收益的情况下损害大多数社会成员的利益，则不会被国家所满足，这时其法律制度诉求不会成为正式法律法规。因此，FDI 会成为影响我国法律制度变迁的方向的外在动力，但却不能作为内在参与者直接影响法律制度的制定，FDI 促进我国法律制度变迁具有间接效应。

3.3.2.1　FDI 的进入促进我国构建完备外资法律法规体系

改革开放后，FDI 的进入伴随着涉及国内与国际经济贸易领域法律问题的出现，对我国外资法律法规体系构建提出日益紧迫的要求。经过 30 多年的努力，我国初步形成了以《中外合资经营企业法》以及《中外合作企业法》和《外资企业法》为基础，以相关部门经济法及民商法为配套，以及行政法规和部门规章与地方立法为补充条款的吸收外资的法律体系。这些外商投资主干法律形成较早，随着外资在我国的快速发展逐渐对以往外商投资企业管理制度和经营方式的计划烙印进行改革。目前，为适应外资企业的需求与发展，我国外资立法形成多层次体制，即在中央一级，全国人大和其常委会通过行使立法制定法律，国务院凭借宪法和人大授权制定行政法规。而在地方一级，省市、自治区和直辖市人大及其常委会可以规定具有地方特色的法规。在报全国人大备案后，省市、自治区人民政府和人大及其常委会可根据实际情况制定地方性法规，且民族自治区与自治州以及自治县的人大同样有权制定自治条例和单行条例，也可根据自身情况对国家法律做变通。经济特区可以根据实际需要制定单项经济法规，而国务院各部委在本部门的权限内可以发布规章，省市、自治区、直辖市人民政府及首府城市等有权力制定规章。法律体系中改变了以往高度集权的形式，地方政府相对于中央更加熟悉外资业务，立法、实施启动快，立法权的下放使得地方有了更大的灵活性，可以根据自身特色制定适应外资发展的相应法律法规条款。高度集权的法律制定体系下，外资企业的法律制度诉求很难被满足，立法权下放后，外资企业与地方政府建立起有效的沟通渠道，及时向政府反映法律法规变革的制度诉求，地方政府在发展地方经济的动力下，积极配合外资企业制定完善合理的法律法规。在 FDI 快速发展的带动下，构建起中央与地方立法层级跃进的法律体系，使得我国关于外资的法律法规逐渐完善。

近年来，FDI 的持续大量涌入，不但促进我国外资法律法规体系日臻完善，还使得我国国内投资法律环境得以优化，包括：增强法律法规决策、颁布、执行透明度，规范监管行政行为，及时发布法律法规变动的有关信息。2010 年以来，随着外资企业在我国研发项目的广泛展开，商务部等部门发布了《关于外资研发中心采购设备免/退税资格审核办法的通知》对其鼓励与规制。在合资企业规范投资方面，国家工商总局发布关于启用《外商投资合伙企业经营执照》和《外商投资合伙企业分支机构营业执照》的通知以及《外商投资合伙企业登记管理规定》，对注册号、名称、主要经营场所、执行事务合伙人、经营范围、合伙期限、合伙日期、登记机关等相关项目进行规范。同时，国家税务总局发布《关于税收协定有关条款执行问题的通知》等，增强了外资法律法规领域的完备性与透明度。外资企业作为我国市场经济的主体影响着立法、执法投资法律环境的构建，使得我国更注重通过法律手段规范外资企业的市场和社会行为，保护公众利益、完善和维护公平竞争的投资环境。

3.3.2.2 FDI 的进入促进我国知识产权保护

外商投资企业的进入对我国构建合理、完善的知识产权保护法律体系提出了要求。知识产权制度已经成为当代市场经济体制运行的重要保障。外资企业来我国的投资与否，由知识产权保护与法律体系的完善程度二者直接决定。为吸引外资建设创新型国家，我国积极提升知识产权创造、运用、保护和管理能力。在我国吸收外资 30 多年的过程中，外资企业经常开展多种形式的活动促进知识产权保护法律及执法环境的完善，例如，为加强汽车行业知识产权保护活动，一些世界著名的汽车整车和零配件企业（宝马、福特、标致、雪铁龙、大众等知名汽车制造商）成立汽车工作小组，共同针对汽车行业知识产权保护等问题开展行动。在外资企业的促进与压力下，知识产权保护从最初的空白，经历了大量、大范围的执法尝试，目前，我国已建立起知识产权局、专利局、商标局、版权局等知识产权法定实施机构，并规定了司法保护与行政保护的双轨制。同时，北京市自 2005 年建立了与在京外商投资企业定期沟通机制，每年召开与在京外商投资企业保护知识产权工作沟通对话会。通过与在京外商投资企业保护知识产权工作沟通对话会，外资企业在保护知识产权方面的需求和建议不但逐渐被国家重视并满足，而且我国也开始着重营造良好的知识产权保护发展环境。

2008 年 6 月，我国发布《国家知识产权战略纲要》并将其作为国家重要战略的组成部分。《国家知识产权战略纲要》从多方面论述了在新的时期我国知识产权工作的指导思想、战略目标、重点、措施及专项任务，提出要不断完善知识产权保护相关法律法规的出台，不断加快知识产权法制建设，努力提高知识产权保护的执法水平，确实加强知识产权保护的监管力度，合理明确专利、商标、版权、商业秘密等七个方面的专项任务，对扩大对外开放、保护外商投资者知识产权利益、完善我国知识产权保护法律建设具有重要意义。2010 年，我国新制定与修订的知识产权法律法规相关文件达 44 项，出台并实施了 112 项主要政策措施，开展 35 项执法行动，建立完善 17 个公共服务平台。同时，最高人民法院不断积极推动审判庭统一受理相关知识产权民事、行政和刑事案件的试点工作。截止到 2011 年，全国开展的“三审合一”试点工作已经普及到高级法院 5 个、中级法院 49 个和基层法院 42 个。

FDI 的进入不但带动我国国内知识产权保护法律法规的完善，还带动了我国知识产权保护国际合作的开展。为保证本国外商投资企业在中国知识产权方面的合法利益受到保护，俄罗斯、德国、罗马尼亚等国与中国签署了《合作谅解备忘录》，用于对重大国际版权问题的磋商和版权新条约的制定。与英国、日本分别签署了《版权战略合作协议和战略合作备忘录》，推动我国知识产权的国际协作。2010 年中国工商总局与世界知识产权组织共同签署了《关于进一步加强合作的谅解备忘录》。截止到 2011 年，我国已经与近 40 个国家和地区（英、法、俄、澳等）的知识产权机构分别签署了双边知识产权合作协议，协议的签署不但进一步促进外商直接投资在我国的发展扩大，还带动了我国知识产权保护法律法规与国际接轨，完善知识产权法律体系构建。

3.3.2.3 FDI 的进入强化我国法律规制

外商投资企业已成为我国国民经济的重要组成部分，并且外国投资者以并购方式进行投资的情况逐渐增多，为保护国家利益与国家安全，我国更加重视法律规制能力的提升。法律规制是指运用法律手段规范被规制主体的有关行为，包括执法和法律监管等方面。随着 FDI 的进入，我国希望通过利用外资改组国有企业，调整、优化国有产业布局，但同时为防止国有资产流失等一系列负面影响的发生，我国立法、执法部门加大对外商投资的监管力度，国家经贸委与财政部以及工商管理总局和外汇管理局在原有《关于向外商转让上市公司国有股和法人股有关问题的通知》的基础上又联合发布了《利用外资改组国有企业暂行规定》，构成我国利用外资改组国有企业的法规监管体系，此监管法规不但对逃废、悬空银行及其他债权人、市场垄断行为做出相应规制，还对改组方式和程序、定价机制、员工安置以及债权债务处理提出了明确、具体的监管条例。

2011 年 2 月，国务院办公厅印发了《关于建立外国投资者并购境内企业安全审查制度的通知》（以下简称《通知》），明确提出着眼于完善利用外资政策法规体系，建立外资并购安全审查制度，提高外资政策法律法规透明度、可预期性，在坚持对外开放与利用外资的方针下，促进外资并购法律法规完善化、合理化。《通知》的制定对外资并购涉及国家安全、需要进行审查的行业进行监管，包括军工及军工配套企业，重点敏感军事设施周边企业及关系国家安全的其他单位，关系到国家安全的重要农产品、国家重大能源和资源、关键基础设施、特殊行业运输服务、保密技术和重要装备制造。同时，外国投资者并购以上行业和领域的境内企业，可能取得实际控制权的，需要进行安全审查。《通知》的制定体现我国对外资企业监管范围的扩大和执法依据的完善，建立安全审查法律制度是对现行外资活动管理与监管的补充。2011 年 3 月，商务部根据《安全审查制度通知》发布了《商务部实施外国投资者并购境内企业安全审查制度有关事项的暂行规定》以进一步补充、落实我国审查制度，其中对外资企业活动监管内容包括：①列示地方商务部门在外资并购安全审查中的责任和义务，明确执法与监管范围；②国务院有关部门和全国性行业协会以及同业企业及上下游企业也可向商务部等有关部门提出进行并购安全审查的意见，指出并扩大监管主体范围；③在向商务部等有关部门提出并购安全审查正式申请前，申请人可就其并购境内企业的程序问题向商务部提出商谈申请，优化、完善监管与执法机制。

3.3.2.4　FDI 的进入转变我国法律理念并提升法律服务水平

随着外资银行的进入，我国对外资金融业的监管法律理念逐渐转变。法律理念由最初的单一监管理念向后期多元并重监管理念转化。单一监管的法律目标过于单一化，致使法律监管理念着重一处，忽略对其他目标的建立与管理，缺乏对法律体系意识的总体把握。例如，在最初阶段，外资银行业法律意识只针对于市场准入方面，而监管机构的立法意识只存在于建立法律法规确保外资银行依照执行，重心在于事后监管。随着外资银行的大规模进入，我国金融业立法部门法律意识逐渐提升，开始加强对外资银行资本充足程度、资本质量、流动性、营利性和管理水平方面的监管意识，中心在于风险防范。不但颁布专门法规《外资金融机构管理条例》，还成立专门的监管机构即由中国银行业监督委员会取代中国人民银行对金融机构的监管。金融业法律意识的提升带动多元并重监管理念的形成：第一，合规监管理念向风险管理理念转化。将合规管理纳入到风险管理中，强调对风险识别、预警、监控的法律法规制定理念，如《外资银行管理条例》第 50 条规定：“银行业监管机构根据外资银行营业性机构的风险状况，对其采取特别监管措施”，这实际上凸显了法律目标与法律理念的转变。第二，“头尾分割”式监管理念向法人整体风险监管理念转变。这将原有对人为实体法人监管的法律理念提升为对集团总体风险监管的法律理念，银监会监管的法律理念也转变为对在华注册外资法人机构的全球经营、在华经营和风险状况的全面监管理念，银监会开始对外资银行在我国境内设立的分支机构实施合并监管，并以此来实现对被监管外资机构整体风险的控制。第三，一次性向持续性法律理念转变。以往的监管理念更多的是强调对外资市场准入一次性监管的形式，立法与监管机构法律意识不断提升，如今更强调不同手段相结合（现场检查与非现场监管紧密结合）保证监管工作的连续性（对较高风险的机构和领域进行更密集阶段性检查），体现为对外资银行业务范围和市场运营持续跟踪监管理念的加强。Levine（1996）也提出外资银行的进入有助于促进银行业监管和法律框架的形成和完善。

随着跨国企业、外资银行进驻中国，频繁发生涉外争议纠纷，使外资企业对律师工作在对外经济贸易方面能够提供完善法律服务提出了更高要求，不断增长的客观需求进一步推动着我国法律服务水平的不断提升与完善。近年来承办对外经济法律业务的律师事务所与律师数量增长迅速，对外商来华投资提供法律服务品种也不断增加，包括：中外合作勘探开发自然资源法律事务，对加工装配、补偿贸易、国际租赁法律事务，金融、债券、外汇、保险法律事务等。一些为外商服务的外商专门性事务所在各大城市广泛设立，还有一些事务所还成立专门涉外业务组，为外商提供有关中国法律的相关咨询和转委托国内部分律师机构办理有关法律事务。律师业务服务能力不断提升，专业水平不断细化出现专门从事 IT、金融、保险、证券、知识产权、货物、服务贸易、反倾销等行业法律服务的律师，不仅精通相关法律知识、熟悉国际法，还具有较高的英语水平和专业服务水平，这是 30 多年前很多国内律师所不具备的。同时，对外服务业务中，非诉讼业务服务能力提高，涉及代办申请专利，代办工商登记，代办资信情况调查，代办房产，商标注册，代办公证和其他财产的转让、继承、抵押等法律事务。近年来，我国律师积极与外国律师进行多种形式的法律业务交流合作，以提高国际法律服务水平，例如：联合召开企业法律顾问交流会、法律研讨会、邀请以律师为主的法律代表团讲学、互派律师实习、互相访问考察、律师事务所之间建立合作关系等。这些活动不但增强了我国律师人员对国际法律的了解，还促进了国际合作与技术交流，为外资企业提供更好的法律服务的同时，也提高了我国法律服务整体水平。

第4章

FDI促进中国制度变迁机制实证分析

前面的几章已经从理论方面讨论了外商直接投资对制度变迁的影响机制和作用原理，本章的论述将从实证分析的角度对前面理论加以论证。在本章的论证中，我们还从制度变迁的几个方面入手，逐一验证与论述。首先，FDI对制度变迁传导机制的检验中，我们要从实证方面探讨外商直接投资对制度因素影响的直接效应与间接效应；其次，在FDI对制度变迁影响机制的检验中，我们从实证方面探寻在一个FDI扰动冲击下，制度因素会产生怎样的反应以及如何产生变化；再次，我们要探讨在一个FDI的冲击下对各制度因素的滞后效应与滞后期是怎样的，又有何区别；最后，我们举出实例具体论证。

4.1 FDI对制度传导机制的实证分析

4.1.1 变量说明及数据来源

4.1.1.1 制度变量的选取

用量化的方法将制度加以度量难度较大，并且也是长期研究的瓶颈，制度变迁的制度因素更加难以以直接的量化指标运算。由于中国的制度变迁主要是指从原有计划经济体制向市场经济体制的转轨过程，因此在研究制度变迁量化测度上面都采取反应市场化程度的指标，国内外学者多采用市场化进程指标来反映经济体制转型变迁的质量。

近年来，制度指标的量化取得了很大的进展。在此体系中，选取市场化程度的考量指标也有很多方式，在以往的论文中，不同经济学家从不同的侧面选取不同的指标希望能对市场化进程加以合理、有效的解释，其中包括卢中原、胡鞍钢（1993）提出的以投资市场化程度、价格市场化程度、工业生产市场化与商业市场化程度这四个宏观大方面的数据测度市场化程度。其后，江晓薇、宋红旭（1995）提出新的测算指标，他们认为企业自主度、市场在国内的开放度、市场的对外开放程度和宏观调控程度四个方面能够更好地反应市场化程度。常修泽、高明华（1998）将国有企业制度、集体企业和非公有制企业制度以及政府调控等内容纳入市场化测度的范围。顾海兵（1999）提出了包括劳动力市场、资金、生产、价格四个方面的测度指标体系，并将市场经济发展阶段细化，划分为非市场经济、弱市场经济、转轨中期市场经济、欠发达市场经济或相对成熟市场经济几个阶段。与此同时，陈宗胜（1999）从经济体制市场化、主要产业部门市场化、不同区域市场化与全国总体市场化四个方面进行了测度。其后，金玉国（2001）更细致地采用了非国有化率、市场化程度、国家财政收入占 GDP 的比重与对外开放程度四个制度变量来衡量。

以上经济学家从不同侧面对制度变迁市场经济转型的问题予以量化。国家计委市场与价格研究所课题组从更加微观的角度对中国市场化程度进行评估。其分析都具有自身特点与意义，但是这些研究的后续研究成果并不完善，有的甚至只是针对相对较短时间内我国市场化程度予以量化。早些年前，很多学者因为没有系统化的制度数据，都纷纷选取不同变量来研究制度变迁。这样对制度指标的衡量既不系统也不全面，同时也很难充分反应制度指数。在这种情况下，很难使我国其他学者对其研究成果进行应用与进一步研究。

直到中国改革基金会国民经济研究所樊纲、王晓鲁学者 2001 年开始对制度数据进行年度追踪，他们对中国 1997 年以来各地区相应的市场化进程进行测度，并给出了相对较为完整的各地区市场化相对指数。至今这一指标体系的样本空间统计了 1997—2009 年间的制度数据，同时他们的研究是目前我国同类研究中相对较具体且全面的。

在樊纲、王晓鲁学者之后，不乏一些具有挑战精神的学者进一步对我国市场化程度进行准确化与细致化研究，王凤彬等（2005）从另一角度针对企业内部市场化进行了创新的测度。他们把古典意义上的纯粹由权威机构对其进行资源配置的企业以及内部等级森严的企业内部市场化程度指数假设为零。将古典意义上纯粹由价格机制配置资源的企业与经济主体间完全自由和平等的经济组织的市场化程度指数设定为 100%。于是，企业的内部市场化程度指数会在 0—100%之间变动。王凤彬等提出了 13 项指标用于三个维度：市场内部经济主体地位平等度维度、经营单位权利的市场化程度维度与组织制度结构市场性质维度，用其来测度企业内部市场化程度。为在我国市场化测度领域占据地位，李晓西等人（2003、2005、2008）也对市场化指数进行了连续的跟踪和测度，发表《中国市场经济发展报告》。所有对市场化指标测度的研究成果可以总结为表 4.1。

与其他研究成果相比，樊纲与王小鲁等人对市场化采取的五因素分析法，更加符合制度变迁的衡量标准，并且具有系统性与连贯性，对后续的追踪分析具有较大意义。同时，对于本文研究 FDI 对制度变迁的影响分析更加贴切，正如樊纲等所言：“市场化指标的价值在于可将其作为制度变量来解释制度变迁在中国经济绩效改进中的作用”。因此，本书中被解释变量的制度指标均来自于《中国市场化指数——各地区市场化相对进程 2011 年度报告》[①]。由于本书将视角定位为外商直接投资对我国制度变迁的影响分析，因此更加着重 FDI 会影响到的我国制度变迁的具体制度因素，在利用樊纲与王小鲁的数据时，也对其指标与意义进行了适当调整，以便更好地适应本书的研究内容，我国的制度因素指标详细说明如下：

① 本书在此基础上还参考了 2001、2004、2006 与 2009 年度报告数据。

表 4.1 中国市场化测度指标一览表

作者	测度年份	测度指标
卢中原、胡鞍钢	1993	投资市场化、价格市场化、工业生产市场化、商业市场化
江晓薇、宋红旭	1995	企业自主度、市场国内开放度、市场对外开放度、宏观调控度
国家计委市场与价格研究所课题组	1996	商品市场化、生产要素市场化、经济总体市场化
常修泽、高明华	1998	国有企业制度、集体企业和非公有制企业制度、政府调控等
顾海兵	1980、1990、1996、1999	劳动力市场测度、资金测度、生产测度、价格测度
		将发展阶段划分为非市场经济、弱市场经济、转轨中期市场经济、欠发达市场经济或相对成熟市场经济
陈宗胜	1999	经济体制市场化、主要产业部门市场化、不同区域市场化、全国总体市场化
金玉国	2001	非国有化率、市场化程度、国家财政收入占GDP 的比重、对外开放程度
李晓西	2001—2010	涉及劳动、资本、贸易等 33 项测度指标
徐明华	1999	8 大类共 31 项指标，对 9 个省份市场化排序
樊纲、王小鲁	2001—2011	5 大类 15 项指标，对各省市场化排序
王凤彬	2005	13 项指标，测度企业内部市场化程度

（1）政府职能与体制因素。本书选取樊纲的各地区体系指标中政府与市场关系方面的指标作为政府体制因素衡量指标。其中指标体系反映出政府是否在减少对企业的过多干预，并且充分促进市场的资源配置，同时政府是否逐渐摆脱冗繁的规模结构，与此同时，政府在职能方面是否逐年完善并减轻企业税外负担等。

（2）非国有经济制度。本书选取各地区体系指标中的非国有经济发展指标来代表我国非国有经济体制与制度的状况。其中指标体现出非国有经济体制的发展如何，包括收入指标、资产指标与就业指标等。从而体现我国非国有经济制度逐年的状况如何。

（3）市场制度。本书选取各地区体系指标中产品市场发育程度指标来反映我国市场制度。其中指标体现出价格由市场决定的程度与市场上的地方保护情况。

（4）金融制度。本书选取樊纲各地区体系指标中要素市场发育程度指标作为分析金融制度的指标，包括金融业的市场竞争情况如何，信贷资金分配的市场化情况如何等。

（5）法律制度。本书选取各地区指标体系中法律制度环境指标来代表法律制度，其中包括律师等市场中介组织服务条件如何、消费者权益保护情况如何、行业协会对企业的帮助程度如何、知识产权保护情况如何、生产者合法权益保护情况如何等。

4.1.1.2 FDI 变量的选取

本书因变量 FDI 由外商投资额表示，数据来源于《中国统计年鉴》，该数据提供了各省市历年来以美元衡量的外商投资额。在建立模型后，为了保证被解释变量的平稳性，将 FDI 原数据值取对数处理，同时反映出现实经济中普遍存在的边际收益递减规律，考虑到制度变量的统计年限，我们选取 1998 年后的相关数据作为样本，得出 FDI 与制度因素的变化与相关趋势。从图 4.1 中我们可以看到，我国自引进 FDI 以来，外资在我国流入量的变化轨迹。

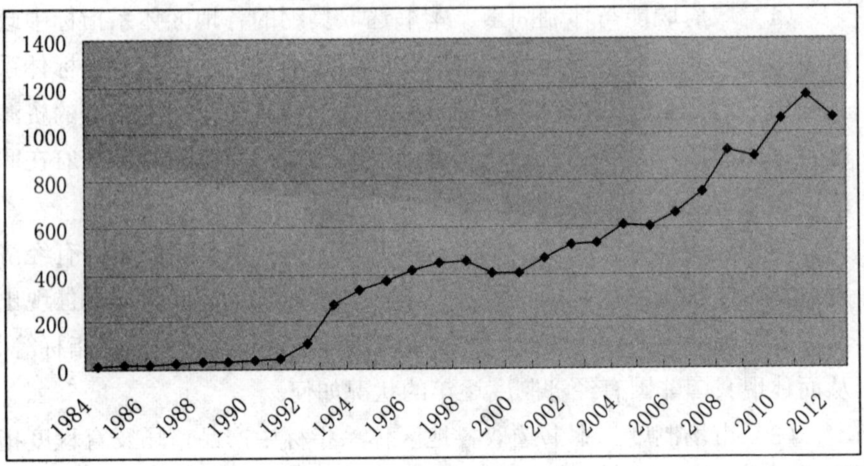

图 4.1　FDI 流入量趋势图

从图 4.1 可以看出，2000 年后，我国 FDI 流入量成飞跃式增长。

4.1.2　VAR 模型与格兰杰检验

本书需要研究 FDI 和各制度变量之间的动态关系，因此采用了双变量滞后 K 期的 VAR 模型，形式如下：

$$Y_t = \pi_1 Y_{t-1} + \pi_2 Y_{t-2} + \cdots + \pi_k Y_{t-k} + \Phi D_t + u_t, u_t - \mathrm{II}D\ (0,\Omega)$$

Y_t 是 2×1 阶列向量， $d\times 1$ 阶确定向量用 D_t 表示，其中 d 表示确定性向量个数。D_t 用来描述常数项，随机扰动项 u 、时间趋势项 t、需要情况下的季节虚拟变量和其他情况下需要设置的一些虚拟变量。II_1、II_2、…、II_k 用来描述 2×2 阶参数矩阵，在确定性变量 D_t 中，Φ 是 $2\times d$ 阶系数矩阵。同时，$u_t - \mathrm{II}D\ (0,\Omega)$ 是 2×1 阶随机误差列向量，这些元素间每一个元素都是非自相关，但在不同方程中对应的随机误差项之间有可能存在相关关系。在上述方程中，每一式会对应一个 VAR 模型中的方程，因此，在此过程中，需保证其稳定性。对于 k（k>1）阶 VAR 模型，可以通过附加伴随矩阵方程式的方法（Companion Form），将其改写成为一阶分块矩阵的 VAR 模型形式，稳定性由其特征方程的根来判别，本书中 VAR 模型的特征根都小于 1，因此判别为稳定。

基于上述模型，本书协整检验采用 Johanson 提出的极大似然检验法对各变量之间的长期稳定性关系与短期变化关系进行分析。FDI 与各制度变量之间长期稳定关系的检验结果表明：所有制度变量都与 FDI 存在协整关系。在此基础上进一步对其相关关系进行分析。协整检验可以检验变量之间的长期关系，但是变量间是否具有因果性还需进一步检验。本书采取格兰杰非因果性检验的方法。其基本思想是：如果由 y_t 和 x_t 滞后值所决定的 y_t 的条件分布与 y_t 滞后值所决定的条件分布相同，即 $f(y_t|y_{t-1},\cdots,x_t,\cdots)=f(y_t|y_{t-1},\cdots)$，则称 x_{t-1} 对 y_t 存在格兰杰非因果性。也可以说，如果加上 x_t 的滞后变量后对 y_t 的预测精度没有显著性改善和影响，则称 x_{t-1} 对 y_t 存在格兰杰非因果性。

因此，在以上定义说明的基础上，x_t 对 y_t 是否存在因果性关系的检验可以通过类似方法进行，即通过检验 VAR 模型中的方程中（以 y_t 为被解释变量）将 x_t 的全部滞后变量是否可以剔除掉来完成。以上检验可以通过 F 统计量的检验来完成。本书经格兰杰因果检验：制度的各变量取对数后为非平稳变量，取一阶差分后变为平稳变量，且各变量与 FDI 存在协整关系。协整检验能够检验变量之间是否存在长期稳定的关系，但是这种关系具有因果性与否还需要进一步验证。通过格兰杰因果检验表 4.2 显示：

（1）FDI 不是政府制度变迁的原因；政府制度变迁是 FDI 的原因。

（2）FDI 是私有化制度变迁的原因；但私有化制度变迁不是 FDI 的原因。

（3）FDI 是市场制度变迁的原因；市场制度变迁是 FDI 的原因。

（4）FDI 是金融制度变迁的原因；但金融制度变迁不是 FDI 的原因。

（5）FDI 不是法律制度变迁的原因；法律制度变迁是 FDI 的原因。

表 4.2　格兰杰因果检验结果

Pairwise Granger Causality Tests

Null Hypothesis:	Obs	F-Statistic	Prob.
LGFIN does not Granger Cause LGFDI	9	0.16437	0.8539
LGFDI does not Granger Cause LGFIN		4.65581	0.0903
LGGOV does not Granger Cause LGFDI	9	8.09079	0.0393
LGFDI does not Granger Cause LGGOV		2.27125	0.2193
LGLAW does not Granger Cause LGFDI	9	10.0136	0.0277
LGFDI does not Granger Cause LGLAW		1.30277	0.3667
LGMAR does not Granger Cause LGFDI	9	8.59848	0.0356
LGFDI does not Granger Cause LGMAR		21.1388	0.0075
LGPRI does not Granger Cause LGFDI	9	3.93281	0.1136
LGFDI does not Granger Cause LGPRI		5.00722	0.0815

格兰杰非因果性检验发现：FDI 的直接影响制度因素包括市场制度、非国有经济制度与金融制度；而间接影响制度因素包括政府制度与法律制度。在直接效应中，FDI 通过需求诱致型传导机制影响市场制度、非国有经济制度与金融制度的变迁。首先，跨国公司作为市场微观主体直接参与竞争，构建市场机制，外资作为非国有资产带动了非国有经济的快速发展，外资银行与内资银行的相互作用提高了金融业的竞争机制，并使信贷资金分配逐渐市场化，从而直接带动金融业的市场化。在这种传导机制下，FDI 成为“初级行动集团”按照成本收益原则发挥制度创新能力，影响制度安排，推进制度变迁。由于地方政府对 FDI 的偏好，外资企业的制度创新需求更容易得到满足，这有利于外资企业进一步直接对制度模式进行构建。在间接效应中，FDI 通过供给主导型传导机制影响政府制度与法制制度的变迁。FDI 并不作为制度变迁的主体，但 FDI 通过影响、促进权力中心颁布政策与法律法规，从而使政府自上而下地规划、组织和实施制度创新。外资虽然不能作为制度的直接决定与实施者，但却间接影响着政府体制的完善与法律

制度的构建。最终，外商直接投资通过直接效应与间接效应促进我国制度变迁。

4.2 FDI 对制度影响机制的实证分析

4.2.1 脉冲响应函数分析

脉冲响应刻画了在扰动项 FDI 上施加一个标准差大小的冲击对制度变量当前值与未来值所带来的影响。当一个变量产生冲击后，可以通过 VAR 模型的动态结构直接传导给其他所有内生变量，并使其他内生变量出现一个脉冲函数的变化。因此在 VAR 模型结构中，可以利用并通过冲击反应函数识别出各个效应，从而了解针对 FDI 冲击的动态反应过程。此方法表现为，将一个 VAR 模型通过附加伴随矩阵的形式，变换改写为一个 VAR(1)模型：

$$Y_t = A_1 Y_{t-1} + U_t$$

由于任何一个 VAR 模型都可以表示为一个无限阶的向量 MA(∞)过程，因此我们可以改写为：

$$Y_t = (\mathrm{I} - LA_1)^{-1} U_t = U_t + A_1 U_{t-1} + A_1^2 U_{t-2} + \cdots A_1^s U_{t-s} + \cdots$$

或用 ψ_j，（j=1，2，3，…，s）表示移动平均参数矩阵，写成：

$$Y_{t+\mathrm{s}} = U_{t+s} + \psi_1 U_{t+s-1} + \psi_2 U_{t+s-2} + \cdots + \psi_s U_t + \cdots$$

显然，有下式成立：

$$Y_{\mathrm{s}} = \frac{\partial Y_{t+s}}{\partial U_t}$$

Y_s 中第 i 行，第 j 列元素表示，使其他误差项在任何时期在保持不变的条件下，当第 j 个变量 y_{jt} 对应的误差项 u_{jt} 在 t 时期受到一个单位的冲击后，对第 i 个内生变量 y_{it} 在 $t+s$ 时期造成的影响。

把 Y_s 中第 i 行、第 j 列元素看作为滞后期 s 的函数：

$$\frac{\partial Y_{i,t+s}}{\partial U_{jt}}，s=1，2，3\ldots$$

将其称为脉冲响应函数(Impulse Response Function)。

图 4.2—图 4.6 列示了 FDI 脉冲响应函数的曲线变化，直观地刻画出 FDI 对各制度变量的影响结果。

（1）法律制度。从外资对法律制度脉冲响应（见图 4.2）可以看出，在 FDI 的一个冲击下，使得法律制度在初始缓慢增长后，进入快速增长阶段，并最终长期带动我国法律制度的持续改善。市场经济也是法制经济，外资的进入不但要求而且促进与市场运行相适应的法律体系的完善。外资在规范市场行为的同时起到了监管职责，间接提高法律和监管框架的有效性。首先，在生产者合法权益保护方面，外资企业大多有很强的维权意识，而我国企业在这方面意识较差，市场上很多制度漏洞弊病很少主动提出并规制。外资企业的进入帮助我国建立起与国际接轨的市场化法制机制。其次，在知识产权保护方面，我国长期以来知识产权保护法制较薄弱，使得很多内资企业创新积极性不高。外资进入后，出于对自身利益保护的目的，不断督促我国政府提高知识产权保护力度。如此，不但完善了我国法律法规，还带动了内资企业创新提升技术水平的积极性。最后，外资的进入提高了对律师、行业协会等中介组织的需求水平，使得律师服务及规模逐渐扩大，为整体社会法制性建设奠定基础、提供保障，并最终通过多方面促进我国法制制度的变迁。在市场化法制机制建立的初期，合法权益、知识产权保护、律师、行业协会与中介组织完善等是一个渐进的过程，因此 FDI 初始对法律制度的促进作用较缓慢，正如脉冲响应图所示。但当完善的法制环境建立起来后，将会在长期促进我国法律制度变迁。

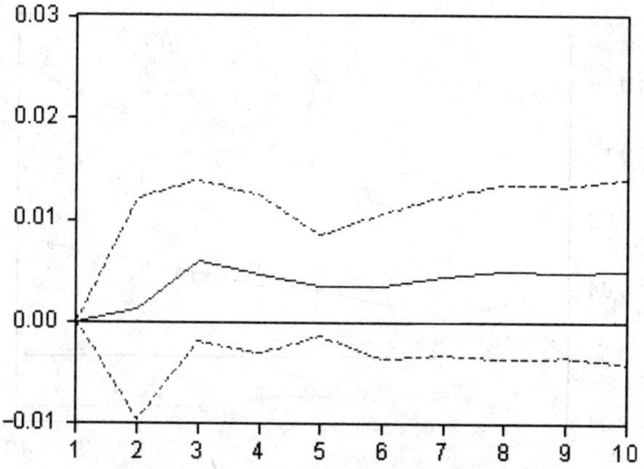

图 4.2　FDI 对法律制度脉冲响应

（2）非国有经济制度。从 FDI 对非国有经济制度的脉冲响应（见图 4.3）可以看出，在 FDI 冲击下，我国非国有经济制度有一个快速且正向的反应，FDI 作为一种制度形式，会长期影响并改善我国非国有经济的发展，并且从图中还可以看出改善力度逐年增大，后劲较强。当今的市场经济是由多种所有制形式下的具有独立产权结构的微观参与个体所构成的，外资企业逐渐成为非国有经济的重要组成部分，直接参与我国非国有经济制度的构建，因此对非国有经济制度的冲击较迅速，并对我国经济结构调整发挥着重要作用。在传统体制下，市场中的企业全部以国有经济体制存在，使得市场缺乏竞争，体制的无效逐渐凸显，越来越多的企业发生亏损并成为政府的包袱而不是收入的源泉。外资的进入为市场重新注入了活力，进一步打破了单一投资主体、单一所有制结构的格局，促进了投资主体多元化，企业内在激励逐渐显现，效率不断提高。正如脉冲响应图所显示，随着竞争机制的不断完善，这种促进作用日趋增强。目前我国非国有投资者总体上不具备作为战略投资者与大型国有企业进行竞争。外商投资的进入能够帮助合资企业改善经济状况，解决投资瓶颈，成为带动国内企业长期快速发展的引擎。因此，FDI 在帮助我国建立起多种形式的竞争机制的基础上，能够长期有效地完善我国非国有化制度。

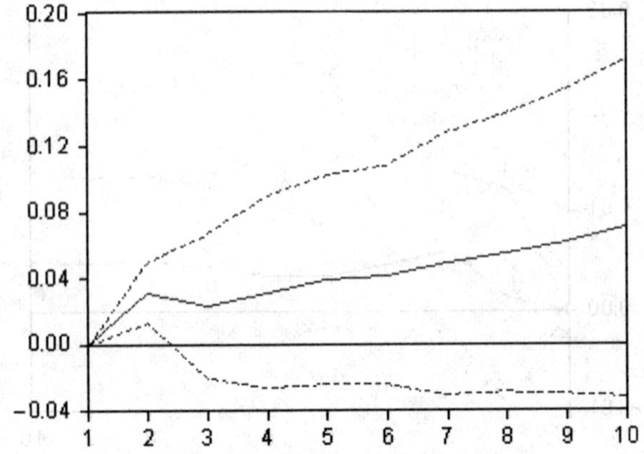

图 4.3　FDI 对非国有经济制度脉冲响应

（3）金融制度。从 FDI 对我国金融制度的脉冲响应（见图 4.4）可以看出，FDI 进入后，虽然没有在瞬间给我国金融制度以猛烈冲击，但是其冲击是渐进且持续的，并无衰减趋势，为我国今后金融制度的改革带来持久正向的动力。这主要是由于外商投资企业与跨国公司的涌入为中国金融业提供了优质的客户群，降低银行不良贷款、提高银行资本充足率，为银行的商业化体制改革提供保障。显然跨国公司以客户群的形式优化金融业运营机制的效率相对较慢，瞬间冲击并不强烈，但具有长期动力，可以持续改善，在需求诱致型模式下，促进金融制度变迁。另外，我国传统的金融制度是计划型融资制度，储蓄与投资完全由计划和财政部门决定。这使得金融市场化机制欠缺、国内融资与国际融资脱轨。FDI 的流入打破了中国封闭性融资制度，迫使中国的金融体制与国际接轨的同时，拓宽了新的融资渠道，增加了融资规模，改善了金融结构，丰富了金融品种，外资通过参与债券与股票市场，对中国证券市场的发展与进步具有持续规范和促进作用。同时，我国金融改革中的制度创新长期滞后，现代化的金融制度逐渐成为稀缺资源。外资银行的进入为金融制度注入了新鲜的血液，带来先进的治理模式、管理机制、创新的金融服务与制度。因此，FDI 对金融制度的变迁具有长期持续性效应。

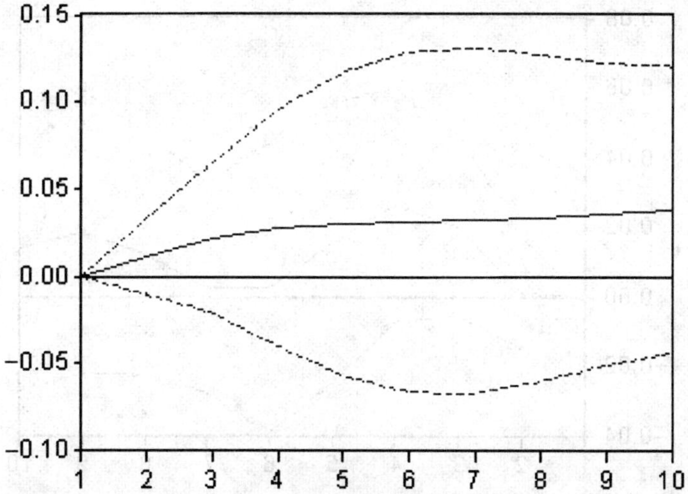

图 4.4　FDI 对金融制度的脉冲响应

（4）政府制度。从 FDI 对我国政府制度的脉冲响应（见图 4.5）可以看出，外资对政府制度初期影响并不明显，外资的进入在经历一段时滞后，刺激了政府制度的正向反应，但相对于法制制度与非国有经济制度而言，对政府制度的短期冲击效果较明显，但长期作用不具有持续性。这主要是由于政府制度是在创新收益大于成本的基础上变迁的，但政府制度涉及的利益集团较多，变革阻力及成本较大，因此对于 FDI 的冲击并不能在短期内加以反映。经历一段反应时滞后，长期内由于各地区政府绩效晋升的激励，往往将招商引资作为重要政策目标，意图通过外资进入带动本地经济的发展。政府为了招商引资，不断优化管理体制，缩小政府规模，倡导市场经济，以市场机制进行资源配置，减少政府过多干预，并竭力削减企业税外负担，力图营造优良的投资环境来吸引外资进入本地区。这种由于地方政府相互间展开争夺 FDI 所带来的制度优化，只有在外资不断涌入的基础上才能够实现。但是对于 FDI 一次性的冲击，政府制度变迁并不能持续，将在一个冲击高峰后逐渐减弱。

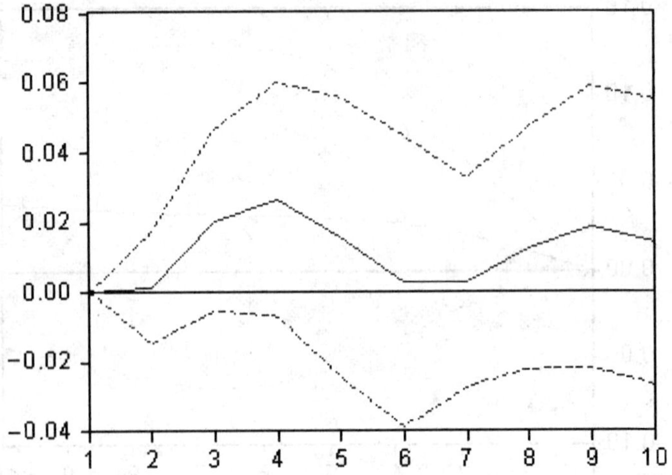

图 4.5 FDI 对政府制度的脉冲响应

（5）市场制度。外商投资、合资企业与跨国公司在世界市场的竞争中积累了丰富的管理制度与运营理念，进入落后的中国市场后，不但打破了原有的垄断低效均衡的格局，还释放出了强劲的竞争力。初始阶段原有低效的企业为了维持自己的市场份额，有可能会联合采取行动进行商品市场上的地方保护主义（脉冲响应图初始阶段小幅下降）。但外资企业以其强大的比较优势，逐渐瓦解政策保护主义与地方保护性反市场措施。如果这些落后企业仍然不能加快追赶步伐，则难以在竞争中顺利发展。最后在市场上存留下来的都是具有国际竞争实力的现代化内资企业（如海尔、海信、澳柯玛等企业）。在改善后，价格完全由市场决定，垄断性扭曲机制逐渐得到改善，市场机制健康且完备。因此，外资的进入在使市场机制经历了短暂的保护主义后，得到了快速深远的发展。正如 FDI 对市场制度的脉冲响应图（见图 4.6）一样：市场制度在开始阶段由一定时期的小幅下降后开始了强劲且快速的反弹，对市场机制改善的正面效应非常明显。但长期持续促进作用较小，说明在长期来讲，市场的机制完善还是靠众多国内企业的带动。

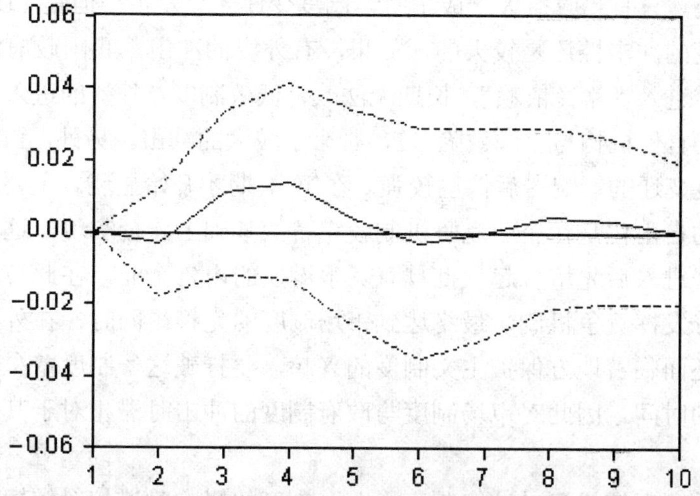

图 4.6　外商直接投资对市场制度的脉冲响应图

4.2.2　FDI 对各制度变量的滞后性分析

表 4.3 中，lnFDI、lnGovernment、lnPrivate、lnMarket、lnFinance、LnLaw 分别表示外商直接投资取对数、政府制度取对数、非国有经济取对数、市场制度取对数、金融制度取对数与法律制度取对数。

表 4.3　变量冲击滞后期及冲击程度表

变量组	lnFDI lnGovernment	lnFDI lnPrivate	lnFDI lnMarket	lnFDI lnFinance	lnFDI lnLaw
滞后期	4	2	4	3	3
冲击程度	0.03	0.035	0.017	0.02	0.005

从表 4.3 中可以看出，外商直接投资对政府机制与市场机制的影响相对滞后，主要是由于政府制度受到一个 FDI 冲击后，并不会马上做出反应，政府制度的完善需要一个持久漫长的过程。政府职能的转变与政府规模的精简都会面临多种阻碍性因素的制约，如利益集团的相

互冲突。只有当收益大于成本时，制度变迁才会发生，但是 FDI 对政府制度的冲击性还是较大的，如果没有外资的冲击，我国政府制度有可能会进入“路径依赖”，长期无法改善低效制度，外资的进入改变了原有的官僚机构与“低效陷阱”，带来了较大的冲击。另外，FDI 对市场制度变迁的影响滞后性也较强，在第 4 期才开始显现。主要是由于价格的自由化是在企业竞争机制较完备的基础上才会实现，这就要求在外资进入后先培育起一批具有竞争潜质的内资企业，在此市场规模上充分发挥竞争机制，最终达到市场制度的完善。同时，在外资进入后，还面临着地方保护主义制度的兴起，要打破这一制度壁垒也需要一定的时间，因此对市场制度与政府制度的冲击时滞相对于其他制度较长。

外商直接投资对法律制度、金融制度的影响时滞相对较短，主要是由于外资进入后，律师等法律中介市场形成较快，生产者合法权益保护等政策措施实施较迅速，知识产权保护等法律法规的实施阻力较小，利益集团的冲突较少，符合微观主体制度需求的意愿。外资银行作为金融市场的直接参与者，为金融市场带来了新的管理理念与制度模式，通常伴随着高端客户服务与新的金融产品的推出，促进我国金融领域业务与制度的整合，从而较快地促进金融制度的变迁。从冲击程度也可看出，FDI 对金融机构的影响也是较大的。因此 FDI 对法律制度、金融制度的促进，相对于政府制度与市场机制的建立，更加迅速且容易。

外商直接投资对非国有经济制度的影响最大也最迅速，时滞较短，主要是由于外资企业作为非国有经济的重要组成部分，极大地带动了非国有经济体制的完善。使得非国有经济比重与绩效在各个方面都有所发展，特别是在非国有经济在工业销售收入中所占比重、非国有经济在社会固定资产总投资中所占比重与非国有经济就业比重等方面。FDI 对非国有经济体制具有长期效应，随着经济的发展，此效应将会产生更明显的正向影响。

4.3 FDI 促进制度变迁的案例分析

4.3.1 案例一　FDI 进入对汽车业市场机制影响

在分析 FDI 对我国市场制度变迁的脉冲响应过程中，我们采用外商直接投资进入我国汽车行业后对我国市场制度的影响变化来证明。在前面 FDI 对市场制度的脉冲响应图中，我们已经分析出：在 FDI 进入后，市场制度变化曲线先有小幅下降，然后逐渐上升。这一现象我们可以通过分析外资进入我国汽车行业后对市场集中度的影响看出。

20 世纪 90 年代初，跨国公司进入我国汽车产业，使我国汽车市场发生了显著的变化。在市场集中度方面，从图 4.7 可以看出，在外商直接投资进入的前几年间，汽车行业的市场集中度有所上升，而其原因主要是我国高度寡占的市场结构所致。

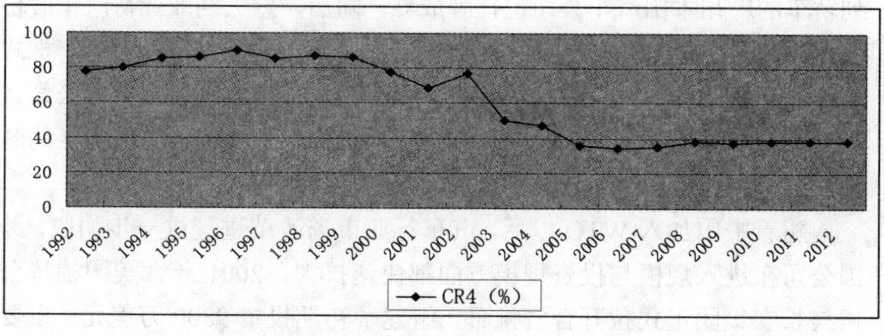

图 4.7　汽车市场历年 CR4 集中度相关指标[①]

在外资进入我国汽车行业初期，市场 CR4 值为 1992 年的 77%（CR4>75%）为 I 型寡占市场，开始的高度寡占市场结构主要是靠保护政策维持。当时中国的汽车市场具有不完全性，国家对大规模外资的进入还持有审慎态度，只允许少数几个外资企业进入，在政策上面限制较多。

1994 年，国家颁布了《汽车工业产业政策》，目的在于严格限制汽

① 数据来源：《中国汽车工业年鉴》，中国汽车工业协会统计信息网，经计算整理。

车及轻型车项目的审批工作，在此期间，丰田汽车尝试逐步进入中国，但由于与国内的谈判未能达成一致，并且在国家产业政策的限制下，使得丰田没能在国内建立起整车厂，只建立了几十家汽车零部件生产企业。

在较高进口关税和较多非关税措施下，保护了原有国内汽车企业的垄断地位。随着外商直接投资的不断深化，我国汽车市场 CR4 集中度水平大幅下降，特别是 2000 年之后，CR4 值下降较明显。由于汽车行业外资企业的不断发展壮大，更多跨国公司进入中国市场，打破原有高度寡头垄断格局，逐渐与国际接轨。

1997 年，贵州航空工业总公司同日本富士重工株式会社签署了意向书，目的在于共同合资生产云雀牌汽车。同年，上海通用汽车有限公司予以落成，该公司首先引进了通用的别克品牌。其后一年，主要负责生产轻型客车的丰田四川旅行车厂正式成立。同年 10 月负责生产雅阁系列轿车的广州本田汽车公司也挂牌成立。随后，意大利菲亚特汽车股份公司、韩国起亚自动车株式会社、丰田通商株式会社、日野自动车株式会社等都开始与国内企业加快合资脚步，纷纷成立汽车制造有限公司。在外商直接投资的推动下，中国的汽车业逐渐进入一个加速发展的时期，汽车产业市场机制逐渐健全、市场结构不断完善。

随着中国加入 WTO 以后，汽车行业市场改革进程进一步加快，跨国公司在进入规模与投资规模方面都快速扩大。2001 年，美国福特公司与长安集团正式拉开合资帷幕，组建了初期投资 9800 万美元、主要负责生产福特中高级轿车的长安福特汽车有限公司。同年，法国标致汽车集团与东风公司在签署合资项目后，开始展开在中国对标致集团的新一轮投资。2002 年，一汽与丰田合资，意图在中国展开全系列车型的生产，并成立了多个厂家，包括四川一汽丰田、天津一汽丰田等。同年，北京汽车集团同韩国现代汽车集团共同成立了北京现代汽车有限公司，并开始着手在中国的汽车行业布局。

2003 年，德国宝马汽车公司与华晨控股合资建成华晨宝马汽车有限公司。同年 6 月，东风日产由东风汽车公司与日产合资注资 167 亿元正式成立，成为国内汽车行业产品项目最齐全、合作规模最大、最广的合资项目。我国商务部与北京市工商局在 2005 年批准北京吉普汽车有限公司更名为北京奔驰—戴姆勒—克莱斯勒汽车有限公司。在汽车业的国际直接投资与合资的快速发展，世界九大汽车集团（大众集团、福特集团、丰田公司、雪铁龙—标志集团、雷诺日产集团、宝马集团等）完成在中国的全面设厂布局，这也使中国的汽车业发展进入了高速时期。中国的汽车行业市场集中度在 2003 年后一直保持在相对合理的范围内，原有的垄断性扭曲现象得以改变，市场活力与生产力大幅提升。

从外商直接投资对市场制度的脉冲响应图可以看出，FDI 进入我国市场后，经过一段时间的发展，产生了一些负面冲击。这主要是由于外资企业以其先进的技术优势、品牌效应和关键零部件的供应，在汽车市场形成了一定的优势地位。在规模经济效应的作用下，外资企业在国内市场还构建起一定的进入壁垒，对我国一些民族汽车品牌的发展和新型汽车产业的发展构成了强大的竞争力。外资企业绝对的成本优势成为决定占有市场份额的保障，抑制了当地国内汽车生产企业的市场发展，成为市场重要进入和扩展壁垒之一。但是，从综合方面来讲，FDI 进入汽车市场后，带来了先进的技术与设备，通过合资、参股等形式将先进的运营经验和管理模式传入我国，使我国汽车市场无论是在结构方面还是在发展方面，都得到了优化升级。

中国汽车市场的演变如表 4.4 所示。

表 4.4　中国汽车市场的演变

阶段	1983 年前完全封闭阶段	1983—1997 年有限外资参与阶段	1997—2001 年外资参与程度提高阶段	2001 年入世后外资全面参与阶段
外部因素	汽车行业没有外商直接投资或进口	在政府的批准下允许有限的合资；整车进口关税高并且需要进口许可证和配额；本地生产商的门槛低	政府允许且鼓励合资；政府干预较多，包括筛选、限制外资所占比例、国有化要求等方式	WTO 要求把关税降到 25%，并于 2006 年取消配额；对外资在下游行业（分销和融资）的监管取消

续表

阶段	1983年前完全封闭阶段	1983—1997年有限外资参与阶段	1997—2001年外资参与程度提高阶段	2001年入世后外资全面参与阶段
市场结构	三大国有汽车制造企业；计划经济；无市场竞争	大众成为首家且唯一的外资合作伙伴，在市场中占据主导地位长达10年之久	车型更加丰富；价格下降；汽车四大合资企业主宰市场；出现纵向整合企业	轿车市场竞争更加激烈，导致对质量的要求更高，价格更低；配件出口增加
市场效率	极其落后的生产技术；采用苏联技术或涉及；汽车类型有限；完全针对政府采购	完全市场机制还未建立；汽车价格极高；汽车制造商利润极高；汽车配套行业还未健全，配套零部件成本高且利润高	生产率提高；多数轿车的整车厂比全球同行的利润水平高；市场化趋势日益明显；市场制度日臻完善	企业利润在规模化与成本下降的带动下提升，但价格会迫使利润走向合理化；市场供求机制日趋合理；市场制度与运行机制与国际接轨

资料来源：作者根据麦肯锡研究报告：《新地平线：跨国公司在发展中国家的投资》进行归纳。

相对而言，FDI的冲击对市场机制的影响是相对滞后的，这主要是由于要通过外界的影响促进本国市场机制的完善并实现价格的自由化是循序渐进的过程。同时，打破原有市场壁垒与垄断，逐渐培育起新生代的市场竞争主体所需时间较长，也是产生影响时滞的主要原因。FDI进入汽车产业市场后，并非以独立个体形式直接影响市场原有的垄断主体，而是多以合资、参股的形式与中国企业进行整车合作，从而打破市场进入壁垒，减少市场进入风险与阻力。外资企业大多将国内老牌产品与原有的管理理念和运营方式植入国内市场，依托在华合作伙伴拓展市场，树立品牌、协调市场中原有弊端，为以后进一步进入中国市场，影响市场机制建立搭建平台。在FDI进入的初期阶段，外资对我国市场机制的影响十分有限，此阶段的意义并非直接带动市场制度变迁，而是更多地体现在引进了新的观念并为国内潜在进入厂商或已有企业提供现代生产信息和管理理念。这不但为今后更多跨国公司的进入奠定了根基，也为培育市场未来参与竞争主体打下了基础，同时 FDI 进入初期，对我国市场制度变迁在其后一段时间内产生着重要影响。外资在汽车行业经过一段时间的发展，逐渐演变为跨国汽车公司和汽车零部件生产集团成批进入，推动我国汽车工业市场的发展。在前期品牌意识、管理模式、运行机制已经初步建立并实现后，很多内资企业羽翼日臻丰满，竞争能力日益增强，已初步具备市场竞争主体的能力与水平。外资企业开始逐步以总成件为对象，以生产许可证或控股等所有权方式为基础，进一步实施渗透进入模式。此时，外资企业并不仅仅拘泥于参股等战略方式，而是开始根据市场条件，以收购为主进入汽车整车生产领域，如日本丰田、本田，德国奔驰等，成为独立的市场竞争主体。这时，市场中竞争主体的格局相对稳定，不再像前一阶段那样进出频繁，现有内外资厂商开始了激烈的价格竞争、广告竞争、技术竞争和售后服务竞争。市场机制日趋成熟，价格走向市场化与自由化。

从汽车市场历年 CR4 集中度相关指标图也可以看出，FDI 进入汽车产业后，对市场集中度的影响也是相对滞后的。外资企业进入后，在最初阶段对市场机制的冲击是极为有限甚至是不明显的，我国政府为了给国内企业在汽车市场留下发展空间，还在政策上限制跨国公司的进入与发展，使得市场集中度出现短暂上升。外资企业也未能打破原来高度垄断的非对称二元市场结构。其后市场 CR4 集中度一直下降，FDI 对市场机制的影响逐渐显现，各级地方政府在绩效激励和多种考虑的基础上，开始大力推动组建汽车及零部件生产企业的成立与发展，并着力扶持一批有规模、有潜力的本土企业上马，这使得短期内行业内企业数量快速增加，同期的市场集中度也快速降低。可见 FDI 对我国市场机制的影响是循序渐进、潜移默化却又有效的过程，外资企业进入我国汽车行业市场后，对其影响存在时滞效应，并且这个时滞相对较长，一个 FDI 冲击在当下并不能完全且充分显现，但在未来的一段时间内可以持续、有效地发挥作用。

4.3.2 案例二 外资并购对我国投资法律发展的影响

随着外商直接投资在我国的不断深化，外资并购逐渐成为外商直接投资的主要形式。外资的并购行为对中国投资法律的健全与完善产生了深远的影响。在外资并购过程中，包含国际与国内多种不确定性因素的影响，外资并购也可以分为善意并购与恶意并购，善意并购是指目标公司在知情的情况下，认可收购公司收购条件并且给予配合的并购行为和流程，与之相反的是恶意收购，其通常是指在目标公司不知情或反对收购的情况下，收购方强行收购的行为。在不同收购形式下，促使我国投资法律制度不仅要在法律文件层面加以拓展完善现行投资法律体系对善意收购进行规范，还应在并购监管与垄断审查监管层面对恶意收购进行惩罚与杜绝。

改革开放之初，我国并没有任何针对外资并购等问题的法律规范，中央与地方政策也主要是为招商引资服务，更谈不上对外商投资行为进行规制，这无形中造成了外资企业与我国本土企业实质上的不平等。随着外资在我国的发展壮大和投资行为多样化的出现，我国开始逐渐着重完善相应法律法规的建设。上市公司中出现了股权被外资收购的案例，如一家日本企业在1995年收购了北旅股份25%的股权。同年，对外资并购的相关法规出台，国务院办公厅转发了相关文件《关于暂停将上市公司国家股和法人股转让给予外商请示的通知》，其规定:“在上市公司国家股与法人股的管理办法颁布之前，任何单位一律不允许向外商转让上市公司中的国家股与法人股”。此法规在规范外资并购的同时，在政策上冻结了外资的并购行为。之后，由于国有企业改革的需要，原国务院经贸委于1998年9月发布了《关于国有企业利用外商投资进行资产重组的暂行规定》，于1999年8月发布了《外商收购国有企业的暂行规定》。这两个规定的主要目的是为了通过外资并购的方式推进国有企业改革。这一政策对外资在我国的并购行为予以认可，并对相应的外资并购行为做出了规范，这一时期的外资法律法规虽然已经开始出台，并在政策上允许外资购买国有企业，但审批程序过于复杂，缺乏可操作性，整体法律体系很不完善。为了进一步完善外资法律体制，国务院各部委随后又相继出台了一系列规定，其中包括《关于上市公司涉及外商投资有关问题的若干意见》与《关于外商投资企业合并与分立的规定》，还包括《利用外资改组国有企业暂行规定》等多项政策，力图对利用外资进行规范。

进入 WTO 以后，我国对外资并购相应法律法规进行了进一步的完善。2003 年 3 月 7 日，我国原对外经济贸易部与国税局和国商行政管理局及国家外汇管理局联合颁布外资并购进程中的重要标志性法规《外国投资者并购境内企业暂行规定》（以下简称《规定》），其被公认为对我国外资并购的良性循环有着十分重要的意义。《规定》首次涉及外资并购中的反垄断审查内容，《规定》的第十九条到第二十二条都涉及外资并购的申报、审查与豁免等方面，特别是第十九条涉及了国家安全审查，其规定："若不满足前款所述条件，但是存在竞争关系的境内企业或者有关职能部门或者行业协会的请求，对外经济贸易部门或者国家工商行政管理局如若认为存在外商并购涉及市场份额过于巨大，或者存在严重影响市场竞争的行为或者存在危害国计民生与国家经济安全的行为等，也可以规定外国投资者作出相应报告"。虽然 2003 年的《规定》已经开始在多个方面对外资并购的相关行为与问题进行规范，但是这一规定仍然存在着一定的不足，针对外资并购行为很多方面的规制还不够细化，一些具体方面还缺乏可操作性与针对性。2006 年 8 月 8 日，针对以往规定的不足之处出台了《关于外国投资者并购境内企业的规定》。新《规定》中，对于审查监督和资产评估都有了更为详尽的规定，相比 2003 年的《规定》，新《规定》更具有可操作性。但是，还存在部分问题，例如，外资并购的反垄断规制没有新的变化。经过前期的实验与摸索，《反垄断法》于 2008 年 8 月 1 日正式出台，这不但标志着我国法律体系有了进一步的完善，还体现了我国对外资行为规范方面的极大进步。《反垄断法》又被称为经济宪法，主要针对保护公平竞争与维护社会主义市场经济秩序。在《反垄断法》中，对外资并购过程中的审查内容、程序和执法机关，包括国家安全审查等方面都有涉及。但由于可操作性不强，在该法规出台不久，又出台了一系列补充性规定，包括：《国务院关于经营者集中申报标准的规定》《国务院反垄断委员会关于相关市场界定的指南》和《经营者集中申报办法》，还有《经营者集中审查办法》等相关规定。在《反垄断法》之前，2006 年颁布了《关于外国投资者并购境内企业的规定》，在第五十一条至第五十四条中特别对外资并购反垄断审查的相关内容进行了详细规定。这些规定是我国在《反垄断法》出台之前，对外资并购反垄断审查的重要依据。在《反垄断法》出台后，商务部对《关于外国投资者并购境内企业的规定》于2009年进行了修改，其中删除了关于对外资并购的反垄断审查的内容，使得相关规定在《反垄断法》中集中体现。由此也可以看出，我国的外资法律法规逐渐开始走向专门化与细致化，以往的过渡性规章逐渐被专门法律所替代，与之相辅的相关的法律和实施细则也不断细化。2009年出台的《国务院反垄断委员会关于相关市场界定的指南》与2010年1月1日起正式实施的《经营者集中申报办法》和《经营者集中审查办法》等进一步对外资并购行为的规范进行细化。

外资进入以来，我国已经颁布了200多部有关外资的法律法规，从最初单一对外商直接投资行为进行规范，拓展为如今涵盖并包括以投资产业政策为指导，以投资审批制度为规范，结合垄断审查在内的具有多角度、多层次的法律体系。我国有关外资的法律主要分为三个层面：首先为国家制定宪法对外商投资进行规定，我国《宪法》第18条规定，外国投资者在我国法律、法规范围内允许在华投资，并且外国投资者在遵守中国法律、法规的前提下，其合法权利受到保护。全国人大和其常委会与国务院及其所属部委也制定了对外商投资的行为规范，包括外商投资方式与审批程序和外汇管理及其投资政策等方面。其次，在此基础上，各省市还可以依据自身特点与情况进行立法。最后，除了上述国内在外商直接投资方面的立法规定层面以外，我国在此基础上还与其他国家订立了多种协定，包括税收协定、双边投资保护协定以及涉及外商投资行为的其他协定和一些相应的国际公约，以上协定与公约联合构成了我国外资国内立法体系。

从外商直接投资对法律制度的脉冲响应图中可以看出，对于一个FDI进入的冲击，我国法律制度会有一个正向的反应，且这一正向反应较明显、持续时间较长，可以在长期内促进法律制度的完善。例如，我国对规范外资近年来的显著独资化趋势有可能引致垄断行为而出台的法律法规，就对我国法律制度与体系完善起到了重要作用。由于外资企业进入后在我国的并购行为会在一定程度上不可避免地导致市场内直接竞争者的减少，从而导致市场集中度的增加，就会相应产生一定垄断势力，种种风险因素促使我国迅速建立起有效的约束机制对外商投资行为进行规范。在为获得产业结构优化机会、先进技术与雄厚资金的因素诱导下，我国不得不将法律法规的限制力度调适到合理水平。与其他发达国家相比，我国的反垄断审查机制对外商投资企业具有较大的宽容性，这使得垄断审查制度在一定程度上，其意义更多表现为一种行为规则而非裁判规则。我国的外资法律法规在外资行为的影响下一直做着适应性的调整与完善，表现为：第一，当外资并购行为超过一定标准时，才有向审查机关进行申报的必要，并非所有的外资并购活动都需要进行反垄断申报，使外国投资者的负担得以减轻，并简化了审查工作，同时避免一些非必要且不具有垄断可能性或影响竞争秩序的外资并购进入审查程序。第二，申报过的外资并购行为如果达到申报要求后，则可以不进行实质性审查，只有被认为有碍市场公平、正当竞争并可能造成行业内过度集中，造成垄断时才有可能进入实质性审查过程。第三，若相关审查机关认定某一外资企业存在会妨害市场公平、正当竞争并造成市场过度集中的并购行为，外商也可以在听证会上充分阐述自己的观点并有机会为自己辩护。第四，并购豁免制度在《外国投资者并购境内企业暂行规定》中也有所涉及，在符合此规定豁免条件下，外商可以提出豁免要求。我国法律、法规在外资并购实际活动的影响下，不断做出适应性调整，使得法律体系的法律、法规与规范职能更加细致化和具体化。可见，外商直接投资的进入不仅会在短期内促进我国法律法规的出台，还会在长期内影响法律法规的微调，带动我国法律体系的逐渐完善。

从变量冲击滞后期及冲击程度表（见表 4.3）中可以看出，FDI 进入后，对我国法律制度影响的滞后期较短，这主要是由于外资具有双面性，经常被称为“一把无形的双刃剑”，这也说明外商直接投资在促进我国制度变迁的同时，也会带来一些负面影响，如果不及时通过法律法规对其进行规范，会给我国经济发展带来较大损失，甚至危害国家安全。因此，相对于其他制度因素，外资对法律制度的变迁影响是较迅速且时滞较短的。FDI进入后对我国经济发展有可能造成的危害包括三个方面：第一，进入我国的外国投资者在母国往往具有雄厚的资金，进入后相比于国内企业具有明显的技术优势，可以较容易地以其比较优势控制国内市场并占据相关产业的主导地位，从而可能将原有的相对公平的竞争性市场转变为垄断，减少东道国就业岗位的同时，挤出本地企业。第二，外资企业进入后，随着发展的不断壮大，其涉及的行业范围越来越广，所处产业规模发展越来越大，这可能会使我国独立性的经济地位受到威胁的同时，影响国家经济安全。而国内产业对外资依赖程度的加深会进一步导致国家宏观调控能力的弱化，存在产生经济衰退和金融危机的风险。第三，外资进入中国后，注资与并购的对象往往是国内一些知名品牌，而这些民族品牌被并购后，往往会慢慢在国内市场中销声匿迹，不能使民族品牌得到长远发展。例如，美国宝洁与德国的汉高开始以中国的老牌民族企业为目标，对中国的“白猫”“熊猫”等民族品牌进行并购或控股，大型外资企业大规模进军中国市场使得我国这些老牌民族企业逐渐名存实亡。可口可乐和百事可乐两家国际大型跨国公司以并购“崂山”“汇源”为契机进入我国市场，先后并购国内七家民族饮料企业。市场形势就目前而言，可口可乐和百事可乐已经垄断了中国大部分的饮料市场。可口可乐并购汇源后，也开始抢占国内果汁市场份额，对其他国内商家造成很大威胁与不利影响。而这些都成为内在引擎，推动我国及时出台与之相关的法律法规，对不利因素进行限制与规范，这也使得FDI进入后，促使我国政府出台相应法律法规，带动法律制度变迁，完善法律体系的时滞相对较短。

当然，随着FDI进入我国后，形式趋于多样化，规模趋于扩展化，我国法律制度与法律体系还是存在着很多缺陷与不足，需要在未来一段时间内不断拓展与完善。例如，我国可借鉴西方国家的成功经验，制定一部适合我国国情的《外资并购法》，此法律应对并购行为和相应监督管理做出明确细致规范的同时，还要充分考虑到外资并购活动的所有详细环节。另外，要充分考虑以往《证券法》《反垄断法》和《公司法》与此部《外资并购法》之间的关系，避免法律间的冲突，注重衔接。在对外资并购予以充分保障的基础上，全面控制外资并购活动中有可能出现的不同形式的不法垄断行为。合理控制有助于规范外资并购行为给我国经济带来更大收益与利益，也可以同时帮助外资企业规避在经济发展过程中可能遇到的多种风险。同时，在此部法律出台后，还要注意完善配套规定和相关法律配套，一套完整的反垄断法体系的建立可以充分保证外资并购中规范性的有效实施，易于反垄断机构的履行与操作。当然，一个权威、独立的反垄断执法机构也是必要的，外资并购现象涉及的企业规模、数量和市场影响力往往都比较大，其中牵扯到的利益也相对较多，甚至一些还会涉及其他国家的经济利益和政治关系。在美国，司法部反垄断局这一部门与联邦贸易委员会是美国反垄断的主管部门；在英国，公平贸易局这一机构与国务大臣和垄断兼并委员会负责反垄断法实施；在德国，联邦卡特尔局和州卡特尔局主管反垄断的实施。从欧美各国的情况可以看出，在外资并购方面需要一个权威且独立的部门来专门负责外资并购中反垄断的执行工作。由于若使国务院授权某机构完成外资并购反垄断的相关工作，其效力层级较低、法律适用性较弱，因此设立专门的反垄断执法机构有助于权力的细化和确定，还可以防止权力的重叠和推诿。

第5章 FDI对中国区域制度变迁的溢出效应

外资不仅可以给欠发达地区带来资本和技术，而且还通过制度溢出效应带动了相关地区内资企业的发展。近年来，我国对外资溢出效应的研究大多局限在技术溢出层面，这些研究加深了我们对 FDI 溢出效应的理解，但却忽视了 FDI 对我国制度变迁的影响，也就更忽略了 FDI 对制度影响过程中的空间溢出性特点。本章通过实证检验，分析了 FDI 对我国各区域产生的制度溢出效应，并将整体研究建立在空间理论与空间模型的基础上，进一步详细分析了 FDI 制度溢出空间性的特点与趋势。

5.1 计量及检验结果

5.1.1 经济模型

FDI 进入我国后，带来了新的制度模式，增加了制度创新收益，改变了原有的制度安排。FDI 通过促进市场制度、法律制度、非国有经济制度、金融制度与政府制度的传导机制影响我国制度变迁。在传导机制的过程中，FDI 对制度变迁的空间溢出性不容忽视。FDI 的进入可以促进东道国制度变迁，同时 FDI 与制度都具有空间溢出性。本书在分析 FDI 对制度的促进作用的空间溢出性上得出：FDI 在具有正向溢出性的前提下，不仅对我国制度变迁具有促进作用，而且这种促进性还存在空间溢出性，同时溢出性呈现出区域性与聚集性的特点。现代空间经济理论认为，当运输成本维持在一个较高水平时，各地区之间会由此形成较高的贸易壁垒并维持着自给自足的均衡。同时，外资制度溢出本质上是 FDI 的制度外部性，而制度的溢出路径遵循示范效应、竞争效应、联系效应和人力资本流动效应四种机制。各地区间制度溢出路径有效性也会随着地理距离或溢出成本的增加而降低，这意味着在区域间跨国公司促进东道国制度变迁的过程中，邻近地区会比较远的地区更有可能形成制度溢出效应。不难发现，我国区域间经济活动具有地理性的特点，对于跨国公司优秀的管理制度与经营机制，相邻地区的内资企业最容易通过“示范效应”学习模仿，以提高自身生产效率，从而产生行业间空间溢出效应。同时，跨国公司在考虑到物流成本和联系便捷的条件下，通常会选取周边的企业作为上游供应商，并对其提供培训及相关信息和帮助，从而产生行业内空间溢出效应。并且，在跨国公司就职的员工一旦离职后，通常会选择毗邻的内资企业，以发挥其在外资企业受训的比较优势，从而产生人员流动的空间溢出效应。可见，在分析 FDI 对制度变迁的促进作用时，要考虑到空间溢出效应。近年来，国内外学者一般运用空间计量方法来衡量一个地区对周边地区的影响效果。空间滞后与空间误差模型是度量空间相关性的两种模型。本书采取空间滞后模型，即一个地区制度的变迁成为解释相邻地区制度变迁模型中的一个自变量。通过分析引入空间滞后模型前后误差对比来确定其空间溢出性，从而估计 FDI 与制度空间溢出性在多大程度上促进我国制度变迁。

空间计量经济学中，通常采用空间相关性来分析各地区之间是否相互影响。如果是替代关系，空间滞后项的系数为负，说明一个地区的制度进步是以周边城市的制度退步为代价。互补关系则相反，空间滞后项的系数为正，说明在互补关系中一个地区的制度改进会促进与它相近地区制度的变迁，这样就产生了制度的正向溢出效应，即存在空间相关性。空间相关性具体是指在观测的样本中，位于 i 的观测值与位于 j 的观测值相关，即：

$$Y_i = f(Y_j) \quad i=1，2\cdots，n; \; i \neq j 。$$

在空间相关存在的情况下，最小二乘估计是有偏的，也不具有一致性（LeSage，1999），通常采用极大似然法估计或两阶最小二乘法进行估计。在分析中经常会用到两个模型：空间滞后模型与空间误差模型。空间滞后模型（SLM）是一种主要用于探讨变量是否具有扩散现象（外溢效应）的模型。其数学表达式为：

$$Y = \rho\omega Y + \beta X + \varepsilon$$

其中，因变量用 Y 表示；X 为 $n \times k$ 阶的外生解释变量矩阵；空间回归系数用 ρ 表示；ω 为 $n \times n$ 阶的空间加权矩阵，本书采用临近矩阵，ωY 为本书中的空间滞后因变量；随机误差项用 ε 表示。本书的实证结果显示空间滞后模型的显著程度明显优于空间误差模型①，所以采用空间滞后模型。

在以往对 FDI 区域决定的文献中，最常用的系数为弹性系数，因此本书也选择 FDI 对制度变迁影响的弹性系数作为研究对象，从而选择弹性模型如下：

$$\ln(Inst_{i,t}) = \alpha_0 + \alpha_1 \ln(FDI_{i,t}) + \rho\omega \ln(Inst_{j,t})$$

其中，$Inst_{i,t}$ 是 i 省市 t 年的制度指标，$FDI_{i,t}$ 是 i 省市 t 年的实际利用外资额，则其中空间滞后项为：

$$\omega \ln(Inst_{j,t})$$

ω 是空间滞后权数矩阵，形式为空间相邻矩阵或空间权重矩阵，是一个方块对角阵，每个方块代表的是任意一年的权数矩阵，都可表示为：

① 空间计量模型的选择依据在下文中给出并详细讨论。

$$\omega=\begin{bmatrix}0 & W_{i,j} & W_{i,k}\\ W_{j,i} & 0 & W_{j,k}\\ W_{k,i} & W_{k,j} & 0\end{bmatrix}$$

本书分析的年份共 11 年，因此矩阵中包含了 11 个 W，而每年又有 30 个样本，所以 ω 是 330×330 的矩阵，并且假设只有地理上接近的省市间才有制度变迁的及时反应和相互影响，则空间相邻矩阵中对应的值为 1，否则为 0[①]。即 $W_{i,j}=1$ 或 0（i 与 j 临近为 1，不临近为 0），空间权重矩阵是赋予周边不同省市的制度影响力的不同权重，用来衡量制度变迁的溢出效应。当省市之间距离越远，则制度溢出效果越差，所赋予的权重越小。

本书因变量 FDI 由外商投资额表示，数据来源于《中国统计年鉴》，该数据提供了各省市历年来以美元衡量的外商投资额。同时，在研究制度与制度变迁的过程中，国内外学者大多采用市场化进程指标来反映经济体制转型变迁的质量。本书的被解释变量制度指标来自于《中国市场化指数——各地区市场化相对进程 2011 年度报告》[②]。由于本书将视角定位为外商直接投资对我国制度变迁的影响分析，所以我国的制度因素指标详细说明如下：

（1）政府职能与体制因素。本书选取樊纲各地区体系指标中政府与市场关系方面作为政府体制因素衡量指标。其中，指标体系反映出政府是否在减少对企业的过多干预，并且充分促使市场进行资源配置，同时政府是否逐渐摆脱冗繁的规模结构，与此同时，政府在职能方面逐年是否完善并减轻企业税外负担等。

（2）非国有经济制度。本书选取各地区指标体系中的非国有经济发展指标来代表我国非国有经济体制与制度的状况。其中，指标体现出非国有经济体制的发展如何，包括收入指标、资产指标与就业指标

① Coughlin 和 Segev（2000），王剑（2004），冼国明（2009）采用的都是空间相邻矩阵，本书借鉴了此方法。

② 本书在此基础上还参考了 2001、2004 与 2006 年度报告数据。

等。从而体现我国非国有经济制度逐年状况如何。

（3）市场制度。本书选取各地区指标体系中产品市场发育程度指标来反映我国市场制度。其中，指标体现出价格由市场决定的程度与市场上的地方保护情况。

（4）金融制度。本书选取樊纲各地区指标体系中要素市场发育程度指标作为分析金融制度的指标，包括金融业的市场竞争情况如何，信贷资金分配的市场化情况如何等。

（5）法律制度。本书选取各地区指标体系中法律制度环境指标来代表法律制度，其中包括律师等市场中介组织服务条件如何、消费者权益保护情况如何、行业协会对企业的帮助程度如何、知识产权保护情况如何、生产者合法权益保护情况如何等。

5.1.2 回归结果分析

表 5.1 分别列示了采用普通最小二乘法（OLS）与空间滞后模型（SLM）的估计结果。同时，通过 Moran's I（误差）检验、两个拉格朗日乘数来判断空间计量经济学模型中 SLM 和 SEM 的选择问题。从表 5.1 中可以看出，OLS 估计模型的拟合优度为 0.985886，f 值为 3412.35，模型整体通过了 5%水平的显著性检验，Jarque Bera 统计量 p 值为 0.00016，显著，因此拒绝零假设，即随机变量服从正态分布，Breusch-Pagan 检验接受无异方差的零假设。其中 Moran's I（误差）检验表明经典回归误差的空间依赖性（相关性）较明显（通过 10%水平下的显著性检验），因此模型中应考虑加入空间效应。为了便于区分是采用内生的空间滞后（SLM）还是采用空间误差自相关（SEM），Anselin（1988）提出如下判别标准："在空间依赖性的检验中，如果 LMLAG 比 LMERR 在 p 统计值上更加显著，且 R-LMLAG 显著而 R-LMERR 不显著，则可以判断空间滞后模型较合适；相反，如果 LMERR 比 LMLAG 在 p 统计值上更加显著，且 R-LMERR 显著而 R-LMLAG 不显著，则可以判定空间误差模型更加适合"。

表 5.1　空间效应模型回归表

模型 变量	未考虑空间效应的 OLS 估计结果				考虑空间效应的空间滞后模型（SLM）			
	回归系数	标准差	t 值	p 值	回归系数	标准差	z 值	p 值
C	0.007616989	0.008014117	0.950447	0.34425	0.0041819	0.00878	0.4724	0.634
ln(FDI)	0.1580016	0.003407186	46.37305	0	0.150679	0.00422	35.6805	0
w*ln(Inst)	0.01089237	0.004575465	2.380605	0.01924	0.00945172	0.00438	2.1586	0.031
R^2	0.985886				0.986961			
修正的 R^2	0.985697							
F	3412.35							
Log Likelihood	156.474			0	160.018			
Jarque Bera 检验	17.48334			0.00016				
Breusch－Pagan 检验	10.76787			0.00459	9.619206			0.008
AIC	-306.947				-312.036			
SC	-299.132				-301.615			
空间依赖性检验	MI/DF	统计值	概率值					
Moran's I（误差）	0.096376	1.7144541	0.0864453					
Lagrange Multiplier（滞后）－LMLAG	1	6.7686892	0.0092771					
Robust LM（滞后）－R-LMLAG	1	5.6610368	0.0173459					
Lagrange Multiplier（误差）－LMLAG	1	1.9825192	0.1591253					
Robust LM（误差）－R-LMLAG	1	0.8748667	0.3496115					
Lagrange Multiplier（SARMA）	2	7.6435559	0.0218888					

本书通过拉格朗日乘数误差和滞后及其稳健性检验，二者检验表明，LMLAG、R-LMLAG 通过了 5%水平下的显著性检验，但是 LMERR、R-LMERR 均未通过 10%水平下的显著性检验，从这 4 个统计值可以看出，SLM 比 SEM 优一些。本书给出了利用极大似然估计（ML）参数估计相关 SLM 模型的结果（表 5.1）。将 OLS 估计结果与 SLM 估计结果相比较发现，在 SLM 模型中，模型的拟合优度有所提高，R^2 由原来的 0.985697 提高到 0.986961。对数的似然函数值由未考虑空间效应的 156.474 提高到空间滞后模型中的 160.018。同时 AIC 与 SC 的值都有所降低。检验结果证实了 SLM 模型要比 OLS 模型好，可见基于 OLS 的经典线性回归模型由于遗漏了空间误差自相关性，使得整体估计不够恰当与准确。同时也证实了各地区的外资对我国制度变迁的影响具有空间效应，制度存在溢出性，在研究 FDI 对制度变迁的贡献时，应该引入空间误差模型对经典的线性模型进行修正。由于在模型中，参数方面 α_1 的系数为正，与预计相一致，说明 FDI 对我国制度具有正相关关系，且弹性系数达到了 15.8%。可见外资的流入对我国制度变迁具有重要贡献。空间滞后项的系数 ρ 为正且显著与预计相一致，说明各省市的制度溢出效应为互补关系，一个地区的制度变迁会通过制度溢出效应带动相邻地区的制度进步。因此，本书运用空间滞后模型（SLM）对各省域制度指标进行估计，从表 5.1 的空间滞后模型回归系数 0.150679 可以得出，外商直接投资对我国制度变迁影响显著为正。将系数带入表达式，得出其贡献率见表 5.2 （FDI 对制度变迁的贡献）；并且从表 5.1 中可以看出，空间溢出效应对制度变迁的贡献系数 0.00945172 显著为正，同时将系数带入表达式得到估计结果见表 5.2（空间溢出对制度变迁的贡献）。

表 5.2 中，将 1998—2009 年的数据估计值分为四个年段，分别为：1998—2001 年、2002—2004 年、2005—2007 年和 2008—2009 年，外商直接投资对我国制度变迁的贡献以及 FDI 促进制度空间溢出对制度变迁的贡献。从对表中数据的分析，我们可以得到以下三点结论：

表 5.2　各地区 FDI 及制度溢出效应对制度变迁贡献表

年度 指标 / 省份	2008 年至 2009 年			2005 年至 2007 年			2002 年至 2004 年			1998 年至 2001 年		
	年均制度	FDI 对制度变迁的贡献	空间溢出对制度变迁的贡献	年均制度	FDI 对制度变迁的贡献	空间溢出对制度变迁的贡献	年均制度	FDI 对制度变迁的贡献	空间溢出对制度变迁的贡献	年均制度	FDI 对制度变迁的贡献	空间溢出对制度变迁的贡献
北京	9.73	27.38	7.37	8.59	21.21	6.66	7.54	8.77	5.02	4.91	9.14	3.27
天津	9.31	27.19	7.23	8.17	24.16	5.60	7.21	13.09	4.80	5.40	13.58	3.59
河北	7.22	23.14	4.23	6.49	15.44	3.78	5.64	12.50	2.48	4.90	−2.13	2.15
山西	6.15	18.60	3.92	5.51	44.85	2.82	4.56	14.28	2.00	3.43	4.46	1.51
内蒙古	6.21	21.47	1.69	5.69	19.33	2.14	4.50	27.18	0.86	3.37	−0.90	0.64
辽宁	8.54	28.33	3.59	7.50	19.78	3.20	6.68	2.78	2.31	4.84	18.31	1.68
吉林	7.04	20.52	3.41	6.17	22.27	2.98	4.92	49.98	1.76	3.88	4.79	1.39
黑龙江	6.09	20.21	3.16	5.57	18.03	3.99	4.53	8.62	1.62	3.58	−7.00	1.28
上海	10.69	31.73	6.58	9.62	16.62	6.02	9.17	17.66	5.25	5.78	8.02	3.31
江苏	11.06	33.11	6.46	9.38	24.15	5.98	8.00	38.98	4.47	6.01	8.96	3.36
浙江	11.48	29.27	6.77	10.29	23.78	5.87	9.08	40.57	5.21	6.62	7.10	3.8
安徽	7.76	22.02	5.57	7.06	26.23	3.94	5.44	14.24	3.04	4.63	0.68	2.59
福建	8.90	27.90	1.84	8.32	16.63	1.95	7.98	12.12	1.38	6.35	11.92	1.10
江西	7.57	23.10	2.62	6.67	24.64	2.67	5.15	35.38	1.37	4.09	9.39	1.09
山东	8.85	27.49	3.56	8.19	13.43	2.90	6.85	20.86	2.29	5.33	−0.03	1.78
河南	7.91	22.57	2.30	7.02	23.98	2.19	4.94	16.10	1.13	4.38	−5.94	1.00
湖北	7.49	23.16	2.60	6.77	13.24	2.43	5.41	20.28	1.44	4.24	−5.16	1.13
湖南	7.29	22.18	2.75	6.62	31.66	2.27	5.18	25.50	1.48	4.22	−3.05	1.20
广东	10.34	32.67	1.91	9.62	12.05	1.61	8.99	6.51	1.50	6.96	0.65	1.16
广西	6.19	22.06	1.42	5.67	23.29	1.46	5.06	9.21	0.80	4.23	−4.05	0.67
海南	6.42	27.31	1.93	5.79	28.80	2.11	5.18	5.99	1.09	4.91	−1.08	1.04
重庆	8.01	21.74	3.19	7.10	33.97	2.89	6.46	1.60	2.04	4.69	−7.83	1.48
四川	7.40	24.01	3.06	6.96	28.53	2.55	5.86	10.18	1.85	4.46	26.06	1.41
贵州	5.56	13.77	2.12	4.98	9.09	1.78	3.63	13.82	0.92	3.19	−20.39	0.81
云南	6.05	19.66	1.75	5.42	17.19	1.54	4.28	15.80	0.85	3.57	−2.33	0.71
陕西	5.66	19.55	1.79	4.63	11.33	2.00	4.16	10.58	0.88	3.29	80.42	0.70
甘肃	4.93	14.45	3.16	4.57	0.52	2.70	3.44	10.74	1.40	3.33	14.32	1.35
青海	3.35	13.89	2.47	3.31	20.76	2.08	2.72	19.75	1.10	2.13	23.41	0.86
宁夏	5.86	12.63	1.97	5.00	6.31	1.26	4.01	70.79	0.92	2.60	8.15	0.60
新疆	5.18	15.21	0.47	4.92	33.77	0.28	4.14	10.56	0.24	2.39	−29.37	0.14

（1）FDI 作为一种制度安排影响着我国制度变迁，贡献率逐年递增。从表 5.2 中的数据可以看出，近年来外商直接投资对我国制度变迁的贡献逐年加大。1998—2001 年，FDI 对制度贡献水平整体偏低，但 2005—2007 年，FDI 对制度贡献水平大幅提高，2008—2009 年，FDI 对制度贡献水平持续增长，对各个省域都产生了较强的促进作用。我们可以预计，在未来 FDI 还将以其特殊的制度安排形式进一步推进我国制度变迁。

（2）FDI 对制度的影响存在空间溢出效应，空间溢出效应对制度变迁的贡献率逐年递增且呈发散态势。在 1998—2001 年，总体平均贡献率为 1.56；2002—2004 年，总体平均贡献率达到 2.05；2005—2007 年，总体平均贡献率达到 2.99；到 2008—2009 年，总体贡献率达到 3.36[①]。从表 5.2 可以看出，基本每个省域 FDI 都对其制度的变迁起到了一定的促进作用，各省域制度空间溢出效应对制度变迁的贡献率逐年递增。北京、天津、上海、江苏、浙江与安徽的制度空间溢出效应较强。而内蒙古、陕西、广西、新疆等省的制度空间溢出效应较弱。我国 FDI 制度空间溢出贡献率呈现增长与发散状态。

（3）制度溢出效应在各省域间呈现区域性的特点。随着 FDI 对我国各省域间制度变迁的促进作用不断加强，制度溢出的空间性与区域性也逐渐显现。我国的制度外溢效应呈现聚集性、区域性的特点。制度溢出区域性主要分为以下几大块：东北部经济圈、环渤海经济圈、沿海经济圈、长江流域经济圈、黄河流域经济圈、内地经济圈和由广东向内地延伸经济圈。地区性制度溢出效应成聚集和梯次过渡趋势，并且总体呈现由沿海向内地、由南部向北部、由东部向西部的制度溢出扩散。

① 各年间空间溢出效应对制度变迁的平均贡献率值为各省份贡献率的总和求平均。

5.2 FDI 对我国区域制度变迁贡献率递增

5.2.1 转型时期制度特点与 FDI 促进区域制度变迁

中国经济转型的三十多年来，一个最突出的特点就是伴随着改革开放步伐的加快，FDI 的大量涌入带动经济发展的同时，影响着我国转型时期制度变迁的方向。这些现象的产生与我国制度安排与制度变迁路径相互依存。我国作为一个由计划经济向市场经济转轨的转型国家，制度安排与制度变迁都存在一定的特殊性，正是这些特殊性，使得中国具有与市场化国家相异或不同于其他转型国家的独特特征。特殊性的制度安排使我国对外资有着较高的依赖性，而 FDI 对我国制度变迁的影响度也较高。作为非国有经济的组成，民营经济与外资经济成为重要的两部分，由于历史与意识形态的影响，使得民营部门制度短板在转型阶段长期存在，相较于民营部门的制度短板，外资经济作为带动我国制度变迁的动力更加具有自身优势。民营部门制度短板凸显 FDI 促进制度变迁的重要作用。

5.2.1.1　民营部门制度性歧视

对民营部门的制度性歧视是我国在经济转型时期较突出的一大制度特点。在以往长期计划经济体制下，受到意识形态的影响，中国民营经济一直处于被忽视与被歧视的状态，很多以私有经济形式存在的投资或被禁止或被限制。随着改革开放的不断深化，我国对民营经济有了一定重视，对私人投资部门限制有所放松。例如，2002 年国家颁布《关于促进和引导民间投资的若干意见》，并在其中提出："除国家有特殊规定的领域以外，凡是鼓励和允许 FDI 进入的领域，均鼓励和允许民营企业与民间投资进入；在实行优惠政策领域，其优惠投资政策对民营企业与民间投资同样适用。"随后，国家在 2004 年颁布的《国务院关于投资体制改革的决定》进一步落实了民营企业投资决策权，此政策的出台，使得市场自主发挥作用配置资源。

一系列的政策促进民营经济有了长足发展，但与外资企业相比，民营企业与民营经济还是处于被歧视的地位。加入 WTO 之后，中国兑现承诺在商业、金融、运输、旅游等 9 个部门和 90 多个分部门逐渐放开市场限制，但是这种对外开放的承诺，很大程度上是将国内民营资本排斥在外。例如，在国际及国内基础电信业务领域，中国从 2004 年 12 月 11 日开始允许外资在上海、广州和北京这些地区出资设立合资企业，外资股权比例可达 25%，并允许合资企业在城市范围内或城市之间提供电信服务。2006 年外资股权比例可以上升到 35%，地域限制也有所放松，从最初的广州、上海、北京扩展至成都、重庆、大连、福州、南京、杭州、宁波、沈阳、厦门、深圳、青岛、太原、西安及武汉。2007 年后，合资企业外资股权比例可达 49%，地域限制予以取消。移动语音与数据服务领域，自 2001 年 12 月 11 日允许外商投资，外资股权比例不超过 25%。2002 年 12 月 11 日以后，合资企业外资持股比例可上升至 35%。2004 年 12 月 11 日后，外资在合资企业中持股数量被允许达 49%。不迟于 2006 年 12 月 11 日，允许外资以独资企业形式存在。然而对于民营企业而言，目前尚未有对民营资本放开基础电信领域业务与服务的明确规定。

我国在经济转型时期只对外商投资市场开放列出明确清单，而对民营资本忽略、歧视和避而不谈的政策取向加重民营部门制度短板，相较于外资，民营资本在中国政治性、制度性主从次序中处于劣势，凸显出 FDI 对我国政策取向、制度变迁方向的重要影响。

5.2.1.2 民营部门隐性制度歧视

随着经济快速发展与我国投资领域的不断放开，对民营部门的显性歧视也会逐渐减少，而制度歧视将更多地表现为一种隐性限制。所谓隐性制度限制主要是指政府不以法律、法规的形式明确列示不允许进入的范围，但却以其他方式为民营部门进入某些行业设置障碍或高壁垒，包括提高资格审查标准、利用行政审批权等政策工具限制民营资本、通过设置繁冗的审批关卡与复杂的手续为民营资本进入增加困难。由于中国民营企业起步较晚，发展历史也相对较短，资本积累相对薄弱，一些民营企业特别是中小企业融资较为困难，因此民营企业规模与发展水平很难与外资企业相抗衡。中国很多行业在规模这一项进行限制，将行业准入资质设定在一个大多民营企业很难达到的水平，使其无法顺利通过资质审查从而不能进入某行业。同时，民营企业在进入某一行业时，过多过滥的审批程序与审批项目，加大了民营资本的进入成本，成为抑制民营企业进入的一种隐性制度歧视。这些隐性制度歧视的规定包括：凡属于前置审批行业或项目，申请人在登记注册时需提交有关部门的批准文件或审核许可证和资质证明，有些企业在登记注册时需要提供多个部门的审批。由于审核制度与程序的繁冗，如果一个部门审核效率不高或审核操作规程不透明、不健全，那么就有可能将审批项目无限期拖延乃至最终项目流产。这些隐性制度歧视还包括对民营企业前置审批收费过高，由于审核程序的繁冗复杂导致过滥收费，提高民营投资人进入市场的成本。根据世界银行的不完全统计，在中国兴办公司的民营企业所面临的困难与难度普遍高于发达国家，因此，具有一定技术与比较优势的私有投资者想进入某一行业，看到投资过程中所耗费的精力与物力也会望而却步。再者，即使某些民营资本突破了以上重重关卡与限制，成功进入某行业，民营企业也很难与外资企业相抗衡，更很难与外资企业获得平等的待遇与竞争机会。作为外商直接投资的企业，其母国、投资者、经营者与中央和各地方政府的利益有着密切联系。招商引资常常作为衡量地方政府领导人业绩的重要指标之一，因此在日常经营中，外资企业往往会受到政府及监管部门的“特殊照顾”，从而获得各种便利。外资企业进入中国，各地方政府高度重视，提供种种便利与优惠，民营企业的审核却复杂困难，这使得外资相对于民营资本，更加容易对我国制度产生影响。

5.2.1.3　外资制度“特惠”

我国政府在外资企业设立过程中，赋予了外资企业更多的优惠性与灵活性的特权。中国《公司法》第 25 条规定提出：“股东应当足额缴纳各自认缴的出资额，并将金额存入该有限责任公司所在银行的临时账户内。”这条规定说明中资企业的营业执照必须在认缴注册资本经审查合格后方可获取。但是在《中外合资经营企业合营各方出资的若干规定》允许中外合资企业合营方在营业执照签发 6 个月内第一次缴清出资，也可分期缴付。外资企业享受先设立企业、后出资的优惠，无形中就对外资企业资金运转提供了便利条件，而这种便利条件是民营资本所不具备的。这样，外资企业较民营企业在资金筹措和实际运作方面更具灵活性。并且，在颁布《国务院关于股份有限公司境外募集股份及上市的特别规定》与其后颁布的《关于设立外商投资股份有限公司若干问题的暂行规定》实施后，外商投资股份有限公司境外募集上市的审核审批手续与私营企业相比，普遍简便很多，使得外商投资公司比我国民营企业在国外证券市场上募集资金优先“抢滩”方面更具优势。这两项政策制度意味着在投资与运营方面，外商投资公司要比民营企业具有更大的灵活性与更小的成本。

税收优惠是外资企业与国内民营企业乃至国有企业在政策待遇方面表现出的最明显差别。在税法调整前规定，我国国内企业所得税税率均为 33%，但在我国《外商投资企业和外国企业所得税法》规定，外商投资企业可依据其在国内投资项目的不同，享受不同程度的税收优惠，在所有税收优惠中，某些最低税率仅为 15%。在外商利润再投资方面，可退还再投资部分占应缴纳所得税的 40%。在华经营 10 年以上的生产性外企，经营前 2 年予以免征所得税，前 3 年予以减半征收所得税。外商投资产品出口企业在税法所规定的税期满后，若当年出口值达到产品总值的 70%以上的，可依照税法规定予以征收企业所得税的一半。目前，我国经济特区与经济开发区将出口企业缴纳所得税的税率定为 15%，符合上述条件的企业可按 10%的税率征收。外商投资的技术先进企业依照税法免征或减征企业所得税，期满后还为先进技术企业延长 3 年并减半征税。外资企业还可以在其他税收方面获得优惠，包括增值税、关税、营业税及个人所得税；免税方面包括进口生产设备、生产零件、办公用品及生产出口产品所进口的原材料、元器件、辅料、零部件及包装物品等。这些税收优惠是民营企业所无法具有的。从税收优惠明显可以看出外资企业在我国的优势和对我国巨大的吸引力与影响力。

外商投资企业在我国还具有权限优惠。在现行的外贸体制下，民营企业不具有自营进出口权限，无法自行直接从事进出口业务，只有委托具有外贸出口权限的一些外贸公司进行代理，才能实现其产品的进出口业务。但中国允许外商投资企业普遍享有进出口权限。外商投资企业不但可以直接进口生产所需要的原材料和机械设备，还可以直接出口其生产产品。国内只有一些国有大中型企业可以提出申请进出口经营权并拥有自营进出口权限，其他企业只有年出口产品额达到 100 万美元以上才有资格申请。而庞大的产品出口额限制着绝大多数国内中小企业拥有权限直接进口生产原料或出口其生产产品，进一步增加了绝大多数民营企业的生产成本与销售成本。虽然目前国内企业申请进出口经营权限的限制已被逐渐放宽，但是外资企业还是比广大民营企业乃至国有企业拥有更低的申请门槛与权限优惠。

5.2.1.4　FDI 作为一种制度安排影响着我国区域制度变迁

从上面的分析资料可以看出，中国在经济转型时期，无论是在制度方面还是在政策安排方面，都赋予了外商投资企业各种优惠与特殊权利，使得外商投资企业在具有比较优势的前提下，获得更多先天性优势，在与民营企业乃至国有企业的竞争中占据绝对地位。中国经济在这一时期，对民营部门的制度歧视与对外资企业的“超国民待遇”政策优惠，这两种特殊制度特点导致我国对外资有着较强的依赖性，并使得 FDI 对我国制度变迁有着强大的带动力量。与民营企业同属于“非公有制经济”组成成分的外资经济不但并未受到歧视性待遇，还享受着很多国有企业都无法拥有的特权与政策优惠。中国有关法律和政策规定，外资企业来华投资可享受到较国内企业更加优惠的税收待遇，其中包括所得税、增值税、关税等诸多优惠，而且还享有多种优惠权限及外汇管理等多方面的便利条件。FDI 进入我国，作为一种制度安排，成为转型时期最为突出的一大特点。

长时期内，民营经济作为公有制经济的必要和补充的定位，确定了民营经济的从属地位，在转轨时期的制度安排上受到种种显性或隐性的限制。由于国内高效私人部门投资受到抑制，不能很好地带动经济整体效率长期运转，使得我国制度变迁自发性较弱、效率较低。在这种情况下，追求一种更高效的制度模式，必然要引进一个外在经济部门，以实现对原有低效的制度变迁路径的替代。从某种意义上而言，外商直接投资实际上取代了民营经济在中国制度变迁过程中所应起到的作用和所应扮演的角色。FDI的大量涌入也成为我国迈向市场化经济制度转型所选择的一条特殊道路。

从表5.2中数据可以看出，近年来，外商直接投资对我国制度变迁的贡献逐年加大。1998—2001年，FDI对制度贡献水平整体偏低，但2005—2007年，FDI对制度贡献水平大幅提高，基本达到对各个省域都产生了较强的促进作用。从趋势可以预计，在未来，FDI还将以其特殊的制度安排形式进一步推进我国制度变迁。在制度变迁的过程中，跨国公司以其所有权优势在收益最大化原则的驱动下成为参与制度变迁的重要动力。如果没有外资作为外生力量，任由各社会内部的自生自发力量和秩序在那里生长与发育，一个社会可能会像诺思所说的那样，由于受制度变迁中的“路径依赖”和“锁入效应”的影响，而使演化在很长的时间内处于制度低效状态。

中国在经济转型时期所实施的“抑内惠外”制度安排，对中国制度变迁主体构成特殊的外部性主导优势。这种不同于其他市场化制度变迁进程国家和转轨国家的特殊制度安排，造成了内资部门与外资部门效率差别的人为扩大，进一步提升外商直接投资对制度变迁的带动作用。我国作为后发国，外资在未进入之前，低效率制度安排可能长期存在。旧有行动集团在既得利益下，按照集体行动的逻辑达成一致，使公众对低效、过剩的制度无能为力。FDI作为一种制度安排、外资企业作为一种利益集团进入后，打破了原有的制度均衡，并产生相应的竞争机制。迫使旧有利益集团改革僵化体制，产生有效制度安排，以此促进我国制度变迁。同时，在开放经济中，人们的制度需求远远大于实际的制度供给，这就要求不断进行制度创新。我国作为转型国家，制度的创新机制还不完善，制度的创新伴随着巨大的成本与风险。因此制度供给缓慢，不能满足人们日趋强烈的制度需求。外商直接投资进入后，带来新的成熟制度模式，弥补了制度缺口。

随着外资在优惠政策鼓励下的大量涌入，其影响力进一步加大，成为目前带动并影响我国转型时期制度变迁的有形力量，外资在比重不断增加的同时，作为一种制度安排，直接冲击着我国原有制度体制，影响着我国制度变迁。

5.2.2　FDI 促进我国区域制度变迁特点

5.2.2.1　FDI 在我国各地区呈现不均衡性快速增长

外商最初在我国的直接投资在区域分布上极不均衡，大多集中在东部沿海，投资的地理区域也相对集中。1994—1997 年，实际利用外资金额位于前十位的省市中，广州就占到 29.13%，遥遥领先于其他城市。前三位的省市实际利用外资占到 50.22%，前五位的省市占到 65.3%，前十位之外的省、市、自治区仅占 16.17%。虽然短期内，外商直接投资的区域不均衡状态难以改变，但 1997 年后，中西部省市外商直接投资增量大幅上涨。近年来，江西、河南、广西、重庆、青海、新疆等地区 FDI 增速都达到 20%以上，远远高于 1998—2001 年 10%以下的增速水平。

各地方政府为 FDI 提供优惠政策竞争外资，不仅国家为吸引外资带动我国经济快速发展与打破原有制度格局，出台一系列引资优惠政策，而且各地方政府为争夺外商直接投资有限资源，也纷纷出台一系列优惠条件，使得外商投资企业在直接投资的过程中享受到的优惠条件远远超过国家出台优惠政策与规定的范畴。中国各地方政府随着经济发展步伐的加快，地方权利随之增长，逐渐形成区域性，使中国经济体制呈现出地域分割特性。在这种特征下，各省域间形成竞争局面，一个地区吸引外资数量不仅关系到本地区经济的发展状况与发展潜力，还体现了在省域竞争中是否能具有比较优势，处于不败之地。就地方政府而言，现有的政绩考核体系也将政府官员能否有效吸引外商在本地直接投资纳入考核标准范围内，使得地方政府有很强的动力吸引外商直接投资，发展本地区经济。这也就引发了各地政府对 FDI 的竞争和投资的争夺战，致使招商引资活动在各地区成为想尽一切办法、提供一切便利、出台一系列优惠补充政策的让利竞赛。这种争先恐后的让利竞争在很大程度上吸引了外资在我国各地区的大量涌入，促使FDI更加容易对我国制度等方面产生影响。

各地区对外商提供的优惠条件远远超过国家政策范畴。国家规定生产性外商投资企业可以享受国家所得税“两免三减半”的优惠政策。但是在很多省域都突破了国家优惠幅度，一些更优惠政策层出不穷，包括：“五免五减半”“两免六减半”“七免七减半”“十免十减半”等。对于优惠政策远远超出国家规定范畴，各地也纷纷推出“适应”及“微调”策略与之相呼应，如在缴纳所得税方面，可以先按照国家规定标准缴纳，其后实施将地方政府留成比例部分重新返还给外商投资企业，再或者以外商投资补贴等众多名义将超过地方政府优惠条件征收的税款部分变相返还给企业等。在地方类似于这种超优惠待遇政策层出不穷。除税收优惠外，土地优惠也大大吸引外资向我国各省域大量流入。由于在土地使用方面，过去没有列出相应优惠标准和强制性限制标准，因此，各地政府都尽力将土地优惠政策作为吸引外资流入本地的金字招牌。很多有关资料显示，各城市与省域间为争夺FDI，所报出的外资企业使用土地价格远远超出国家允许范围，并且降价现象不断持续，价格越降越低。相邻省域的竞争不仅促使FDI大量涌入，还使得FDI在我国各省域间呈现区域性的不均衡态势。

除对外商投资进行税收优惠、用地优惠以外，各地区还对外商投资企业实施多方位、全面性的优惠政策，以达到招商引资、提高绩效、带动本地经济发展与制度优化的目的，这些优惠政策包括零地价、送厂房、政府指定银行以一比一甚至一比二的比例配套贷款、优先审批、简化审批手续、为外方投资企业提供便利，安排外方员工家属在当地生活、落户、子女择校入学等一系列优惠措施。表5.3为长三角地区的优惠政策一览表。

表 5.3 长三角地区为外资企业提供优惠政策一览表

地区	所得税税收优惠	土地占用优惠	其他优惠政策
上海	外商投资享受 10%—15%的税率；能源交通设施享受“五免五减”；利润汇出境外免征汇出所得税	先进技术外资企业 3 年免缴土地使用费，第 4 年起按优惠标准缴纳	
无锡	农牧业及不发达地区外资企业在 10 年内减免征收 15%—30%的所得税；技术密集型行业税率按 15%—25%征收；免征地方所得税		
常州	按照 24%的税率（开发区 15%）征收，免征地方所得税，超出国家规定优惠政策所征收的部分先征收后由财政返还	减免土地使用费用与不动产税	利润汇出免征个人所得税
苏州	利润再投资可返还所得税 40%—100%	土地出让根据具体项目实施不同优惠	
南通	免征地方所得税；外商投资基础设施“五免五减”，市属部分所得税纳税后全额返还；注册资本 500 万美元以上企业在纳税优惠期满 5 年内返还市属部分所得税；注册资本 1000 万美元以上企业 10 年内返还市属部分所得税	土地使用优先报批，土地出让费可分期付款，国家鼓励类项目 5 年内缴交土地使用费	注册资金在 500 万美元以上企业长期工作的外方工作人员可办理本人及家属城市居留户口，子女上学给予择校便利
扬州	注册资金 3000 万美元以上按 15%税率征收，且实行“两免三减”；出口型企业与高新技术企业免征地方所得税；技术开发较上年增长 10%以上者，可按技术开发费的 50%抵扣当年所得税	根据项目差异以优惠价提供	水电接入费减半
镇江	所得税优惠期满后 3 年内，由地方财政给予其实缴所得税 50%的资金补贴；高新技术企业和注册资本 1000 万美元以上企业补贴期延长至 5 年	高新技术企业及注册资本 1000 万美元以上企业实行最低保护价供地，土地出让金市属部分可逐年缴纳，农业开发项目使用国有存量土地，免收土地使用费，基础设施投资实行划拨供地	
泰州	鼓励类外商独资企业前 5 年所得税由财政全部返还，6—10 年返还 50%；鼓励类生产性合资企业前 5 年所得税属地方财政收入部分由财政返还 50%	外商投资在一定规模以上者办理土地使用权，出让手续比照基准低价优惠 10%—20%；土地出让金可先缴付 40%，余下 5 年内分期支付	除缴纳国家、省规定的费用外，本市政府自行出台收费项目一律免缴，对于规模大、技术含量高的项目一事一议，给予特殊优惠

续表

地区	所得税税收优惠	土地占用优惠	其他优惠政策
杭州	先进技术企业第6—10年享受财政部门资金支持，额度不超过5年缴纳所得税的50%；允许加速计提折旧；投资旅游、服务和基础设施项目以财政扶持方式免除5年内所得税，6—10年免除50%；利润再投资可返还已缴所得税的30%—100%	投资重大基础设施者5年内免缴土地使用费和土地租金。外商投资兴建研发基地与技术中心者所需土地批租款由财政全额补贴	投资回收期较长的基础设施项目减半征收城建配套费
宁波	注册资金在3000万元以上的企业享受15%的税率。经营期不少于5年的出口性企业和先进技术企业利润用于再投资的可全额退还再投资部分所得税税款		
嘉兴	生产性企业所得税按24%征收，税后利润用于再投资且经营期不少于5年者，除国家规定退还40%所得税外，由财政再返还30%；基础项目投资额500万美元以上，第3—5年所缴纳所得税由财政返还50%；开发区内投资鼓励性项目第3—5年所得税由财政全额返还；从港口码头建设的外资企业且外方投资500万元以上，经营期15年以上者实行“五免五减”，第6—10年企业缴纳所得税由财政返还50%	受让土地按地块征用与配套建设成本价提供，优先供应水电气，可减免或缓缴电力增容费中地方电网建设附加费。发生土地房屋权转让所产生契税，5年内由财政返还	外资企业高级管理人员和专业技术人员及所聘外地本科以上专业人才由政府部门协调解决户口迁入及子女入学问题，免征人口增容费
湖州	外商投资企业第3—5年所得税由财政全额返还，第6—10年所得税返还50%，允许外资企业固定资产加速折旧；高新技术企业以及基础设施投资缴纳的税款中，属地方财政部分返还50%—80%；利润用于再投资者，所得税中地方所得部分由财政再返还30%—100%；农业项目实行“五免五减”，第1—15年上缴所得税，地方部分返还30%；高新技术投资所得税超过15%税率的，由地方先征后返	土地优先供应，投资鼓励类项目5年内免缴土地使用费用，后5年减半。总投资在300万—500万美元者免缴10年土地使用费用，500万美元以上者免缴15年。外商以出让方式获取土地使用权出让金，按投资额减免10%—30%	一切行政事业收费免除或减半征收，所聘用境外职员享受市民待遇
绍兴	所得税按现行税率80%征收，基础设施项目“五免五减”，农业项目优惠期满10年内继续减征15%—30%，享受地方所得税“五免五减”，农业税先征后退。高新技术企业超过15%税率的地方所得部分先征后退，利润再投资者已缴所得税地方部分返还30%—100%	外商投资企业土地使用年限可相应延长。交通基础设施项目投资同等条件下，土地优先出让给外商投资者。投资鼓励项目5年内免缴土地使用费，后5年减半征收	
舟山	允许外资企业加速计提折旧，投资基础项目或农业项目者所得税按15%征收，实行“五免五减”。对各类外商投资项目按固定资产投资额安排一定比例（1%—3%）贴息资金扶持，高新技术项目可在原基础上上浮1—2个百分点	实行土地优先提供，保障外商用地，鼓励类项目投资和基础设施用地5年内免缴土地使用费，后5年减半征收	对各项行政事业收费免除或减半收取，城市基础设施建设配套收费按投资额以标准的5%—20%收取
台州	生产性企业按24%税率征收；基础设施项目按15%征收，“五免五减”；购买国产设备投资的40%可从当年所得税中抵免；免征地方所得税		

各地区引资条件不断完善吸引外资涌入，促进 FDI 带动我国区域制度变迁。一方面，由于中国各地区条件要素水平不断提高，特别是各省域收入水平、生活水平提高引致市场需求量迅速扩大，劳动力教育水平、技术水平高，基础设施条件好，有力拉动了技术含量高的外商投资项目的进入。另一方面，由于对外开放力度的不断加大，信息公开化、透明化程度的加深，以往对中国缺乏了解的跨国公司，随着投资风险的降低和对现实中国各区域空间要素及相关条件认识的深化，不断入驻中国并力图将自身投资规模和范围扩大，这些都为 FDI 在我国各地区的快速扩张提供了条件和基础。外商在我国各省域的直接投资分为三个阶段：第一阶段，FDI 主要看中我国原材料与劳动力成本低廉的优势，在各省域进行技术附加值低、劳动密集型生产活动。在这一阶段，FDI 在各地区进入总量较低、增量较高，对地域投资环境有较大改善，大多数的资源在可转移的企业投资中实现内部转化，但对各省域内部制度变迁影响处于初期阶段。第二阶段，各地区企业所有权优势和内部化优势增强，FDI 进一步快速增长的同时，其比较优势逐渐弱化，与区域内内资企业竞争加剧，此时，外资企业开始倾向于技术含量较高的生产活动，逐渐将先进管理理念和制度创新输入。FDI 在这一阶段存量有一定规模，对所在地区的制度变迁影响增大。第三阶段，外国企业在各省域投资的区位优势逐渐丧失，各地区企业已经具备所有权优势与内部化优势，开始利用外国区位优势的能力大量对外直接投资，制度创新也体现出自主性与自发性特点。目前，我国还处于由第二阶段向第三阶段过渡的时期，在这一时期内，FDI 在大量涌入的基础上，对各省域的制度变迁影响贡献较大，并呈现上升态势。

5.2.2.2　FDI 促进各地区制度变迁机制逐年完善

外商直接投资加快了各省域制度的完善。跨国公司进入我国各省域及地区后，作为市场中新的经济主体促进省域间的竞争日趋激烈，特别是进入各省域的跨国公司作为经济主体具有明显的竞争力。FDI 不仅会使跨国公司在母国的市场力量转移至本地区，而且其国际直接投资本身即可创造和积累更具有创新、广泛的制度变革力量。外商直接投资进入各省域后，一方面以其具有比较优势的治理结构和制度模式、灵活的生产分配方式、先进的管理制度和理念、巧妙的营销技能，带动周边区域的国有企业、集体企业在市场中的经营模式优化，并且以全方位的竞争打破原有计划经济体制下的国有企业垄断市场格局，带动区域内制度变迁；另一方面，外商直接投资的进入促使市场中经济竞争主体增加，促使市场壁垒降低，区域壁垒瓦解。当地方政府以优惠鼓励政策允许外商进入地区市场后，以往限制内商投资，控制私营及个体企业发展成为多余的和不公平的。因此，当 FDI 进入后，使得个体和民营经济与以往相比，获得了更大的发展空间，这主要归结于 FDI 进入促进地方政府制度变迁与优化带来的活力。市场中的经济主体也由最初的国有企业和集体企业，扩展为国有企业、集体企业、外资企业、乡镇和民营企业、个体企业等。在区域制度变迁自我优化和政府促进制度优化的条件下，各地区制度变迁逐年完善。

不同的制度环境会给经济主体带来不同的经济绩效，在经济主体发展的过程中，获取稀缺资源的能力成为决定绩效的又一因素。因此制度环境与技术因素决定着经济主体的绩效水平。同样，经济主体在追求绩效的过程中，存在着更大的动力进行制度创新，在不同区域间形成制度竞争机制。在激烈的竞争模式下，FDI 促进各地区制度变迁机制完善是循序渐进的过程。例如，在最初的制度模式下，区域内的经济主体会极力维持原有制度格局，对制度变迁加以阻碍和排斥，随着制度环境的变化，外资企业进入本地，逐渐产生制度创新，促进该地区制度变迁。原有公有制企业从排斥外商投资企业到利用政府政策和法律法规限制外商直接投资企业的快速发展，逐渐转变为向外资企业学习先进经营模式、制度创新并借鉴其成功经验，改变以往旧有治理结构和组织体系，在区域内广泛延展，逐渐成为符合市场发展需要的微观竞争主体，带动周边地区制度变迁。

FDI 促进制度变迁的区域性特点主要由于跨国公司的区位选择。跨国公司进入某一区域主要关注于当地的宏观经济运行稳定性与政治、政策连贯性、市场准入、市场规模与机制、长期资本投资收益、基础设施建设、人力资源与金融资源等。因此，FDI 在促进制度变迁的过程中，区域性尤为明显，这主要体现为跨国公司往往是在先促进较发达地区的制度优化后，逐渐带动周边地区的制度变迁进程。现实经济中，外商直接投资在中国带动地区制度变迁机制逐渐完善。苏州以优越的制度环境靠外资拉动经济发展、技术进步与制度创新闻名，早在 2005 年的统计数据就显示，苏州在大中城市 GDP 排行榜居第四位，仅次于北京、上海、广州之后，而苏州实际吸引外资规模已超过上海与深圳等大中城市。在外资进入与带动下，苏州城市面貌日新月异、基础设施与各项社会事务、事业日益完备、居民生活水平大幅提高、各行业企业效益与规模大幅攀升，整体制度变迁机制日臻完善。苏州由外资带动在自身制度快速优化的条件下，促使周边长三角地区其他省域也加快制度变迁机制。特别是无锡、杭州与扬州地区新的生产、通信、经营、运输与消费方式逐步形成，原有制度安排发挥效率的基础与条件发生了变化，促使新的经济社会条件做出反应，旧有制度安排得以修正，制度变迁机制完善。

FDI 进入各区域后，随着省域间的要素流动，使得不同区域间的政策、商业惯例、法律、法规之间相互碰撞、相互交融。FDI 进入前的封闭经济在制度的相互博弈与冲撞下逐渐向国际通行的制度靠拢，新的更加有效的并且符合国际惯例的制度模式逐渐在区域间得以建立。例如，取消部分行业市场准入限制、加强知识产权保护，进而改变居民就业结构、就业方式，取消城乡壁垒界限、农村人口迁移模式和社会阶层的重新划分。

5.3 FDI 对制度变迁产生溢出效应

5.3.1 FDI 溢出效应的区域差异

5.3.1.1 FDI 溢出效应的区域性

从表 5.4 对 FDI 在跨区域间的溢出效应研究结果梳理可以看出，总体来看，东部地区 FDI 溢出效应呈现正向趋势并且显著；中部地区 FDI

溢出效应逐渐趋于正向并且显著；西部地区 FDI 溢出效应虽然较弱但整体呈现增强态势，并且显著性逐渐增强。

表 5.4　区域溢出效应研究结果

作者	样本区间	数据	对比区域	相关结论
何洁（2000）	1993—1997 年 28 个省份	省际面板	未越过经济发展门槛的第一组地区和已经越过发展门槛的第二组地区	经济发展水平越高的地区，FDI 正向溢出效应越大
沈坤荣、耿强（2001）	1987—1998 年 29 个省份	省际面板	东部和中部、西部地区	东部溢出效应为正，中西部地区溢出效应较小
潘文卿（2003）	1995—2000 年 30 个省份	省际面板	东部和中西部地区	中部地区溢出效应显著为负，西部不显著为负，东部不显著为正
郑云（2005）	1998—2004 年长江地区、珠江地区各 16 个和 9 个地区	地区面板	长江三角洲和珠江三角洲地区	两地均有较强的 FDI 正向溢出效应，其中长江三角洲的 FDI 溢出效应大于珠江三角洲地区
顾保国（2005）	1987—2004 年 30 个省份	省际面板	东部和中、西部地区	东部地区 FDI 溢出效应显著为正，中西部地区溢出效应较小
刘厚俊、刘正良（2006）	2000—2003 年 30 个省份	省际面板	未过人力资本门槛的地区、中等人力资本的地区、高人力资本地区	高于最低人力资本门槛的区域才能吸收到 FDI 溢出效应
谢建国（2006）	1994—2003 年 29 个省份	省际面板	东部地区和中、西部地区	东部、中部地区 FDI 溢出效应显著为正，但西部溢出效应不明显
严兵（2006）	1998—2003 年 31 个省份	省际面板	东部地区和中、西部地区	东部、中部 FDI 溢出显著，西部不显著
李平、盛丹（2007）	1985—2003 年 29 个省份	省际面板	东部地区和中、西部地区	FDI 溢出在东部较显著，但在中、西部地区较弱

5.3.1.2　FDI 溢出效应的吸收能力

吸收能力理论可以有效解释跨区域内 FDI 溢出效应的差异性。该理论认为一国或一地区具备一定条件后,可以更加迅速有效地吸收 FDI 溢出效应，这些条件包括基础设施、人力资本存量、市场体制、金融市场等因素。有些国家或地区之所以溢出效应为负或者不显著，是由于吸收能力有限，没有达到既定水平。FDI 溢出效应与吸收能力之间存在着一种非线性关系，即当吸收能力未达到某一临界值时，FDI 溢出效应不显著或为负。随着吸收能力的增加并超过这一临界值后，FDI 溢出效应显著且为正，吸收能力越强，溢出效应越大。近几年内，随着我国各省域各因素及条件的快速提升，使得吸收能力加强，并超越临界值“门槛”，从而 FDI 在各地区改变溢出性不显著或负溢出性的特点，使得正向溢出效应逐渐显著。国内外许多学者都通过研究证明了吸收能力“门槛”界限的存在。Borensztein（1995）考察了 FDI 溢出效应的“门槛水平”，在他的研究中认为东道国经济要吸收到正向外资溢出效应，需要在东道国具备充足人力资本存量的条件下发生。何洁（2000）为我国各地区设立经济发展门槛，并将 28 个省份分为两组进行研究，分别为“未跨越经济发展门槛”的地区和“已经跨越经济发展门槛”的地区。研究结果表明，在我国各省工业部门中存在着 FDI 正向溢出效应，在“已经跨越经济发展门槛”地区的溢出效应明显高于“未跨越经济发展门槛”地区。刘厚俊和刘正良（2005）同样将我国各省份划分为“未跨越经济发展门槛”与“跨越经济发展门槛”的两组地区，同时将“跨越经济发展门槛”的地区再次细分为中等人力资本地区与高等人力资本地区，并设立最低人力资本水平。分析结果表明，只有当人力资本水平超越最低人力资本水平时，才会吸收 FDI 溢出效应，中等人力资本水平与高等人力资本水平地区对吸收 FDI 较有利，同时，高人力资本已成为我国各地区吸收 FDI 溢出效应的主要贡献因素。严兵（2006）通过对我国东部、西部和中部地区的研究表明，FDI 的溢出效应存在一个“经济发展门槛”，由于西部地区的发展还暂时处于“经济发展门槛”以下，因此 FDI 呈现负向溢出效应；而我国东部与中部地区由于已经跨越“经济发展门槛”，因此 FDI 呈现正向溢出效应。

外国学者对 FDI 在国际间流动过程中产生的溢出效应与吸收能力做出了很好的解释，我国学者针对我国各省域与各地区间 FDI 正向溢出效应、负向溢出效应与 FDI 溢出效应是否显著、FDI 溢出效应是否具有吸收能力等问题进行了分析与解释。目前，我国在经济转轨的特殊时期，制度也在逐渐变迁的过程中，随着改革开放力度的加大，FDI 大量流入我国的同时，对我国制度变迁起到了重要的影响。FDI 溢出效应所涉及的方面逐渐得到扩展，不仅仅包括普遍被认知的技术溢出，也包括一些先进制度的溢出。FDI 制度溢出与技术溢出同属于溢出效应，二者在某些方面也具有一定的相似性。FDI 制度溢出在我国近年间呈现出了空间性区域性的特点。在不同区域间（本书将我国区域分为发达地区与欠发达地区）的差异性受到制度吸收能力等因素的影响，FDI 制度溢出效应或呈现收敛态势，或呈现发散态势。

5.3.2 FDI 对制度变迁溢出效应显现

外商直接投资制度溢出效应主要是指外资企业以其先进的管理制度、运营模式和对市场的规范机制等比较优势对所在地区及周边地区和本地企业的制度进步所产生的影响。FDI 制度溢出效应也体现了通过跨国公司，将母国先进制度模式向东道国扩散的一种过程，体现了我国制度变迁所具有外部性的特点。近年来，在我国 FDI 对制度的影响呈现溢出性特点，并且溢出性对制度变迁贡献逐年增强，在发达地区呈现收敛态势，在欠发达地区呈现扩张态势。

5.3.2.1 溢出性对制度变迁的贡献逐年递增

在 1998—2001 年间，总体平均贡献率为 1.56；2002—2004 年，总体平均贡献率达到 2.05；到 2005—2007 年，总体平均贡献率达到 2.99；而到了 2007—2009 年，总体平均贡献率达到 3.36。从图 5.1 可以看出，基本每个省域 FDI 都对其制度的变迁起到了一定的促进作用，各省域制度空间溢出效应对制度变迁的贡献率逐年递增。北京、天津、上海、江苏、浙江与安徽省的制度空间溢出效应较强。而内蒙古、陕西、广西、新疆等省的制度空间溢出效应较弱。FDI 制度溢出效果受到多种因素影响，不但包括制度溢出发生机制渠道的畅通程度，还包括东道国各地区的吸收能力强弱。

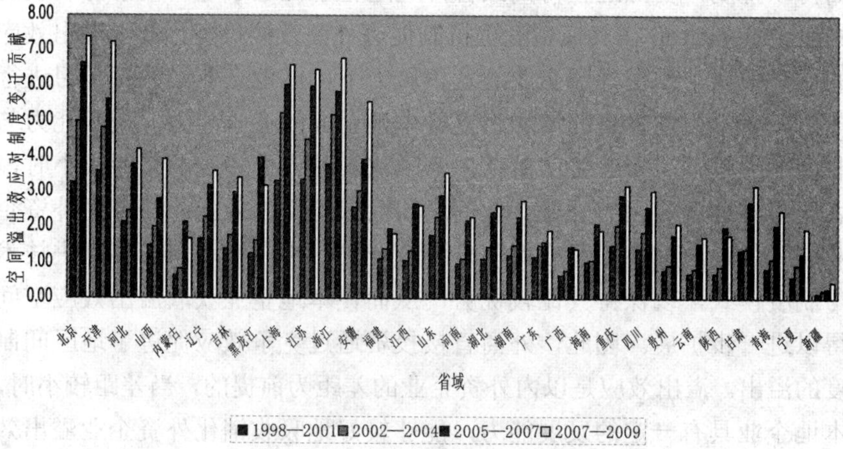

图 5.1　各省域 FDI 制度空间溢出效应对制度变迁的影响

外商直接投资对制度变迁的制度溢出效应发生机制归纳为“行业内溢出效应”“行业间溢出效应”和“由于人员流动造成的溢出效应”。

（1）行业内制度溢出效应机制表现为：示范模仿效应与竞争效应。示范模仿效应主要是指国外企业通过采用现代化的商业运营模式和先进的生产管理制度在行业间起到示范作用，国内周边企业竞相模仿，以提高自身生产效率，从而使得制度产生扩散溢出。外资企业进入东道国后，为当地企业提供学习、效仿的对象，使当地企业接触到先进的制度模式，降低制度改进成本。对于东道国本地企业来讲，采用一种先进的技术和制度模式不外乎通过两种途径，一种为自我创新，另一种为模仿学习。第一种途径所需成本较高，时期较长，风险性较大，很大一部分成本有可能成为沉没成本，但 FDI 的进入使第二种模仿途径成为可能，减少了企业研发与探索所需投入的大量成本，使企业直接通过观摩学习外资先进制度，产生 FDI 制度溢出效应，带动东道国制度变迁。竞争效应是指外商直接投资的进入，以其比较优势给本地区国内企业带来了强劲的竞争压力，本地厂商为了保持原有的市场份额和生存发展机会，竭尽所能采取一切措施改进管理机制，提高运营效率。在东道国具有很强产业壁垒的行业，跨国公司的进入使垄断扭曲得以抑制，资源配置得到改善，通过竞争促进东道国技术与制度的进步。Blomstron 在其模型竞争机制促进外商直接投资行业内溢出效应的探讨中认为：在外资企业的竞争压力下，本地企业必然对学习进行投资，而学习性投资的增加将提升本地企业的竞争能力，技术能力与制度能力越强，企业生产效率提升越快。在内外资企业差距较小时，表现为本地企业因为外资企业的进入而获得溢出效应。随着内外资企业差距的逐渐缩小，又会促使外资企业进一步向东道国转移先进技术与制度模式，以保持其比较优势，从而使本地企业获取溢出效应空间得以进一步扩展。因此，外商直接投资通过竞争效应促进了地区间制度的溢出。溢出效应是以内外资企业的差距为前提的，当差距较小时，本地企业具有一定的发展能力，能够较好地吸收消化外资企业溢出效应。但当内外资企业差距较大时，本地企业能力有限，无法吸收外资企业的技术与制度溢出。例如，在我国欠发达地区，优秀合资企业较少和本地企业发展与吸收能力有限等原因，使得该地区竞争性较弱，很难通过示范效应与竞争效应学习到高效的运营机制与管理制度，也因此整体制度空间溢出效应较小，对制度变迁贡献率较低。但在我国发达地区，FDI 制度溢出效应对制度变迁的贡献率则相对较高。

（2）行业间制度溢出效应机制可分为：后向关联制度溢出效应与前向关联制度溢出效应。跨国公司进入东道国后，在本地区为获得更廉价、更便利、更有效的上游原材料与服务，帮助周边有潜力的供应商改善供应体制，提供先进的运营模式与机制，为供应商的管理和组织提供培训及相关信息和帮助，通过产业间的纵向联系促进东道国企业生产率提高，从而产生溢出效应。根据跨国公司与本地企业在产业链和价值链中所处的位置不同，行业间制度溢出效应机制可分为：后向关联制度溢出效应与前向关联制度溢出效应。后向关联制度溢出效应是指东道国本地企业在向外资企业提供成品生产或制造所需要的原材料、零部件、中间产品和各种服务的过程中，由于本地企业与外资企业生产上的相互联系，促使 FDI 制度溢出的发生。由于本地供应商相对于外资企业可以充分利用廉价的生产要素和其他本地资源，降低生产成本，提高商品价格的竞争力，又可以充分掌握本地产品的市场需求趋势，及时调整生产计划与规模，保证利润最大化，因此，外资企业有意愿与本地供应商建立起非正式却长期稳定的相互关系。这种联系的建立促进后向关联制度溢出效应在本区域间的发生。这种后向关联制度溢出效应联系可以提高生产率，如表 5.5 所示。

表 5.5　FDI 后向关联制度溢出效应的发生机制

后向关联制度溢出效应	发生机制
帮助与辅助作用	为具有潜力的本地供应商提供建设生产性基础设施的帮助
	为改善供应商所提供原材料、零部件等产品的质量或改进供应商的技术水平并促进其创新活动的发生而提供的信息服务与帮助
	帮助、提供或指导本地供应商购买原材料和中间产品
	为供应商企业员工提供组织管理上的培训和帮助
	通过对供应商新客户的挖掘带动其从事多样化经营
强制作用	强制本地企业提高产品质量、实施有效率的运营管理、采取先进的制度模式，以满足跨国公司的要求

前向关联制度溢出效应是指东道国当地企业在向外资企业提供成品市场营销服务、半成品、零部件和原材料加工服务过程中，由于本地企业与外资企业生产上的相互联系，促使 FDI 制度溢出的发生。当外资企业将先进的营销模式引入东道国后，能够促进当地有关市场营销服务的改进与创新性营销模式的诞生。Aitken 和 Harrison 认为由跨国公司产生的前向关联制度溢出效应在大多数行业都十分重要。

外国直接投资进入相关行业后，并不能一定保证关联溢出效应的产生，即使产生溢出效应，也不能保证本地企业能够充分吸收到 FDI 的溢出。前后关联溢出效应的程度取决于市场导向与供应商的吸收能力。通常来讲，当地市场导向的外资企业比出口导向的外资企业与当地企业联系密切，从当地购买原材料、零部件、半成品的意愿更强，产生的溢出效应更大。同时，若内外资企业差距较大，没有能力向外资企业提供合格的投入要素，外资企业必定将要素需求转向母国或满足要求的其他国家，这种情况下，关联制度溢出效应就很难在本地发生。例如，我国一些欠发达地区由于生产资料、基础设施、物流效率等较薄弱，很难形成完备的产业链条，也就使得制度的溢出效应减弱。

（3）由于人员流动造成的制度溢出效应主要表现为：跨国公司为提高在本地分支机构的生产效率，对本地雇员进行技能与管理水平的培训，一旦这些员工离开这些外资企业，进入本地公司或自己开设公司，会将在跨国公司学习的管理与技能在本地区扩散，使本地区受益，从而达到制度的溢出效应。外资企业对当地员工进行培训是形成东道国制度溢出的基础，这些培训包含着不同层次：从对基层操作员工理念、技术、职责等基本培训到监管人员和高层管理者的管理模式、制度创新等培训。这些培训资源以劳动力流动为传播媒介，在未来都会成为促进东道国制度变迁的原动力。这种溢出效应的传导机制最早是由 Irving Gershberg（1983）通过对肯尼亚的案例研究提出，他同时还发现，合资企业会使该种溢出效应得到更为有效的释放。

在我国，FDI 通过人员培训促使制度溢出存在着典型案例。松下电器有限公司与北京大学光华管理学院达成协议，共同培养高级经营人才，在这期间，可以通过对松下在华各企业的调查、研究，将最新管理理念与方法、公司治理模式等重点内容定制为培训与指导方案，选择符合条件的本地员工进行培训。除相应课程外，还包括企业实践，即学习完相应理论后重新回到工作岗位进行实践，使得国内员工充分掌握外资企业先进的管理经验与制度、运营模式，培养多样化人才的同时，通过人才流动，将外资企业优秀的制度带入国内企业，实现 FDI 制度溢出效应。但是，目前我国 FDI 制度溢出存在着两极分化的现象，例如，在发达地区，得到培训的员工在离开外资企业后，大多会选择周边的区域就职或开办公司，以便更好地利用原有资源，很少有员工会进入欠发达地区就职。这使得制度溢出效应在总体贡献率上，欠发达地区不及发达地区。因此要实现 FDI 有效溢出，还应注重人力资源的合理流动。

5.3.2.2　地区制度溢出吸收能力逐渐增强

地区的吸收能力是决定制度溢出的关键因素。外资企业最初进入时，内外资企业制度水平差距较大，可供内资企业模仿学习的先进制度选择集较小，内资企业吸收能力较弱，无法将外资企业制度溢出充分吸收，FDI 制度溢出贡献率较低。由于制度的模仿成本远远小于制度的创新成本，因此随着本地企业对外资企业先进制度模仿与学习的提高，对 FDI 溢出效应吸收能力逐渐增强，可供本地企业选择的先进制度集扩大，外资企业制度溢出效应贡献率加大。本地企业以其后发优势与外资企业实现先进制度的趋同。也就是说，吸收能力的增强，外资溢出效应的贡献率随之提高。制度溢出的吸收能力可以分为三个阶段：

第一阶段为制度识别阶段，是指认识到外界先进的制度模式希望吸收到现有体制内部。在此阶段，各地希望吸收 FDI 的制度溢出，但吸收能力还处于较薄弱水平。由于在获取外界新的制度模式时，需要耗费大量物力与人力，往往这些投入难以客观度量，具有一定的风险性，其中大部分会成为沉没成本，而有些制度溢出是否能被吸收，取决于信息搜集方面的努力和鉴别能力。在大多数情况下，即使 FDI 存在大量的制度溢出，都很难被吸收，溢出效应对制度变迁的贡献水平较低。第一阶段经常被视为一道吸收“门槛”与“瓶颈”，在未跨越“门槛”之前，对 FDI 溢出效应吸收能力较低，使得溢出效应不显著，对各地区制度变迁影响性较小，甚至未起到任何影响。当突破这一“门槛”后，吸收能力将步入第二阶段，吸收能力大幅提高，FDI 溢出效应显著，且促进各地区制度变迁。

第二阶段为制度消化与转化阶段，是指在吸收到外界先进的制度模式后，是否能有效理解与分析，将其转化为适合自身机制的制度模式。换言之，第二阶段可以被称为外界制度内部化处理过程。在此阶段，人力资本是转化的重要因素，人力资源的专业素质与综合业务能力决定着转化效果。由于一项新的制度模式的引入需要对该制度重新定义与组织，使其适合自身的发展条件，同时还需要将原有制度模式与新引进制度模式进行有机融合，并解决适应性及如何解决制度转化过程中出现的新问题等。这一阶段，外资制度溢出逐渐被各地转化利用，溢出效应的贡献率突破最初瓶颈，呈现明显上升趋势。

第三阶段为制度应用阶段，在三个制度溢出吸收阶段中，第三阶段最为重要，决定着先进的制度是否能被运用转化为新生外界制度变迁推动力。当先进有效的制度模式被应用后，当地的发展模式将会改变原有陈旧、落后的制度模式并且打破变迁路径闭锁状态，在大大降低制度创新成本基础上，激发制度创新。在此阶段，FDI 制度溢出吸收能力达到最有效状态，可以充分吸收先进制度模式。制度溢出效应对制度变迁的正向带动作用完全发挥。

在以上的论述中，提到很多学者都对 FDI 进入各地后带来溢出效应的现象予以认可，但对 FDI 溢出效应的贡献程度都有不同的见解，笔者认为 FDI 溢出效应有效带动了各地区制度变迁，FDI 的制度溢出效应整体呈现上涨态势，主要是由于各地区近年来吸收能力快速提高，逐渐突破最初的“门槛”与“瓶颈”，从而促进 FDI 制度溢出，对制度变迁贡献率逐年增强。目前，我国各地区吸收能力差异较大，但整体平均处于第二阶段，即 FDI 溢出效应贡献率逐年增加。在上海、江苏、浙江、北京、天津等吸收能力较强的省份，FDI 溢出效应制度变迁贡献较高，而在新疆、云南、内蒙古等地吸收能力较弱，贡献率较低。同时，从图 5.1 中可以看出，我国各省份的制度变迁贡献率增长都较迅速，表明对制度溢出的消化与转化逐步加快，适应自身发展特点的同时并与自身制度模式逐渐进行有机融合。未来 FDI 作为一种制度安排，将充分取代民营经济在我国制度变迁过程中所应扮演的角色，通过制度溢出途径影响并带动我国制度变迁步入有效良性循环。

5.3.3 不同地区溢出性发展趋势

发达地区溢出性呈现收敛态势，欠发达地区溢出性呈现扩张态势。省域间溢出贡献增长速度存在差异，在发达地区如：北京、上海、江苏、浙江等制度空间溢出贡献率较高，但增长率呈现收敛态势，这表明我国发达地区与发达国家的制度模式逐渐趋同，溢出效果逐渐减弱。

在欠发达地区，制度空间溢出贡献水平较低，但贡献增长率呈现扩张态势，特别是在 2005—2009 年，甘肃、青海、河南、贵州等地区的制度空间溢出效应贡献增长率大幅上扬，说明我国欠发达地区利用制度后发优势，正在不断加大学习、效仿和借鉴发达国家的先进制度和管理经验的步伐，通过 FDI 的溢出性不断受益，促进着本地区的发展。

5.3.3.1 发达地区溢出性呈现收敛态势

从表 5.6 中可以看出，北京、上海、江苏与浙江这些发达地区的溢出性增长率呈收敛趋势，特别是上海与北京的增长率收敛较明显。发达地区引资起步较早，吸引外资法律、法规逐渐健全，政府也十分重视利用外资带动本地区经济发展与制度变革优化，促使外资溢出机制逐步完善，溢出效应较明显。但是初期，由于发达地区与其周边地区无论在投资环境、经济发展、吸收能力还是制度模式方面都存在较大差异，使得向周边地区产生的 FDI 制度空间溢出性并不明显。随着周边地区吸收外资能力的逐渐增强，外商直接投资环境得到改善，周边地区制度模式逐渐向中心地区靠拢、趋同，发达地区与其周边地区利用外资效率与 FDI 溢出效应都进入一个快速增强与发展的时期。这也使得发达地区对其周边地区的空间溢出效应呈现收敛态势。例如，在江苏、浙江与上海这些发达地区，外资进入后产生的溢出效应使得该地区与其周边地区产生区域经济、制度联动，不同生产方式与制度模式在各地区之间相互转移、相互连接并形成经济圈，在经济圈内制度模式逐渐趋同，FDI 空间制度溢出性收敛。

表 5.6 空间溢出效应对制度变迁贡献及增长率

	1998—2001 年	2002—2004 年		2005—2007 年		2007—2009 年	
发达地区	空间溢出效应对制度变迁贡献	溢出贡献	增长率	溢出贡献	增长率	溢出贡献	增长率
北京	3.27	5.02	53.52%	6.66	32.67%	7.37	10.66%
上海	3.31	5.25	58.61%	6.02	14.67%	6.58	9.30%
江苏	3.36	4.47	33.04%	5.98	33.78%	6.46	8.03%
浙江	3.80	5.21	37.11%	5.87	12.67%	6.67	13.63%

发达地区与其周边地区产生的FDI空间制度溢出趋同主要是由于：第一，发达地区在 FDI 先进模式与运营方式的影响下快速发展，需要外部资源的支持，从周边地区吸引劳动力资源和生产资源。其有动力通过技术转让、区域贸易、区域投资改善供应状况，培育相关产业链条的发展，将自身学习与吸取到的外资先进制度模式溢出到周边地区，产生空间制度溢出性的趋同。第二，由于区域动态比较优势的变化，一些产业逐渐更新换代，不再适宜吸引高新技术外资与跨国公司的入驻，因而外溢到周边成本较低具有比较优势的地区，可以有效带动这些地区的发展，提高周边地区承接能力与制度水平。外资与跨国公司在上海、江苏与浙江地区的不断入驻，促使该地区与周边地区建立起政府职能部门对口交流与推进落实的工作机制，如今三省市的科技、市政、工商、教育、陆上运输管理等部门都建立起联席会议或联络制度，加强沟通协商，促进制度及时优化与经济的快速发展。特别是在构筑区域大交通、区域信息资源共享方面取得重大进展，先后衔接了 8 条高速公路、1 条铁路建设辐射周边地区；不断明确信息合作切入点，形成电子政务信息资源共享，并启动了交通“一卡通”互通工程，加快推进区域内部与周边地区定位导航模式研究和区域社会诚信体系建设。种种措施不但促进了发达地区本区域内部政府职能与制度模式的进步，还带动周边区域制度优化与完善，特别使得周边区域制度模式与该区域趋同态势显现。

5.3.3.2　欠发达地区溢出性呈现扩张态势

欠发达地区 FDI 溢出水平近年来增长较快，核密度函数中心不断向右移动。但在欠发达地区，各省域核密度函数中，数值变化水平范围逐渐扩大，FDI 溢出水平呈现发散趋势。1998—2009 年，核密度函数峰值不断下降，厚尾特征不断显现。欠发达地区核密度函数分布图（见图 5.2）的单峰特点主要是由于剔除了发达地区溢出效应水平的影响因素。欠发达地区 FDI 溢出水平具有发散特点，在我国欠发达地区特别是中西部地区的 FDI 制度溢出都逐渐表现出各自的特性。例如，山西、安徽、山东、河北等地区的 FDI 制度溢出效应近几年来增长较迅速。但在部分欠发达地区，例如，新疆、陕西、广西等地区的 FDI

制度溢出却相对较缓慢，使得欠发达地区的制度溢出效应差异逐渐增大。

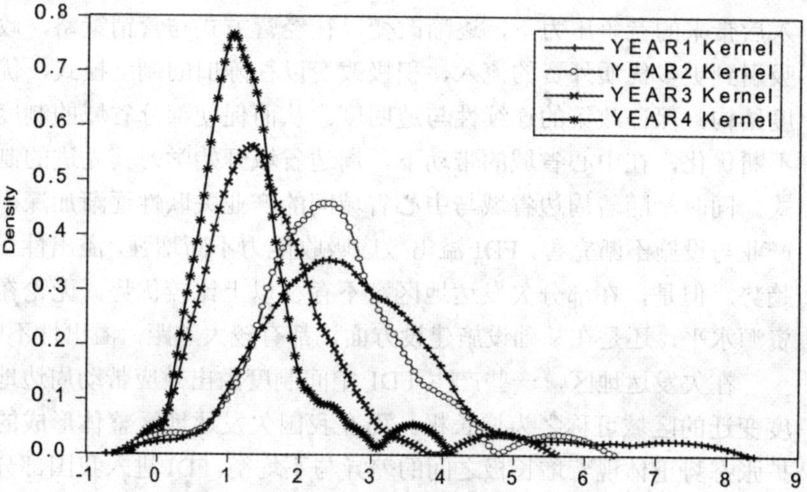

图 5.2　欠发达地区溢出性趋势核密度函数[①]

Barro 和 Sala-i-Martin 在对外商直接投资研究的过程中曾经提出，FDI 溢出效应对推动东道国地区先进技术、知识与制度的作用显得尤为突出，FDI 通过促进东道国地区企业对先进知识、技术、制度与管理经验的学习，加速溢出效应的发生，从而提高落后与欠发达地区赶超发达地区溢出效应的增长速度。我国现阶段欠发达地区溢出性的扩张态势表现出部分欠发达地区发挥出巨大的赶超潜力和不断提高的吸收能力，而还有部分欠发达地区还未具备 FDI 制度溢出的吸收能力，赶超动力还不充分。因此，使得整体欠发达地区间溢出效应的差距不断拉大，溢出性呈现扩张态势。

改革开放初期，内陆地区在外资区位选择劣势的情况下，无法吸引到优质的外商来本地进行投资，在此阶段，欠发达地区的 FDI 溢出

① 1998—2001 年为 YEAR4；2002—2004 年为 YEAR3；2005—2007 年为 YEAR2；2008—2009 年为 YEAR1。

效应很小，几乎不存在，但随着经济的快速发展，交通的便利和基础设施的完善，在劳动力成本低廉的优势下，内陆省域这些欠发达地区逐渐吸引到大量的优质外资来本地建厂投资。本地企业在外资企业进入后带来的竞争压力下，逐渐改变以往经营方式与营销策略，政府为吸引到更多优质外资的流入，积极改变以往陈旧的制度模式，优化制度结构，保证政策的连续性与透明度。从而促使部分省域的制度变迁不断优化，在中心省域的带动下，周边省域开始学习其先进的制度模式。同时，随着周边省域与中心省域间的产业关联性逐渐加深，配套产业与设施不断完善，FDI 溢出效应吸收能力不断增强，溢出性呈递增趋势。但是，在部分欠发达地区，不存在以上比较优势，无论在人力资源水平，还是在基础设施建设方面，都有较大差距，溢出性不明显。

在欠发达地区，一些产生 FDI 空间制度溢出效应带动周边地区制度变迁的区域可称之为增长极。而在我国欠发达地区整体形成的溢出扩张态势正体现着增长极之间的差异与不均衡。FDI 进入我国部分欠发达地区后，以其先进的制度模式带动该地区技术进步、制度优化、交通与通信的便捷、基础设施的完善和资本的集聚，使这些地区成为带动周边欠发达地区的增长极。这些条件的结合，使得增长极对先进制度的吸收和溢出有着自身比较优势。增长极对周边地区的溢出带动能力存在极大的差距，外资进入后，由于该地区的溢出效应较弱，空间溢出性不明显，周边地区不具备梯度承接性，使得 FDI 很难产生空间制度溢出效应。因此增长极大多集中在东部沿海地区，而中部与西部内陆地区的增长极密度相对较低。增长极之间吸收能力、基础设施水平、政策导向与制度初始条件等的差异和增长极在地域间分布的不均衡共同形成在欠发达地区不同省域间的 FDI 溢出效应差异呈现不断发散趋势。

5.3.3.3　我国地区整体溢出性呈现扩张态势

虽然发达地区的省域间溢出贡献增长速度逐渐放缓，欠发达地区省域间溢出贡献增长速度近年来增长较快，但是就整体而言，发达地区与欠发达地区的溢出效应差异总体呈扩大趋势，东部沿海与中西部内陆地区的 FDI 溢出效应呈现出不均衡态势。从图 5.3 中可以看出，在

1998—2001 年，各地区 FDI 溢出水平差异相对较小，中等及欠发达地区的溢出性水平主要集中在第一个波峰均值附近，发达地区溢出性水平也相对集中于第二个小波峰的均值附近，整体水平值相对集中，方差较小。这表明此时的 FDI 溢出水平具有双峰特性，并以两个峰值中轴分大小两类收敛，其中第一个较高波峰的中轴收敛表现为欠发达地区 FDI 溢出效应的分布特点，第二个较小波峰的中轴收敛表现为发达地区 FDI 溢出效应的分布特点。随着时间不断推移，核密度函数的双峰特性并未改变，且中心轴不断向右移动，峰值由大变小，FDI 溢出水平变化区间逐渐扩大。意味着均值不断增大的同时，FDI 溢出水平密度分布更加发散。

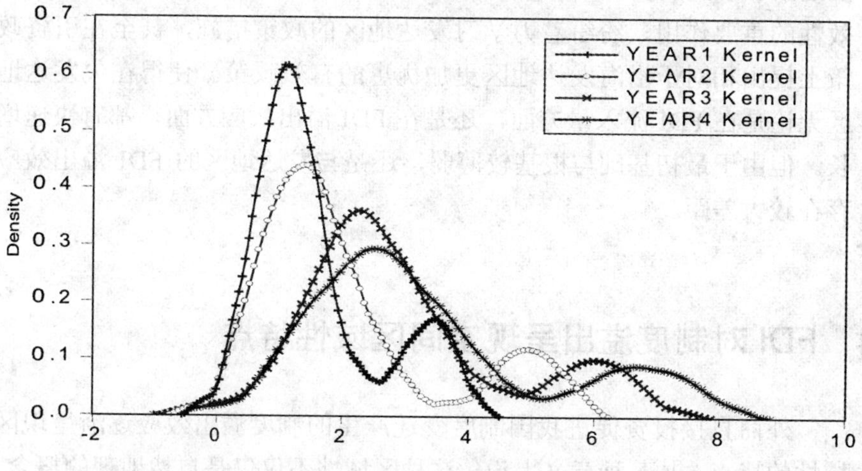

图 5.3 整体地区溢出性趋势核密度函数[①]

我国作为一个由计划经济向市场经济转型的国家，大量 FDI 的流入为促进我国区域间制度溢出与扩散起到了重要的推动作用。同时，FDI 在我国进入全面发展这一时期，也是我国区域间 FDI 制度溢出差距逐渐扩大的阶段。由于我国各地区对 FDI 开放程度、FDI 流入规模、

① 1998—2001 年为 YEAR1；2002—2004 年为 YEAR2；2005—2007 年为 YEAR3；2008—2009 年为 YEAR4。

FDI溢出效应的吸收能力与FDI溢出效应发生机制效率存在较大差距，使得核密度函数在双峰特点下呈现发散特点，即发达地区与欠发达地区分别以大小两类均值收敛的情况下，FDI溢出水平逐年差距拉大。首先，对外开放较早的东部沿海地区吸收了将近80%的FDI流量，而中西部地区仅吸收了不到20%的FDI流量，特别是西部各省吸引的外资流量还不到全国总量的5%。其次，中西部地区的吸收能力与东部沿海发达地区之间的差异也成为近年来FDI溢出效应水平差距拉大的又一重要原因。人力资源的差距、配套设施完善水平的差异都使得中、西部地区很难充分吸收到FDI溢出效应。最后，地区优惠政策对拉开发达地区与欠发达地区间的溢出效应具有重要影响。近年来，欠发达地区逐渐认识到引资政策有效性对吸引FDI流入和提高FDI溢出效应有效性的重要作用，纷纷着力学习发达地区的政策措施，甚至在引资政策上提出相对于沿海发达地区更加优惠的有效政策。使得在欠发达地区无论是在FDI流入量方面，还是在FDI溢出效应方面，都有快速增长。但由于最初基础与根基较薄弱，还是与发达地区的FDI溢出效应存在较大差距。

5.4 FDI对制度溢出呈现空间区域性特点

外商直接投资促进我国制度变迁产生的制度溢出效应逐渐呈现区域性的特点。从某种意义上说，这种区域性不仅仅是自然地理的概念，还体现了人类活动在空间上的相互联系。人类活动的联系会使得制度变迁从一个区域向另一个区域转移，从而产生制度在一定范围内的溢出效应，在相近区域内，人类活动可以更快推动这种联系的演进和结构化，最终使这种结构得到稳定，从而产生制度溢出的区域性特点。

5.4.1 我国各省份的溢出效应呈现区域性

随着FDI对我国各省域间制度变迁的促进作用不断加强，制度溢出的空间性与区域性也逐渐显现。分析表 5.2 中的数据，可以根据空间溢出性将省域进行划分：北京、天津；河北、山西、山东；辽宁、吉林、黑龙江；上海、江苏、浙江、安徽；福建、江西；河南、湖北、湖南、广东；重庆、四川；贵州、云南、广西；陕西、内蒙古；甘肃、青海、宁夏；新疆。

我国的制度外溢效应呈现聚集性、区域性的特点。制度溢出区域性主要分为以下几大块：东北部经济圈、环渤海经济圈、沿海经济圈、长江流域经济圈、黄河流域经济圈、内地经济圈和由广东向内地延伸经济圈。地区性制度溢出效应成聚集和梯次过渡趋势，并且总体呈现由沿海向内地、由南部向北部、由东部向西部的制度溢出扩散。制度外溢效应往往为构成各地区制度发展差距的主要原因之一。制度在一定区域内的溢出并逐渐集中，造成一个区域与其他区域间制度水平不均衡。制度溢出的最初区域体现在东南沿海，不但是由于此区域内是中国工业的发祥地，拥有完善的产业链条，还由于其优越的地理位置、便捷的交通、优良的港口、快捷的信息和政策优势，使得此区域在吸引大量 FDI 的同时，产生对制度变迁的影响与区域溢出效应。随着经济的发展，中西部地区以其拥有的丰富自然资源和廉价的劳动力资源成为吸引 FDI 进入的优势禀赋，并带动地域制度变迁产生制度溢出区域性特征。因此，制度溢出的特点在小范围内形成区域圈的基础上，制度的溢出也逐渐由东南沿海向中西部地区呈“梯度推进”。

制度溢出的区域性是微观层次上空间制度接近效应。具有经济发展与制度水平相似性的省域内制度变迁主体的行为产生集聚力，随着相邻地区溢出效应的加强，省域间的制度联系和制度在区域间的循环积累增加，这使得 FDI 促进制度溢出在经济活动系统内部呈现空间区域性。溢出性的扩散力决定制度在空间范围内不断扩张，集聚力促使溢出性制度在空间范围内不断收缩，并在区域内部实现制度水平不断自我强化。当集聚力超过分散力时，制度在相邻区位内的趋近优势明显，均衡被打破，制度溢出从边缘向核心趋近；当分散力超过集聚力时，均衡同样被打破，制度溢出由中心向外围扩展，形成圈层结构。这种由均衡分布结构演变为非均衡分布结构在相互交错中进行，最终形成制度溢出区域圈的空间模式。

不同制度溢出区域圈之间会有一定的差异，这主要是由“路径依赖”原因产生的。FDI 区位选择在各地的因素不同，形成最初进入时的较大差异。FDI 带来的制度变迁及制度在空间的溢出有自身的发展路径。不同区域间制度的溢出在较长的历史过程中，各种制度变迁在原有经济活动下已经适应这种模式和路径，在未来的制度变迁过程中具有“路径依赖”效应，单靠经济系统内生力量很难改变原有状态。若要改变这种制度路径与模式需要付出较大成本，当制度变迁收益大于成本时，则不易发生。要改变不同制度溢出区域圈之间的差异，除内生力量外，还需要外部的冲击力大于内部的约束力。包括出台一系列政策促进区域间 FDI 制度溢出圈间缩小制度差距，若出台的政策力度小，也无法打破现有均衡的格局。同时，由于“路径依赖”的存在，区域圈之间制度短期内相对稳定。1990 年后，我国政府主导 FDI 资本、技术、先进管理理念等资源重点流向西部，促进西部制度水平与发展模式提升，但由于政策力度小，改变甚微。西部大开发上升为战略高度后，FDI 流动资本、劳动力、发展资源快速向西部汇聚，东部 FDI 制度溢出区域圈不再扩大，西部投资环境大幅改善，FDI 流入迅速，对制度变迁贡献率与东部日趋接近，制度溢出区域圈差异逐渐缩小。

5.4.2 FDI 促进制度变迁溢出效应呈现区域性特点的原因

1. 经济发展因素

在经济全球化的大背景下，相邻省域间经济的快速发展带来人类活动增加，一个地区经济的快速发展必然会带动相邻地区发展，形成经济的相互联系，产生一定程度的辐射作用，推动该区域网内部经济发展的良性循环。例如，广东地区经济在快速发展的同时，外资进入后，市场化制度不断完善。近年来，广州地区社会自组织系统以高效的管理模式和开放姿态逐渐开始向内地扩散，内地省域积极吸纳优秀的管理与经营理念，并逐渐形成具有竞争和创新内涵的市场意识，开始努力通过与广州地区劳动力和市场交易活动获得并积累制度经验。

尝到制度优化对生产效率及市场经济带来好处的社会成员，逐渐支持和拥护这种新的制度安排，这种制度模式被内地地区所了解并模仿，演变成一种新的社会制度向周边省域溢出。在其他区域市场化程度高的省域必然会对其邻近省域的市场化进程存在制度溢出。

同时，区域内部生产资料与生活资料需求快速增长吸引着 FDI 的进入。在经济发展较快、“发展段差”较小的区域内，FDI 更容易进入该区域，产生溢出效应；相反，“发展段差”较大的区域内，就会影响或阻碍 FDI 进入，形成壁垒。Park（2002）在其研究中强调经济发展阶段对 FDI 溢出效应的决定因素。不同区域的经济发展水平不同，外资溢出效应程度也有所不同，从而形成溢出效应区域性特点。由于外资企业拥有先进的信息管理和组织技巧，注重培育忠诚品牌的能力和知识产权保护，有效控制信息成本、合同风险，倾向于具有潜力的销售市场。因此在经济发展迅速、市场需求旺盛且相似的省域间更加容易形成制度溢出区域圈。

随着经济的快速发展，基础设施逐渐完善，成为提高制度溢出质量与规模、促进跨省域流动形成区域圈的重要因素。基础设施为外商直接投资企业所在区域形成溢出效应提供必不可少的物质条件，是外资在省域间流动重要的考虑条件，决定 FDI 进入该区域后是否能充分发挥绩效并有效产生制度溢出效应。相邻区域内的基础设施逐渐完备，使得该区域人流、物流、信息流的载体容量增加，一个区域范围内的基础设施都具有正向关联性，整体功能逐渐增强，必然使得区域内 FDI 制度溢出辐射能力提高。

2. 成本因素

影响 FDI 制度溢出效应的成本因素不仅包括物流成本与要素流通成本，还包括企业及省域间信息交流所需要的成本。FDI 溢出效应在各省域间发生，物流成本与流通渠道便利性成为重要条件。FDI 制度溢出效应的发生机制不外乎是通过竞争效应、模仿效应、人员流动效应与关联效应在区域间辐射展开。首先，通过竞争效应促使制度溢出时，就需要外资企业先进技术为本地企业带来竞争压力，在市场机制的优胜劣汰下，迫使本地企业奋起直追。外资企业看重本区域内的市场需求扩大生产，抢占市场份额，在商品流通成本低的区域内，外资企业产品更加容易运输到相邻地区，作为本地区的内资企业看到外资企业通过竞争抢占自己原有的市场份额，必然会通过模仿效应吸取外资企业优秀的管理经验和运营模式，学习仿照外资企业的先进制度模式，促进 FDI 溢出效应影响并带动省域间制度变迁；相反，在流通成本较高及信息交流成本较高的省域间，外资企业与本地企业很难形成竞争关系，本地企业也没有动力和便利条件学习仿照外资企业先进技术与制度，很难将 FDI 制度溢出效应传播到省域间形成溢出经济圈，从而也就不存在区域性特点。

在人员流动与关联效应下，成本因素显得更加重要。人员在外资企业与内资企业之间的流动促使 FDI 制度溢出效应以人力资本这一媒介形式在区域间传播。人员的流动离不开物流成本与流动便利等条件，内外资企业人员间的信息沟通、交流同样依靠信息流通成本。一般而言，文化相通、习俗接近、信息流通较充分、政府间沟通渠道较畅通的地区内部有助于 FDI 制度溢出在该地区的扩散。若在两地区内产业关联性较低且物流成本较高的环境下，很难有效促进 FDI 溢出效应发生。目前，随着物流的便利性提高、成本的降低，FDI 制度溢出效应更加容易在相邻省域内发生，通信条件大大改善，减少了企业间沟通经营成本，溢出的辐射范围不断扩大并形成一定区域内的制度溢出圈，使得 FDI 促进制度变迁，溢出效应呈现区域性特点。

3. 人力资本因素

在地区内人力资本普遍受教育水平较高的条件下，有利于 FDI 制度溢出在该区域的扩散。高水平的人力资本可以促进外资企业与本地企业的文化融合，形成良好的人文环境即保留并发展有利于社会进步所需要的价值观、道德准则、风俗习惯、礼仪规范，保持社会稳定，使人们更加容易理解不同文化背景，容忍不同文化的模式差异并减少文化冲突，增强该地区接受新制度、新思想、新文化、新行为、新方法、新技术的能力，充分吸收 FDI 制度溢出。近年来，人们文化水平与受教育水平大幅提升，特别是在一些发达地区，积聚着大批高素质、高水平的国际型人力资源。这些人才中，很大一部分不仅熟练掌握异国语言，还对西方文化有着充分了解与接受能力。对于外资企业先进制度的掌握与学习障碍性较低。例如，在上海、苏州、浙江及周边省市不乏这样的大量人才，促进着 FDI 先进制度模式在类似这些区域圈内快速传播。

人力资本的流动也造成了不同制度区域圈的差异与两级分化。人力资本的结构影响着 FDI 促进制度变迁溢出效应的区域性特点。例如，上海、江苏、浙江长三角地区迁入人力资本与迁出人力资本的文化层次呈两极分化，迁入者文化层次都高于迁出者，但在青海、甘肃、宁夏等中西部地区迁入人力资本的中等文化层次比重较大，迁出人力资本中高文化层次居多。这反映了不同制度溢出区域圈的差异。人力资本在 FDI 制度溢出过程中起到非常关键的作用，在人力资本的流动区域化趋势下，带动了 FDI 制度溢出呈现出不同制度水平区域圈的形成。

4. 聚集效应

制度溢出效应呈现区域性特点的重要原因为聚集效应。其中产业聚集最为突出，表现为相同产业集中在某一特定区域的产业及产业链的成长现象，如一些产业相关公司、专业化供应商、服务提供商与相关机构和部门（学校、研究所、认证机构、贸易公司、相关协会等）在某一区域中产业的集中，形成一种产业间相互联系又相互竞争的效应。聚集效应的形成，使得 FDI 促进制度变迁溢出效应在省域间形成区域性特点，并呈现明显的空间集聚趋向。外商直接投资进入带来制度创新和先进的技术、知识、充裕的资金，在聚集效应的促进下，这些要素更为迅速地在区域内流动和扩散。产业聚集带动形成相关产业内部的可共享劳动力市场，在这个市场中，雇主可以很容易找到企业所需要的具有特殊技能的劳动力，与此同时，劳动力也可以很容易找到与之相适应的企业。人力资源以制度溢出传播媒介的形式在一定省域内充分流动，形成制度溢出效应的区域性特点。同时，产业聚集使一定范围内形成更加专业化的投入和服务，相关行业在同一区域内迅速成长，降低了制度空间溢出性成本，区域内的知识和信息流动性增强，进一步带动制度在省域内溢出，形成区域性特点。

当出现聚集区时，可流动要素由于在聚集区内可以得到集聚租金，将快速向聚集区汇聚。外商的直接投资使得在同一产业链条上的供应商和客户不断向聚集区汇集，制度相互影响，一旦此地区的产业与FDI形成规模，市场、金融、法制、投资环境都会得到相应的改善。同时也会进一步促进制度环境的优化并带动当地内资企业的发展。例如，重庆地区通过与多个国际知名跨国公司合作，具备了汽车、摩托车工业产业链条，并将先进的生产管理模式向四川周边城市溢出，形成了具有比较优势的经济圈。福建凭借其廉价的劳动力优势吸引了多国外商直接投资，形成了加工贸易集群，带动了周边地区如江西上下游企业聚集与竞相效仿。上海周边跨国公司与高科技合资企业聚集，信息电子产业化比较优势明显，也是先进的管理机制、高效的生产制度溢出密集区，带动了周边省域江苏、浙江、安徽地区高新电子产业的发展，形成外资聚集和产业集群的核心地区。

5. 政策因素

各地政府作为经济发展的引导者，出台一系列政策促进FDI的制度溢出，不但力求改变原有僵化、陈旧的制度体制，进行市场化导向的改革，还在相邻地区政府间晋升绩效的激励下，相互学习，共同促进，产生区域性的制度溢出。由于相邻省域间为吸引外资相互竞争，相继出台一系列优惠政策促进FDI在本地区发展，带动本地区经济及制度优化，这使得外资在此区域内呈现制度溢出，呈现从一个省域向周边省域蔓延的梯次转移的特征，并成为制度溢出经济圈。就如上海地方政府积极改进制度，出台一系列政策吸引外资，积极进行招商引资竞争。引资政策包括突破性的改进用地制度，实行批次供给，增加年度建设用地指标，降低企业成本，为外商投资企业提供便利。看到上海招商引资竞争成果，无论是新兴产业，还是传统产业，都吸收大量外商直接投资资本，呈现“拦截大小资本，一网打尽”之势。江苏与浙江不甘示弱，纷纷做出政策回应，相继出台本省的招商引资策略。首先，苏州制定了沿江开发战略“力求在外商投资成本上与上海不构成落差”，2007年将长江沿线张家港等地区共1400平方千米打造为经济带，着力吸引外资。其次，浙江也开始大力招商引资，着力解决外资这块“短板”，宁波与杭州实施“北接上海，东引台资”战略，在杭州湾经济开发带动下，使出浑身解数，大力吸引外商直接投资。江苏、浙江在与上海招商引资竞争战略的刺激下，FDI 增长快速爆发，势头直追上海。

在外资使用土地价格方面，上海“173”计划（降低成本，吸引外资，带动制造业回流）出台后，浙江立刻出台了相应竞争策略计划，即“对开发区的用地，按照现行标准的 50%计算耕地开垦费用、耕地占用税、土地出让契税和地方提取的土地出让金”，在优惠政策指导下，原有外资企业土地用地从最初的每亩（约 666.6 平方米）地价 30 万元降低为 10 万元，政府每亩土地就要对外资企业补贴 20 万元。而苏州地区为外资企业提供的优惠用地低价为 20 万元每亩、昆山提供地价为 15 万元每亩。此后，各地为外资优惠的用地政策如火如荼般展开。例如，吴江、宁波、杭州等地的地价降到 5 万元每亩的水平，无锡则降至 2—3 万元每亩的水平，甚至有些地区打出免收土地租让金，地方财政补贴水电增容费一系列用地、用电等优惠政策鼓励外资涌入各地区。之后，新一轮的优惠又被掀起。例如，苏州与昆山将低价由最初的 20 万元每亩、15 万元每亩再降为 15 万元每亩、10 万元每亩，其他城市进一步优惠政策不一而足。相邻地区由于相互的优惠政策竞争，在为 FDI 溢出效应提供便利的条件下，使得区域内政策具有一定的相似性。外资在该区域聚集的同时，FDI 促进制度变迁溢出效应呈现区域性特点。

第6章

相关问题与政策建议

6.1 完善FDI促进中国制度变迁机制

外商直接投资进入以来，以其特有方式影响我国各方面制度的不断转变，促进制度变迁。但是，不可否认，我国作为转型大国，无论是在市场环境方面，还是在投资环境方面，都存在着自身缺陷，这使得 FDI 促进我国制度变迁机制运行的有效性大大降低。例如，市场中交易产权不明确、市场关联性企业匮乏、地方保护与审核性政策不健全等都成为影响 FDI 传导机制顺利运行的障碍。同时，在 FDI 促进我国制度变迁过程中，产生溢出效应实现方面，我国整体劳动力素质、国内外企业差距、产业集群的分散、区域发展不均衡等都成为我国不能很好吸收 FDI 溢出的显著问题。在进一步利用外资，充分发挥其有效性过程中，以上问题都是我们应当重视并着重解决的。当然，吸取其他国家利用外资的经验，可以为中国提供有益的比较与借鉴，但是这也要求立足我国基本国情，选择适应转型时期特殊要求的合理模式，实现自我完善与创新。

6.1.1　健全国内制度环境

外资经济作为中国市场经济的重要组成成分，其发展与壮大需要建立与市场经济相适应的产权制度环境。建立健全的产权制度不仅可以有效保护国有和民营企业的合法权益，还可以促进外资经济在我国的顺利有序发展，并充分发挥 FDI 的带动作用，加快我国制度变迁进程。

（1）要健全产权制度，就需要积极构建与社会主义市场经济体制相适应的产权法律体系。在早年的经济发展中，社会主义建设存在对整体认识的局限，从而对私有财产保护在宪法中一直没有体现。改革开放后，随着对社会主义建设概念理解的不断加深，私有财产权利保护在宪法中的重要性逐渐得到认识与体现。2004 年通过的宪法修正案对保护私有财产进一步明确规定“公民的合法私有财产不受侵犯”，同时“国家鼓励、支持和引导非公有制经济的发展，并对非公有制经济依法进行监督和管理”。这些宪法规定条目体现了国家对私有财产保护力度的提升和对私营经济地位、市场经济体制的进一步肯定。这些改变保障了外资企业在中国市场发展的信心，为中国未来法律体系的建设奠定了基础。这些条文规定的落实与实施应当以现实经济为基础在实践中摸索改进，并依照此原则指导私营企业税收、金融领域相关法律法规的制定，使得以完善的法律体制与制度环境保护，促进 FDI 充分发挥其积极作用。在原有私有财产保护相应法律法规的基础上，应当细化其中涉及的条款，构建一个完善的产权保护体制框架。

（2）完善知识产权保护体制，加快外资企业与内资企业的创新步伐。我国政府充分认识到知识产权保护逐渐成为鼓励创新的前提，已将其提升为国家战略。成熟的知识产权保护体制的建立，不但可以鼓励内资企业自主创新，还可以有效促使外资企业将母国的优秀管理、运营经验与先进技术引入我国，加快技术更新换代的周期。当外国投资者考虑对我国进行直接投资时，势必会考虑对知识产权保护的力度是否到位，特别是对一些技术含量高的产品和技术。

如果当地知识产权保护力度很低，竞争者可以在不受到法律制裁的条件下轻易复制、仿制产品或技术，投资者将会受到巨大的经济损失和风险，那么投资者将不会选择来本地进行投资办厂，当然也就更无法发挥 FDI 的正向溢出效应。

在知识产权保护力度较弱的地区，跨国公司为保护自身技术与先进制度不被轻易仿制，抱有审慎态度，往往以独资企业的方式对外直接投资，并对独资企业采取统一、严格的保护措施保护企业知识产权，防止泄密和被他人侵犯。在这种情况下，很难通过效仿机制与流动机制在本地产生 FDI 溢出效应，也就无法使得 FDI 有效促进我国制度变迁机制的发生。而在知识产权力度高的地区，就会消除投资者的风险和种种疑虑，与当地企业签订许可使用合同，并通过参股、合资经营等多种形式，有效引导外资企业拥有的比较优势顺利、有效流入本地，促进 FDI 溢出效应的发生，带动 FDI 加快我国制度变迁进程。

6.1.2 增强外资企业与国内发展的关联性

外资企业和国内经济发展与国内企业的关联性影响着 FDI 对我国制度变迁，促进机制的实现与强化，关联性高，FDI 溢出效应明显，反之，溢出效应较不明显。促进外资企业与我国经济和内资企业发展之间的关联性成为关键因素。目前，跨国公司与东道国当地企业的关联性不高成为发展中国家普遍面临的一个问题。很多跨国公司来到发展中国家进行投资，最终都形成了一种孤岛经济，这种现象表现为在东道国投资设立一个工厂后，原材料全部从国外进口，产成品也出口到国外，公司内部的高管人员全部来自国外总部，来东道国投资的唯一目的就是看重廉价的劳动力从事基本的流水线作业，而与东道国经济发生联系的唯一途径就是对操作工人的雇佣。

在这种情况下，东道国不但不能吸收外资企业带来的先进技术与优秀管理经验，外资企业也不会产生溢出效应促进东道国制度变迁与技术进步。孤岛经济的循环基本上是在东道国体制外进行的，与东道国经济缺乏关联，当地企业没有从外资企业中学习到真正有用的知识、经验和管理技能。模仿效应与竞争效应并没有有效发挥，正是由于外资企业与东道国经济发展关联性的缺乏，才造成了虽然在吸收外资总量上连年增长，却没有使 FDI 促进东道国经济与制度转变上存在根本作用，这也形成了经济学中的增长而无发展的经济悖论。政府应以促进外资企业与当地企业的关联度提高为目标，提高 FDI 带动我国制度变迁的有效性实现。

首先，政府应当积极鼓励本地企业进步与创新，缩小与外资企业的差距，使本国企业成为外资企业合格的供应商，同时提高内资企业吸收能力，有效吸收通过关联产生的 FDI 溢出效应，加快自身发展。目前，越来越多的跨国公司要求本地供应商遵守国际运营模式、生产标准与制度管理，诸如 ISO 9000 和 QS 9000 等质量标准体系。因此，本地企业先进的制度模式、标准的生产管理体系都是外资企业所看中的，也是提高关联性的关键，更是政府应当优先考虑的。政府可以对当地企业的创新活动、技术研发与运用国际先进体系生产予以税收和财政优惠政策，对那些规模较小、没有独立开展研发的企业提供技术支持，鼓励高校、研发机构与企业之间的合作，促使科研成果尽快实现向生产力的转化。

其次，促进当地企业专业化与配套性的发展与完善。跨国公司近年来的发展和战略调整的一个趋势就是将立足点逐渐转移到提高企业核心竞争力上，把其他工序和产品生产外包出去，这样既节约了外资企业的成本投入，也使企业集中所有人力物力在核心技术的研发上，减轻企业负担的同时，提高了企业自身灵活性，以适应世界市场多变性。跨国公司战略调整，就要求一批满足相应要求的配套企业群为其提供有效率的服务，承接跨国公司外包出去的业务。这一战略调整为提高外资企业与我国经济发展关联性提供了契机，也为内资企业发展提供了机遇与挑战。我国应将外资政策重点转向积极扶持发展当地配套企业和跨国公司的合作伙伴，并将此作为吸引外资进入的有利条件，吸引某个产业群的跨国公司对我国进行直接投资。例如，天津市政府做了大量工作建立起电子、通信方面的国内配套企业，吸引一大批电子、通信类跨国公司集中在这里投资，现在天津手机产量大约占国内市场份额的40%左右。而世界上手机生产的大型跨国公司来这里投资的关键就在于当地有一个很好的配套产业群的存在。在上海、江苏、昆山等地吸引外资企业大量聚集的一个原因也是IT相关配套产业集群的存在。

最后，政府提供必要的资金与信息支持也是必不可少的。要提高国内企业与外资企业之间的关联性、建立相应的配套企业与配套产业集群，资金配备成为重要影响因素，特别是对于一些规模经济要求较高的产业。政府如果能通过降低相应企业信贷利率，提供资金补贴等方式对当地配套企业提供资金支持，将有助于促使跨国公司与当地企业关联性的形成。同时，在跨国公司与当地企业关联性形成的过程中，信息是另一个重要的影响因素，以政府职能克服企业之间的信息隔阂，促进信息对称性与完备性具有重要意义。政府应当建立相应网站平台，用于及时对当地企业发布有关联机会的信息，加强内外资企业关联信息的可获得性，使政府充当内外资企业的媒介，并且政府可以成立相应的职能部门从事此方面信息的收集分析工作，对可能产生关联性的内外资企业进行关联撮合，促进配套生产的实现。

6.1.3 力促竞争效应与模仿效应的实现

我国目前已经成功跨越了发展门槛，内资企业与外资企业可以逐步建立起有效的竞争机制。同时，随着我国经济的快速发展，内资企业通过模仿效应获得FDI溢出的空间变大。因此，进一步通过竞争效应与模仿效应带动FDI促进制度变迁机制成为关键。

竞争效应是企业不断制度进步、技术进步的内在动力。但是国内相当多的行业还存在着不同程度的准入限制，国内竞争也不充分。随着入世承诺的逐步兑现，我国国内市场的保护程度大大降低，国内市场的国际化程度不断深化。国际竞争的引入，一方面可以迫使内资企业在竞争压力下加快技术创新，改进管理体制，提高生产效率；另一方面，引入外资企业提高竞争程度，通过竞争效应将有利于外资企业加快向国内引进先进技术与管理经验的移入，更有利于有效带动FDI

促进机制的运行与实施。竞争效应的实现有利于加快国有企业改革，中国各产业中的部分国有企业在引入外资的同时，也纷纷展开引入民营资本参与产权重组的进程。这一制度变革优势已经在长江三角洲地区得到了充分体现。在外资经济快速发展的过程中，长三角地区先后形成了外资竞争推动的“苏南模式”与“浦东模式”等。

我国外资进入后，内资企业在交流、合作的过程中，通过对外资企业先进管理模式与技术的学习，逐步实现了生产力的提高。在模仿效应的推动下，FDI 的正向积极效应不断显现。家电制造业的发展就是一个很好的例子，家电行业是我国改革开放后最早开放的行业，也是我国参与国际分工最早的行业。改革开放后，松下、日立等一系列日本品牌拥有先进的生产、经营管理与销售技巧，我国家电企业通过模仿学习的积累，在较短的时间内通过对外资企业技术的消化、创新，竞争力迅速增强。经过几十年的飞速发展，家电产业日趋壮大，发展出一批具有国际竞争力的民族品牌，如海尔、美的、海信与格兰仕等，如今已成为国际家电市场的重要组成部分。不仅是家电产业，与之发展路径相似的手机制造业也很好地证明了通过模仿效应的实现，促进我国生产方式与制度模式变迁机制的运行。

6.1.4 改善地方政府引资审核与激励机制

我国要逐步改变以往以各地政府招商引资数额来评定地方业绩与地方政府官员升迁的标准。在原有的审核与激励机制下，各地政府纷纷出台各种形式的优惠政策，包括土地租赁费用、使用年限，所得税减免等一系列引资政策，吸引外资流入本地。在各地政府相互竞争、竞相吸引外资的过程中，不但使内资企业与外资企业处于不平等的市场平台上竞争，还造成了很多有限稀缺资源的浪费。在这种情况下，外资资源鱼龙混杂，流入地方的外资只有“量”却忽略了“质”的把关，一些耗能高、污染大、外资企业母国甚至国际上早已淘汰的项目纷纷流入各地区，不但不能带动我国经济增长，还给地方发展带来负担。在以 GDP 为考核前提下，各级地方政府在引进和挽留外商直接投资方面花费了大量的资源与精力，很多地方政府出于维护本地 GDP 增长的目的，限制外资资本的跨区域流动，从而加剧了资源配置的扭曲程度和地区经济、制度发展差距，产生地域分割现象。我国要逐步改变以往以地方 GDP、招商引资数量为考核业绩的标准，更加注重对外资带来的技术、管理经验等方面的需求，以能够吸引一批促进国内自主研发技术、环保节能、规模大、持续时间长、发展稳健的投资项目的引进为考核标准，并使这些外资企业进一步提高我国企业现有出口产品的国际竞争力。

在改变地方政府的无效竞争方面，我国地方政府要转变过分以"超国民待遇"吸引外资的政策，更加注重引导外资流向。通过产业导向政策指导外资流向相应地区，而不是使地方政府间盲目竞争。我国地区间的差异很大，需要一些政策倾斜措施扶植和鼓励落后地区的发展，在对外资的政策上也应有所区别。例如，在沿海地区经济较发达，也较容易吸引外资的流入，在这些地区可以适当减少"超国民待遇"的优惠限度，鼓励一些提高内资企业国际出口竞争力的外资企业进入；在内地不发达地区，资金、地理位置与软硬件条件都不占优势，吸引外资较为困难，可以通过放宽优惠政策范围对那些有助于我国产业结构升级，促进产品更新换代的外资企业流入，并且，国家站在掌握全局的角度上出台具有指导意义的产业导向政策，有针对性地指导外资流入区域，避免地方政府之间的无效竞争。这不但有助于解决地区发展不平衡问题，而且从国外的发展经验来看，借助鼓励性的产业政策促进地区若干支柱性产业快速发展，是实现经济崛起的关键举措。与此同时，为避免各地政府因恶性引资竞争而导致的外资"隐性超国民待遇"，在出台指导外资政策时，应当强调政策的统一执行，尽量缩小地方政府的自由度，中央权力下放的层次也不宜过低，以防止政策在推行过程中丧失本来的意义和效果。

6.1.5 优化市场环境，实现 FDI 传导机制的有效性

随着经济的快速发展，我国取得了举世瞩目的成绩，但是不可否

认，我国还处于转型时期，成熟的市场机制还未建立，原有的计划经济体制残余还保留在一些经济活动与规范、限制条款之中。FDI 促进我国制度变迁的传导机制的充分运行，要求以相对健全的市场大环境为前提，这就更要求我国逐渐完善市场经济的建设，充分促进 FDI 带动我国制度变迁机制的有效实现。在转型初期，经济探索空间与政府政策空间都很大，政府在对于外资政策方面的非市场运作可以产生较大的效用。政府可以通过优惠政策或赋予外资特别权力来推进 FDI 在我国的发展，但是随着转型方式的逐步深化，以往政府的过度非市场化干预逐渐体现出种种弊病，例如，无形中造成不平等竞争，造成民营部门的隐性歧视等一系列影响国内经济均衡发展的问题。同时，随着转型领域的广泛化、普遍化，社会经济成分、组织形式、就业方式、利益关系和分配方式的日益多元化，政府出台优惠政策的空间变得较有限，政府通过行政手段主导转型和经济发展的作用和能力都受到了严重挑战。市场机制在社会、经济生活中的作用日益增强，市场配置资源的基础性作用日益重要，这也就对市场环境与市场机制的完善提出了更高的要求。转型国家市场竞争体制构建主要涉及竞争主体重构、价格自由化以及支持市场竞争的法律法规的建设。

首先，重建市场竞争的参与主体，健全市场机制。改革开放后，我国一直在着力进行对市场竞争微观主体的重构，其中包括国有企业改革、民营企业改革和外资企业的引入，并使其成为能够适应市场竞争的微观经济主体。国有企业作为曾经绝对、单一的市场主体，在发展过程中逐渐显现出种种弊端。在市场微观主体逐渐多元化的今天，改变现有部分国有企业无效的状态已成为必然趋势。允许外资企业参股、投资成为国有企业改革的一条有效路径，外资企业为国有企业改革带来了金融资本和先进的生产管理技术、公司治理机制，使国有资产质量得以提高，使国有企业的国际竞争力增强，同时焕发国有企业作为市场参与主体的活力。民营企业作为我国市场发展中的重要参与主体，在长期的经济发展中一直处于被歧视和被忽略的状态。这就要求在重建市场竞争参与主体的过程中，给予民营企业适当的鼓励政策和公平的待遇。例如，放松对民营经济市场准入的限制。在一些行业政策上已经对其他非公有制经济放开允许不同形式的市场主体参与竞争，但是在一些垄断力量较强的行业对民营企业的进入予以多重限制，这不但使得市场中参与主体单一、竞争程度过低，还使得市场机制严重扭曲。目前，我国政府应着力破除行业垄断，重构市场参与主体，给民营企业更广阔的竞争空间，一方面我们应当研究制定在电力、电信、铁路、民航和石油等垄断行业引入竞争机制，制定非公有形式主体进入的实施细则；另一方面，考虑借鉴西方发达国家的经验，设立独立司法机构负责执行反垄断及不正当竞争行为的监督和查处。

其次，实施价格自由化，实现市场机制的有效发挥。健全市场环境的一个重要方面就是价格自由化的实施，体现了市场中价格的形成机制从政府以行政手段影响转变为由市场供求关系决定商品价格。这就要求我国对产品包购的比重不断下降，越来越多的产品价格在不同程度上接受市场的指导，到最后由市场机制决定。但是价格自由化的过程必须是渐近逐步的实现，如果以大放手的方式实现，必然会产生恶性通货膨胀与商品价格的急速上升，造成生产力的破坏。我国的“双轨制”避免了这一突发改变造成的破坏，但是政府的过多干预也使得自由价格的实施步伐有所放缓。我国政府要逐渐使国内商品价格与国际接轨，国家发改委陈东琪表示：有时政府对商品价格的控制，导致价格扭曲现象的危害比价格上涨带来的通胀压力还要大。政府在实现价格自由化方面，应注意在减少不必要的市场干预下，提高政府政策的透明度，使市场供求者对价格走势保有正确的预期，并且积极促进信息的对称性，使供求者充分掌握市场信息，在政府的有效措施与指导下，加快价格自由化进程。

最后，创立市场竞争的法律与制度大环境。市场大环境完善的一个重要特征就是市场参与主体能够在法律和道德规范的框架内自由从事经济活动，从而促进市场竞争以及资源的自由流动与合理配置。竞争的展开需要一套透明、公正的规则系统加以约束和支持。这就要求保障私有财产和公平竞争权利的相应法律法规的适时出台，从而为经济主体从事自由竞争活动提供法律保障；通过颁布民法、商法等法律具体调节经济主体的交易行为；通过制定和实施公司法、税法、破产法、证券市场法、投资保护法、公司治理法等来处理公司经济行为有关法律问题；通过实施反垄断法、反不正当竞争法以及设立相关的管理机构来规范竞争主体的行为，以促进有效竞争的市场经济秩序的生成，还应适当出台一些规范措施遏制某些强势企业和既得利益者对政府决策的影响。除了完善现有法律法规以外，加强法律的执行机制也是首要任务，要求逐渐提高司法机关的独立性、透明度以及执法人员职业素质培养，提高整个司法体制的运行效率。发展促进市场竞争的中介组织，如会计事务所、信用服务机构、证券管理机构、商业调查机构、新闻媒体以及其他致力于改善市场秩序的民间组织，从而促进市场整体大环境的有序、健康发展。

FDI 带动制度变迁的传导机制的有效实现离不开完善的市场经济大环境，市场经济体制的建立又可以有效促进竞争机制的实现，从而进一步促进 FDI 带动各个方面制度的创新与完善。

6.2　强化 FDI 制度溢出效应

6.2.1　注重人力资源流动与人力资本培育

人力资本作为 FDI 制度溢出的媒介与载体，是决定吸收能力的重要因素之一，决定着溢出效应的程度。人力资本对 FDI 制度溢出具有双重效应：一方面，人力资本作为媒介与载体，通过其在区域间的流通，使得溢出效应得以实现与延展；另一方面，人力资本的水平决定着吸收能力的大小，在人力资本水平较高的地区，同样的溢出效应由于吸收能力较强，使得 FDI 的先进制度得以被很好吸收利用。反之，在人力资本水平较低的地区，FDI 很难具有正向制度溢出效应。因此，高水平的人力资本和畅通、有效的人力资源流通渠道对 FDI 制度溢出效应具有正向推动作用。

人力资源在省域间的流动可以对溢出效应起着催化和加速的作

用。在我国发达地区，人才流动机制基本确立，特别是东南部沿海一带近年来大多采取多种形式的鼓励政策，促进优秀人才流入本地，以“重建档案、落实户口、高薪聘用”为条件吸引了一大批人才，从而带动相应地区与周边地区经济的快速发展。但在一些欠发达地区缺乏成熟的人才流动机制，呈现出中高层人才流出多流入少，人才流动性差的“马太效应”。人才在欠发达地区的涌入与流动会带来新技术、新观念，从而淘汰陈旧、落后的社会因素，人才的流动成为一种隐形的投资，给区域间带来收益，因此建立良好的人才流动软环境，促进社会进步与经济发展具有重要意义。

随着跨国公司纷纷涌入中国部署投资战略，原来主要以初级加工贸易为主的投资类型逐渐转变为先进制造业投资模式，FDI 在中国设立越来越多的分支机构，将国外先进技术与优秀管理、运营模式引入中国。跨国公司在中国投资战略的转型，对人力资本需求结构也发生了转变，从最早低水平、低技术含量的劳动力转变为对高级人力资本的诉求。一国的发展潜力、综合国力的增强与未来经济增长趋势，归根结底要靠人才，而人才的培育过程是一个长期的战略计划，也是一个系统的工程。这些都需要我国培育大量具有高学历的知识型人才和拥有专业水平的技工人才。这说明我国在进行人力资本培育的过程中，不但要注重教育水平的提升，培养高学历高素质的人力资本，还应注重培养高级技工等技术人员，强化高等教育的社会服务能力。将我国人力资本水平不断提升，从而充分吸收外商直接投资过程中产生的溢出效应，使人力资本得以优化，带动我国经济快速发展。

随着经济全球化的发展，人才在国际间的流动已成为普遍现象，特别是近年来我国高级人才涌出量与涌入量呈现逆差趋势。这就要求我国在培育人力资本的过程中注重国内人才的稳定与国外人才的引进。美国十分重视引进各国优秀人才为我所用的战略，其经济实力的发展与壮大并非完全依靠自身培养的高科技人才，而很大程度上是采取着其他国家培养，本国引进利用的策略。美国制定一系列政策吸引其他国家人才涌入美国为其服务。美国制定的《新移民法案》开始实施专门吸纳国际优秀人才的 H-1B 签证计划，欢迎学士学位以上的技术人员进入美国工作并给予附加福利。美国经济持续繁荣的有效动力离不开人才引进与技术移民，美国移民改革政策的发起人詹姆斯·爱德华兹指出：移民过程中的高科技人才对美国的经济发展起到了很大的作用，每年美国高新技术公司所聘用的优秀人才中，很多都不是美国人。美国十分重视招收国外留学生，政府也相继制定了一系列留学生教育政策，其中对人才最具吸引力的还是留学生资助政策。在多种留学生奖学金中，为第三世界国家留学生提供资金资助的突出项目包括：国际开发署和富布赖特基金会、福特基金会、洛克菲勒基金等。美国每年对国外留学生的投资总额达到 25 亿美元以上，并且美国的国外留学生政策具有一定的连贯性。目前，美国已经在世界 180 个国家和地区开始了人才的广泛搜罗项目，每年进入美国的高新技术人才数量逾百万之多。

我国在人才培养方面，应当在加快原有教育结构调整的基础上，促进教育全面发展，为建设学习型社会奠定基础。首先，在提高人力资源水平，增强吸收能力方面：一是吸引国际人才涌入，提供多种形式的助学基金吸引国际留学生及人才不断进入我国，成为经济发展的推动引擎。这也对财政性教育经费的增长幅度提出了要求，应明显高于财政经常性收入的增长幅度，并且逐步使财政性教育经费占国内生产总值的比例达到 4%以上。二是加大国内人才培育力度，保证农村教育的逐步完善与深化，缩小城乡、地区间教育水平差距，大力发展职业教育和多种形式的职业技术培训与实践相结合，同时注重高等教育质量，将重点放在优化结构，加强研究与实践，培养高素质人才的创新精神和实践能力。实施专业技术人才再教育与知识技术更新工程和战略高新技术人才培养工程。重点培养一批高素质高水平的人才，从而增强 FDI 溢出吸收能力。

在提高人力资源流动性方面：一是鼓励和引导海外留学及工作人员回国工作，将海外优秀技术与管理经验输入国内。二是推进市场配置人力资源机制，消除市场中人力资源流动的障碍性因素，规范人才市场管理，深化人事制度改革，完善用人机关、企业、事业单位人事流动管理机制，将各省市人才流动服务机构和科技人才交流中心从原有中介机构转型为以服务企业为主的权威管理机构。三是增加欠发达地区人才引进的财政投入，提供吸引人才流入的工资福利待遇，设立专项基金吸引人才。完善相应法律法规，建立互相衔接的社会保障制度，为人才的跨地区、跨行业流动提供便利。

6.2.2 加强对外资企业根植性和外资企业之间竞争度的培养

改革开放以后，FDI逐渐以一种制度安排的形式进入我国，在时间跨度上并不算短，但很多外资企业在我国缺乏根植性，流动性较强、稳定性较差。这是我国过分依赖外资发展本国经济模式下固有的弊端，也使得外资的溢出效应并不能充分发挥。外资企业只注重在生产经营活动中尽快、尽可能地获得利润转移回母国，却经常忽略对我国投资经营环境与制度环境的培育，致使我国收入“漏向”国外，导致经济发展与制度变迁路径偏离最优路径。面临这些情况，我国要着力培育外资企业的根植性与本土化特征，则外资企业将会发挥与本国企业一致的作用，增强外资企业生产活动中的溢出性特点，消除外资依赖过程中所产生的种种弊端。外资企业根植性与本土化的增强，不但会进一步促进外资溢出效应的发生，还会给溢出效应建立起溢出渠道，使外资企业的制度比较优势真正转化为我国自身制度特点。因此，培养外资企业根植性与本土化是我国目前外资发展趋势下，促进制度变迁进程、提高经济绩效的关键。鉴于此，首先，我国要保证制度与政策出台的连贯性与平稳性，并且要努力营造适宜外资企业长期经营发展的投资大环境，同时，要逐步提高政府政策颁布实施过程中的透明度，消除外资企业的疑虑，增强外资企业的安全感与信赖感。其次，在增强外资企业本土化特征方面，可以规定外资企业在生产活动中的国产化比例，鼓励外资企业与内资企业间的广泛合作，不但包括生产活动领域，还可以延伸至研发、销售与服务等领域，增强外资企业与内资企业之间的关联度。为提高外资企业本土化，可以从在外资企业就职的外籍员工入手，为来华工作的外籍管理人才及技术人才提供多种生活上的便利，如外籍员工子女的教育入学问题、外籍员工及其家属的生活住宿问题以及鼓励外籍员工在我国定居的一系列鼓励政策等。最后，通过税收、关税等一系列综合性政策手段鼓励外资企业将生产收入用于国内的其他经营活动或再投资，减少利润汇回母国造成的收入“漏出”现象的发生，最大限度地实现外资企业根植性与本土化。

促进外资企业溢出效应的发生，不但可以通过外资企业本土化来实现，还可以通过增强外资企业间的竞争性来促使或迫使外资企业中的优秀管理经验、制度模式和先进技术溢出，使国内企业利用与吸收。竞争是跨国公司向中国国内市场产生溢出效应的重要推动力，然而在某些领域由于条件限制与实力的不足，国内企业在短期内还无法形成与外资企业相抗衡的竞争力，也就无法有效促进制度溢出效应的实现。在这种情况下，要提升竞争力，就要促进外资企业之间的竞争，使内资企业在竞争中吸收外资溢出效应。其一，可以在同一领域中侧重于吸引多个外资企业的进入，使不同外资企业在同一产业中形成竞争性市场结构。在竞争压力的驱使下，外资企业为在既有资源的条件限制下获得最大利益和抢占市场份额，必将加快制度的创新与技术的更新换代，带来更大程度的溢出效应，从而减小国内企业学习吸收的成本和溢出扩散的周期与时滞。其二，我国可以降低同类产品的进口关税，使跨国公司生产的产品与进口产品之间形成一定的竞争。过高的关税与贸易壁垒虽然可以对我国企业和进入我国的外资企业起到一定的保护作用，但是这种保护往往会使跨国公司由于缺乏竞争力及缺乏进口商品对市场份额的抢占，而在我国使用在其母国甚至是国际市场上已经淘汰或落后的方法或技术进行生产活动，获得既得利益。这样外资溢出的正向效应不但会大大减弱，并且溢出效应产生的周期也会大大延长。因此，在一些行业中，特别是大型跨国公司垄断的行业中适当降低同类产品的进口关税，进口产品进入成本降低，使之与外商投资企业产品形成竞争，改变原有外资企业生产方式与理念，将有效促进外资溢出效应在我国的形成与扩散。

6.2.3 加大投入力度，增强溢出效应的吸收能力

外商直接投资进入我国后，通过示范效应、竞争效应、人员培训流动效应与关联效应等途径产生溢出效应，使我国受益，但 FDI 溢出效应的程度与受益的程度关键取决于我国吸收能力的大小。“重引资，轻吸收”一直是我国利用外资的一个弊端，因此，增强我国吸收能力，能够有效促进 FDI 溢出效应的产生与扩散。

（1）加大 R&D（Research and Development，研究与开发）的投入力度，增强吸收能力。加大 R&D 投入可以提高企业两方面的能力：一方面是创新能力，另一方面是吸收能力，其中吸收能力包括获得、吸收、转化和运用外部信息的能力。增加 R&D 的投入力度不仅可以在我国力所能及的范围内吸收国外先进技术与制度，还可以在一定程度上缩小与国外差距，增强吸收能力。我国应加大 R&D 的投入力度，从模仿开始，逐渐消化吸收，最后达到自主创新。由于相对于自主研发所耗费的人力、物力和时间周期，引进外资后，先对其进行模仿，可以面临较小的风险和较少的投入。我国应加大 R&D 的投入力度，着力在模仿的基础上进行改造和创新，以适应我国实际经济情况，使其内化为我国企业自身的生产能力。同时，要对选择模仿的目标与项目进行甄别与筛选，企业应着眼于与自身差距较小的方面进行，加大 R&D 的投入力度，而不是盲目追求技术的先进与尖端。否则，将会给企业消化吸收能力造成更大的负担和不必要的浪费。除此之外，在企业加大 R&D 的投入力度促进技术、现有制度进步的条件下，还会缩小内资企业与外资企业之间的差距，从而进一步吸收 FDI 溢出效应，提高 FDI 吸收能力。新增长理论（Barro 和 Sala-I-Martin，1995）认为，FDI 溢出效应和吸收能力与初始的差距成正比，即东道国与母国之间差距越大，越不容易吸收 FDI 溢出效应，反之，差距较小，吸收能力越强、溢出效应越明显。因此，应加大 R&D 的投入力度，促进我国制度、技术的进步将有效吸收外资在我国的溢出效应，进一步带动我国制度、技术进步。

（2）加大基础设施建设投入，为 FDI 溢出效应的实现奠定基础。基础设施不仅是吸引 FDI 流入的一个重要条件，而且基础设施的完备与否直接影响着 FDI 溢出效应的发挥与效果。基础设施与 FDI 溢出效应的关系表现为两个方面：一方面基础设施逐渐成为跨国公司区位选择的重要决定因素，影响着跨国公司 FDI 的相关决策，基础设施完备程度与吸引外资“量”和“质”有着密切关系。基础设施越完备，越能够吸引更多高质量的外资项目流入，从而为东道国提供更多的模仿学习机会，提高东道国获取外部信息的能力，促进 FDI 溢出效应的发生；另一方面，基础设施的完备程度与 FDI 溢出效应扩散速度有着密切联系，基础设施越完备，越有利于人员流动、信息传播与地区间相互模仿沟通的发生，关联效应与流动效应的传播机制有助于促进外部信息的获取、流动和交换，从而缩小 FDI 溢出效应传播时滞与扩散周期。随着经济的快速发展，以往基础设施的概念被迅速扩展，不但包括道路交通和邮政系统等方面，还包括移动通信、网络与光通信等一系列高新技术产品的传播渠道等。我国在加大投入、完备基础设施建设方面的具体举措可以多借鉴国外发达国家的经验，包括：鼓励民营部门投资，促进竞争，为所有信息提供者和使用者提供开放的网络平台与渠道，建设“信息高速公路”；适当开放电信市场，引导电信业的市场竞争，推动网络基础设施建设；注重加强社区网络建设，降低互联网使用的费用，推动农村和边远地区的互联网发展；建设电子政府，逐步完善政府各项服务，通过信息技术提高政府组织效率，实现信息资源透明、共享；增强网络安全性，提高消费者对网络的信任度。

6.2.4　加快产业集群发展，促进 FDI 溢出效应的发生与扩散

FDI 溢出效应的发生多体现为行业间的溢出效应和纵向溢出效应。因此，深化产业间联系、增进产业间的关联效应是有效提高 FDI 溢出效应的重要途径。随着中国经济快速发展和开放程度的日益扩大，中国以往传统领域已逐渐对外开放，内资企业也在诸多领域与跨国公司开展了广泛的合作与交流，中国企业参与国际分工的广度和深度都有

所增强。这使得 FDI 溢出效应在各行业间与产业间普遍发生，但目前仍然存在一些阻碍产业关联效应形成的因素，这些因素表现为两个具体方面：一是信息不对称，内资企业与外资企业间存在信息不对称现象，缺乏对彼此供需信息的掌握；二是能力差距，内资企业的技术与提供的产品难以达到跨国公司的要求。为此，我们要采取措施加强产业联系，深化产业间的关联效应。

首先，在甄选外资项目和引资方面，要选择一些与我国成熟产业关联度较高的跨国公司和外资进入，例如，汽车、计算机、生物工程、航天工业等。这些外资企业和项目技术含量高，便于中国企业参与和承担分工。政府在引进这些外资企业后，可以通过一系列的优惠政策，鼓励这些企业在国内培养原材料供应商、售后服务商等上下游产业链条的建立，从而提高产业关联性的发展。同时，政府还可以发挥中介作用，通过直接或间接的方式，加强外资企业与内资企业的沟通、交流与了解，例如，定期举办中外产业间交流会议或会展活动，弥合双方的信息不对称差距，促使中国企业多为外资企业提供相应高水平的配套设施与服务，在“干中学”中受益。

其次，大力提高国内企业的生产水平与服务、产品质量，以达到国际分工的基本要求。为了达到相关产业对提供配套设施内资企业的要求，提高内资企业技术水平，弥合中外企业间的差距，政府可以借鉴国外扶植经验，鼓励外资企业提供多种形式的供应商培训与供应商员工培训、鼓励外资企业为合作内资企业提供图纸与技术培训，提高国产化程度。政府可以对提供培训的外资企业予以培训费补贴或免费提供各种便利条件；政府还可以对配套企业所需的试制费、设备添置费等提供优惠或信贷优惠。同时，内外资企业在合作的过程中必然存在体制性差异，为弥合这一不足，政府还需着力规范产业间经济活动秩序、维护企业信用、保障知识产权，使之进一步与国际接轨，加强和完善与外资企业间的前向与后向联系，在产业链条中占据更有利、更主动的地位。

最后，培育产业集群，增强产业集聚效应。产业集聚不但可以有效加快产业关联性在某一地区的发展，还影响着 FDI 溢出效应。在产业聚集的地区，产业间关联性发展与溢出程度都有显著提升。这主要是由于众多关联企业在同一地区，竞争效应与模仿效应都会得到明显的体现。激烈的竞争可以迫使集聚区域内的企业加大学习力度，促进自身产品更新换代，提高自身服务质量，加快企业创新步伐；并且集聚区域内的企业由于地理位置接近、产业关联密切，可以有效地促进信息在区域内的传播与吸收，有助于内资企业与外资企业间相互模仿和学习，实现先进技术、知识、信息、制度的共享，促进 FDI 溢出效应的实现与传播，并由此推动整个行业的进步。因此，提高产业聚集度可以有效地促进关联产业的发展，跨国公司有更多的意愿转移自身的比较优势，内资企业也会获得更多的溢出效应，是实现对 FDI 溢出效应吸收与扩散的有效途径。具体培育产业集群发展的措施应以产业为导向，以产业发展的客观规律为基础，建立相互依存的产业联系，着力构建产业链条。这就要求各地区根据自身优势与特点，以本地的自然资源、市场状况以及比较优势选择适合本地区发展的主导产业，实现集群的多样化发展格局，避免主导产业雷同导致的恶性竞争或产业布局不均衡或过于分散的现象发生。再者，就是要对集聚区内的产业布局加以分工协作，形成合理有梯次的产业聚集网络结构，使大中小型企业密切配合专业分工与协作完善。对于那些产业配套较弱的区域可以以大中型高新技术企业为龙头，通过不同产业环节的分解或鼓励母公司内的科技部门与科技人员分离等方式衍生出一批具有密切分工协作形式的关联企业，为聚集区域内的跨国公司提供专业和配套的相关服务，以培育跨国公司在本聚集区的根植性与本土化特点。

在建立扶植产业集群、促进产业关联度的发展中，政府起着重要的作用。这就要求进一步完善政府服务，增强产业持续发展能力和创新能力。政府要确保相关政策的稳定性与长期性，建立起以产业服务为宗旨的组织机制，为集群内创新与发展提供必要的服务，对龙头企业给予适当的政策优惠与产业发展补助，增强其研发创新的动力，使其成为拉动集群发展的增长点。此外，各级地方政府还应着力优化产业集群结构，规范竞争与合作，必要时可以创设专门的服务性机构用于引导产业发展，促进 FDI 溢出效应最大限度的实现与扩散。

6.3 促进 FDI 空间制度溢出效应的地区均衡发展

前面的理论分析与实证研究表明,FDI 的流入不但带动了我国制度变迁，还由于 FDI 的溢出效应的空间性特点，使得区域间不仅在制度上，还在经济发展上产生了区域差异。20 世纪 90 年代以来，外商直接投资溢出性特点越来越呈现出空间聚集化，这些聚集化主要体现在：首先，跨国公司在区位选择上的趋同，这使得外资主要集中在一特定区域产生溢出效应后，出现空间不均衡的趋势。在中国，外资的主要集中区域是长三角和珠三角地区，广东和江苏是吸收外资最多的省份；其次，跨国公司直接投资行业选择的趋同。UNCATD 的研究表明，跨国公司在高科技产业国际直接投资的区位集聚化程度最高，其中生物技术行业是聚集化程度最高的行业。此外，与 IT 服务业、人力资源管理、金融、保险和会计等服务领域相关的国际直接投资也表现出明显的集聚化趋势。而这些行业大多集中在东南沿海地区，中西部地区的发展相对薄弱，这进一步造成了地域不均衡。最后，不同跨国公司的类似职能部门和类似生产环节在区位选择上的趋同，在跨国公司的全球生产体系中，会根据东道国的不同要素条件和比较优势，不同跨国公司类似的职能部门和生产环节往往集聚在相同的区域。例如，跨国公司在中国的总部大多设在上海和北京，而跨国公司的研发中心通常集中在有限几个发达地区，以便为技术创新提供特殊资源。这些地区往往能够为跨国公司提供廉价的研究人员、工程师和技术工人。这些因素都导致了我国 FDI 溢出效应存在空间性和地区发展不均衡的态势。

6.3.1 扩展沿边国门以毗邻优势扩大开放力度

中国东部地区的快速发展得益于政策导向，邓小平同志在 1988 年 9 月指出："沿海地区要首先对外开放，使这个拥有两亿人口的地区较快的先发展起来，从而可以有效带动内地更好发展。"根据这一指导思想，东部地带的开放步伐和经济活力得到了提升，在一系列优惠政策的鼓励下呈现出腾飞繁荣的景象。随着东部地区经济的飞速发展，中、西部地区对外开放与经济发展的节奏相对缓慢，这进一步扩大了我国区域经济、制度的差距。前几年的政策只是将重点关注在东部先发展然后再带动西部发展，却没有考虑到直接扩大中、西部地区对外开放力度、直接加入国际经济循环，利用外资的比较优势发展贸易、工业，从而促进其自身发展。

中、西部地区的对外开放也有自身特点和较好的国际环境和条件。中亚、南亚、西亚与中、西部毗邻地区较广泛，且其文化、民族渊源、宗教信仰和地理环境等方面与中、西部地区有着很多相似与共同的地方，并且在贸易商品方面有着较强的互补性。在我国内陆漫长、延绵的边境线上，许多民族跨境而居，彼此间的贸易与生产活动交流历史悠久，形成了许多传统的贸易通道和口岸。例如，中国与西北地区接壤的俄罗斯及中亚的哈萨克斯坦、吉尔吉斯斯坦与塔吉克斯坦的国际贸易品具有很强的互补性，中国对这些国家的出口商品主要是农产品、纺织品、轻工业产品和轻型机电产品，特别是消费类机电产品；进口产品主要是矿产品、金属及其制品、化学工业及其相关工业的产品、车辆、航空器械、船舶及运输设备等，双边贸易、合作的空间广大。我国内陆边界地区可以积极吸引周边国家的 FDI，促进中、西部地区技术生产和制度模式的进步，扩大开放合作力度，以相对优惠的政策吸引外资的流入。蒙古国和由苏联分裂而来的各共和国与我国国情相似，历史联系也较密切，再加上技术水平相适应，近年来彼此间扩大经济技术合作的趋势越发明显。中东地区和我国宁夏、新疆、甘肃、青海等省有着共同的宗教传统（伊斯兰教传统），成为彼此间合作的良好基础，我们可以积极寻找一批投资合作者共同拓展这块国际市场。南亚及东亚各国受佛教影响深远，与西南各地区有着共同的文化背景，易于沟通，更重要的是，西部地区的地理位置在贸易合作中十分有利，它位于中亚、西亚、南亚和西伯利亚的结合部位，是历史上中西贸易交通的必经之地，运输距离近、成本低。因此，扩展内陆地区的沿边国门，毗邻优势是我国中、西部地区与国外地区形成密切往来、技术经济协作的新发展点。但是从另一个角度来讲，这些内陆渠道与联系口岸大多规模较小、物流方式较陈旧，很难充分促进国际间的贸易合作。中、西部地区吸引毗邻国家进入内地投资的区位优势并不明显，这就要求我国不但要积极注重贸易口岸与枢纽等基础设施的加快建设，还要以优惠的政策引导外资流入我国中、西部地区，促使中、西部地区凭借自身努力，依靠外资带来优势积极发展经济，逐步缩小与东部发达地区的差距，带动地域间经济、制度的均衡发展。

6.3.2 利用服务贸易扩大中、西部地区资本吸引力

服务贸易是中国中、西部同毗邻国家之间进行经济合作发展过程中，最具有财富效应和最具有潜力吸引国外资本进入的一个领域。由于服务市场的分割性和服务产品的不可流动性，使得外国投资者若想把握中、西部地区服务贸易领域的商机，就必须到中、西部地区进行直接投资，而不能像制造业那样在东部生产，在中、西部销售。中、西部地区应着力发展服务产业，并以此为依托，吸引外商直接投资的进入和贸易的广泛拓展。国家也应大力在中、西部地区发展自由贸易区，吸引外资流入，资料显示，中国—东盟自由贸易区自建成以来，途经北部湾各港口再进入西南部地区的贸易量与相应服务产业迅猛增长，从湛江与防城港和北部湾等这些港口上岸并运往云南、贵州、四川等地区的石油量同比增长 64%，矿石与建材运量也同比增长 70%，而工业原料运输量同比增长 65%。在贸易区的带动下，中、西部地区与多国贸易合作日益频繁，国外资本投资项目也纷纷落户该地区，外商直接投资进一步促进了相关贸易的发展流入中、西部地区。贸易的拓展对口岸、仓储、运输、信息、金融、保险等服务及服务设施的需求也大幅增长，对改善投资环境、增强经济活力、活跃市场并带动相关行业发展，进而提高中、西部地区对外资的吸引力起到了重要作用。因此，中、西部地区应当实行更加自由和宽松的产业准入政策，开放服务贸易领域，允许和鼓励国外资本参与商贸、租赁、速递、货物运输、包装、口岸设施建设、交通、信息、旅游、电子商务、金融保险及其他市政基础服务设施项目的投资建设，引进国外先进的服务产品、

服务方式和服务企业进入中、西部地区，改善地区投资环境。

增强中、西部地区对 FDI 吸引力还要着重改善投资环境。与东部吸引外资条件相比，FDI 进入中、西部地区的一个重要顾虑就是该地区配套设施建设不完善带来相应成本的增长，注重基础设施的建设成为首要前提。基础设施是外资企业生产和销售的必要条件，中、西部地区基础设施建设落后，已成为引资和经济发展的瓶颈。目前，国家已经加大建设中、西部地区基础设施的力度，国家投资的重点项目选定为交通、通信、能源等基础产业。中、西部地区在注重交通、通信等基础设施建设的同时，还应承接西部大开发国策，抓住历史机遇，以国家重大项目为龙头，吸引外商直接投资，形成相应产业链，为进一步发展创造良好的条件。投资环境的优化不但表现为相应配套设施的完善，还应更多地注重投资软环境的建设。这就要求中、西部地区不断完善服务体系，简化外资审批手续，提高政府办事效率和服务水平，保证政策的连贯性与透明度，依法加强监管，维护国家、企业与投资者的合法权益，为中、西部地区市场创造公平有序的投资环境，从而赢得外商投资者的青睐，吸引更多外资项目和资金的流入。

6.3.3　承接东部地区 FDI 项目与产业转移，促进区域经济合作

产业转移是优化生产空间、形成合理产业分工体系的有效途径，是推动产业结构调整、加快经济发展方式转变的必然要求。当前国际产业分工调整加快，我国东部地区已成为承接国际分工的主力军，中、西部地区应充分发挥资源丰富、要素成本低廉、市场潜力大的优势，积极承接国际产业转移，并逐步承接东部地区转移过来的 FDI 项目。这不仅有利于加速中、西部地区新型工业化进程，而且也有助于我国整体产业结构升级和区域产业结构协调发展。例如，“泛珠三角”经济区由东部、西部与中部的广东、江西、湖南、湖北、广西、云南、贵州、四川、重庆 9 个内地省区和香港、澳门 2 个特别行政区组成。在这个经济区内，广西、云南、贵州等地有着丰富的水利和矿产资源，广东有着出口结构优势，使得区内互补性极强。区内成员既有经济发

达地区的省份，也有次发达地区的省份，这样的成员结构有利于承接国外产业转移的梯次性，也有利于产业转移在区域内进行。在“泛珠三角”经济区的良好合作平台内，使得广西、云南、贵州等西南省份可以充分利用这一合作模式，积极承接广东、香港、澳门地区的产业转移，促进自身资本形成。

在区域内可以积极鼓励合作机制，加强区域经济合作，不但可以有效改善东、西部地区发展不均衡态势，还可以充分利用国内资源吸引外资，促进国外资本在区域间自由、有效的流动。区域合作是地区分工协作发展和社会化大生产发展的必然结果，是区域经济专业化发展和商品经济发展的客观趋势，也是当前经济全球化发展的大势所趋。一个国家或一个地区，要想在此趋势下立足和发展，就必须积极参与国际国内的区域合作。区域经济合作机制的发展可以借鉴加拿大温哥华城市圈共管自治协调体系经验，建立隶属于中央的政府区域合作组织，负责统筹规划该区域的经济发展。其权利主要包括制定该区域产业政策、投资政策、税收政策与就业政策等，建设跨区域范围内的基础设施、区域内的经济制度和行政制度等，原来由中央和省负责的部分公共物品可由区域组织根据具体需求来提供。财政由中央和地方政府共同提供。这样使得平等互助机制可以得到有效发挥，在吸引外资资金与项目的地方竞争中，也可避免无效、过分竞争造成的资源浪费，并进一步带动中、西部地区经济快速发展。

6.3.4 以政府宏观调控为契机促进地区均衡发展

为加快中、西部地区经济快速发展，推动区域开发并促进地区经济协调发展，近年来，国家加大了对中、西部地区重点建设的投资力度，国家预算内投资逐年增加，但是从整体所占比例来看，中、西部地区并不占优势。合理有效的财政转移支付能大大促进西部地区经济平稳较快发展，促使东、西部地区协调发展。其一，要使财政转移支付标准科学化。改变以往“基数法”的计算方式，以“因素法”计算财政转移支付的资金数额，其中应考虑交通运输、人口密度、人均收入、城市化水平、经济发展等因素。学习发达国家转移支付办法，以科学标准促进地区均衡发展。其二，建立合理的监督实施机制。目前，国家对中、西部地区经济发展予以资金的大力支持，但由于法律监督、惩罚制度缺乏，容易出现挪用资金或资金不能及时落实等现象，降低了中央扶持力度和财政功能效率。因此，必须建立有效合理的监督机制，规范审批立项，对扶持中、西部地区经济发展的专项资金予以监管，避免寻租行为，及时出台违规操作的相关处罚条例，减少不必要的损失，使政府宏观调控作用能够充分有效发挥。

政府应当灵活运用货币政策工具，引导内外资金流向中、西部地区。首先，可以适当降低中、西部地区商业银行的法定存款准备金比例和再贴现率。实施有差别的存款准备金政策，利用中央银行的调节作用，使资金流向我国中、西部地区，从而起到支持经济发展、区域平衡的作用。中央银行还可以通过增加中、西部地区再贴现资金总量和降低再贴现率的做法促进票据融资，加快资本流动。其次，政府可以放宽对中、西部地区的信贷政策。从政策上鼓励商业银行将信贷资金转入中、西部地区，并放宽对中、西部分支机构资产负债比例管理要求，扩大中、长期贷款比例。贴息贷款引导商业银行资金注入部分高新技术项目与微利项目。鼓励中、西部地区商业银行从区外引入资金，同时政府出台优惠政策，吸引东部及国外金融机构在中、西部地区设立总部或分属机构，使财政资金充分起到杠杆调节作用，以政府宏观调控促进区域间经济均衡发展。最后，政府可以在中、西部地区建立资金集中体系，设立西部开发银行，为西部发展提供资金支持。例如，深圳的招商银行和发展银行、福建的兴业银行、上海的浦东发展银行，这些银行都在当地早期开发和后来的经济振兴、发展中起到了重要作用。资金的来源可以考虑利用邮政储蓄和社会保障金，也可向其他商业银行等金融机构和社会发行债券进行融资。在资金利用方面，可以考虑主要将其运用在中、西部地区基础设施建设，如机场、高速公路、铁路、水电、水利等项目的建设上。与此同时，也需建立风险防范机制，并制定相应的法律、法规予以指导和监督，以便充分发挥政府的宏观调控职能，促进地区经济平稳、有效、均衡的持续发展。

6.4 利用外资政策选择

外资的积极作用及其溢出效应逐渐得到各国的认同与重视，特别是发展中国家更加希望通过吸引外资带动本国经济发展。在此基础上，各国纷纷出台一系列的外资政策，力图吸引外资流入，并充分发挥外资的积极作用。本节主要介绍各国所采取的相应外资政策，并分为发达国家的外资政策与发展中国家的外资政策，以便为我国的外资政策选择提供有效借鉴。

6.4.1 发达国家的外资政策选择

6.4.1.1 韩国外资政策选择

在韩国，外资政策制定与执行部门是产业资源部，在外资来源上，主要以美国、欧洲、日本等国家和地区为主。韩国对外资政策的核心是“促进、支援”，其外资政策主要依据《外国人投资促进法》和《税收特例限制法》等进行颁布与实施。其中促进 FDI 方面涵盖租赁土地费用减免制度、现金支援制度、雇佣支援制度、服务支援制度及税收减免优惠制度等，具体细则包括：

（1）在租赁土地费用减免制度方面。针对外资高新技术企业在区域内的投资所占金额达 100 万美元以上的项目，予以 100%减免土地租赁费用；一些投资额在 500 万美元以上的制造业及其对产业结构予以调整、社会基础设施能够予以扩充、对地方财政有贡献的外资项目，对外资企业专有用地租赁费用按 75%进行减免；很多外资企业专用园区享受 50 年最长国有土地租赁减免优惠。

（2）在对 FDI 现金支援制度方面。《外国人投资促进法》规定韩国实施“CASH GRANT”现金支援制度以鼓励外资企业在韩国设立高新技术企业及 R&D 中心，若外资企业满足两条：其一为绿地型新建或扩建投资工厂，外资所占比例为总投资额的 30%以上；其二为支持制造业发展的服务业（111 种）、基础材料业、零部件和高科技产业（467

种），在以上行业中，外资总投资额达到一千万美元以上的，还可享受返还 5%的现金，并且服务业与高科技产业的研发中心投资金额五百万美元以上且正式雇佣研发人员 20 人以上的，也可享受返还 5%的现金。

（3）在雇佣支援制度方面。外资企业新招收 20 名以上的员工，依照《外国人投资促进法》政府将在最长 6 个月内，每人每月提供 10—50 万韩元的教育、培训补助金；对于新招收员工超过 20 名的外资企业，政府在 6 个月范围内，每超过一名员工，提供 10—50 万韩元的雇佣补助金。

（4）在服务支援制度方面。1999 年韩国专门设立大韩贸易投资振兴公社外国人投资支援中心，并逐渐发展为足以吸引外商直接投资的韩国公共机关，此机关由外国人投资专业职员和多部门（产业与资源部、文化与观光部、环境部、财政与经济部等政府部门）共 95 人组成，这一机构负责专门向外商投资企业提供包括投资手续办理、项目审批等方面的一站式服务。

（5）在税收减免优惠制度方面。税收减免逐渐成为韩国吸引 FDI 的代表性优惠政策，《税收特例限制法》规定了税收减免的税种范围、对象及标准。对于外商投资税收减免的税种范围包括登录税、法人税、财产税、所得税（国税）和取得税以及综合土地税（地方税）；税收减免的对象包括 111 项配套服务产业和 467 项高新技术产业，减免对象还包括外国人投资区内的企业和与自由贸易区内企业以及从事制造业、物流业企业；税收减免标准为 2005 年后从起始盈利年度起 5 年内 100%免征，之后两年按 50%征收，在 2005 年前的税收减免标准为 7 免 3 减，予以更多优惠。在外国人投资企业增加投资额时，当年增资部分税收额减免。在关税减免上，外商投资项目中的器具、机械、器材、零配件等产业设施以及其他备用品、原料，其特别消费税、进口关税及增值税免征。对于自外国进口能够提升本国产业竞争力的重要高新技术，技术提供者所接受的技术转移费从当年合同规定的费用支付日起，5 年间免缴法人税和所得税。

6.4.1.2 捷克外资政策选择

捷克鼓励外商投资进入高新技术制造业、商业，大力支持外资进入服务业、研发中心等领域。在国外欧盟结构基金的支持下和国内多种外资鼓励政策的作用下，捷克投资结构发生了巨大的转变，实现了以往以初级生产组装领域为主，逐渐过渡到以先进制造业和高附加值的服务业为主的投资模式转型。捷克对外资企业与国内企业予以同样的优惠政策，本节中只介绍对外资企业的鼓励政策（本国企业同样可以享受）。

（1）制造业领域外资政策。满足以下条件的外资企业，3 年内投资额在 350 万欧元以上或高失业率地区投资额在 170 万—210 万欧元以上，可申请国家鼓励优惠政策。需要满足的条件包括：以加工制造业为主要投资领域；以新建工厂或扩大原有生产为投资项目；投资额中不得低于 50%的资金来自投资者；购买新机器设备的资金必须占投资额 60%以上；投资生产活动必须满足捷克环保标准。当上述条件都被满足后，投资者可享有如下优惠：首先，免除企业所得税。新建外资企业享受 5 年免征所得税，现有企业享受 5 年部分免征所得税，若达到所在地区补贴上限，终止免税，即西南地区 2007—2010 年补助额占国家行业补贴金额的 36%，2011—2013 年为 30%；在布拉格市的投资没有补贴；其他地区的补贴额占 40%。其次，就业与再就业培训补贴。在失业率超过平均失业率 50%以上的地区，对每个新增岗位予以 5 万克朗补贴，并根据失业率与培训费的不同，国家予以补贴 25%、35%或 45%的费用，失业率以劳工部每年公布两次的数据为准。最后，提供厂房租赁与土地使用的外资优惠政策。申请优惠的外资企业可向政府提出申请，对于符合条件的外资企业提交给工贸部审批，并征求财政部、劳动和社会事务部、环境部和竞争保护局的意见（此决定过程在 2 个月以内）。如若审批成功，申请企业接受取得投资鼓励的确认文件，1998 年至 2010 年 1 月，总共有 600 多家企业获得投资鼓励优惠。

（2）商业支持服务与研发中心外资政策。2001 年 6 月之后，捷克将只针对于制造业的优惠政策扩大到商业支持服务与研发中心领域。根据所在地区不同，最高补贴可达 400 万—600 万欧元；根据外资企业规模和地区，最初两年员工薪资成本、无形及有形资本支出补贴最高可达 60%。在西南地区，大型外资企业在 2007—2010 年间可享受 36%的如上补贴，其后 2011—2013 年享受 30%的补贴；中型外资企业 2007—2010 年间可享受 46%的补贴，其后 2011—2013 年可享受 40%的补贴；小型外资企业 2007—2010 年间享受 66%的如上补贴，2011—2013 年可享受 50%的补贴。在除布拉格以外的其他地区（布拉格地区 2007—2013 年间不享受补贴优惠），大型外资企业在 2007—2013 年间可享受 40%的如上补贴；中型外资企业 2007—2013 年间可享受 50%的补贴；小型外资企业 2007—2013 年间可享受 60%的如上补贴。

（3）企业经营与创新计划外资政策。捷克利用 85%欧盟结构发展基金并拿出国家预算的 15%用于对于国家优惠政策之外的外资项目进行补贴，并专门设置了企业经营与创新计划，该计划用于为外资企业提供优惠贷款、补贴和担保支持等项目。除布拉格地区的所有捷克境内外资企业都可申请该计划，此计划包括 15 个子项目，对来捷克投资的外资企业进行支持与援助，包括合作项目、培训中心项目、商业支持服务项目、潜力项目、创新项目、咨询项目、新金融工具应用项目、生态能源项目、房地产项目、企业信息通信技术项目、发展项目、繁荣项目、信息通信技术和市场项目等。具体奖励投资计划的项目包括：对于创新和工业知识产权的保护项目，从 2010 年 2 月 1 日起拨付 400 万克朗，对在捷克成立 2 年以上的所有符合计划项目条件的外资企业，予以长期有形和无形资产、经营成本和宣传费用的补贴。此项目的目标是建立和推动科技园、商业孵化器和技术转让中心的发展，并建立起企业创新和发展的商业网络，支持商业实体的研发和创新能力、增加企业研发和创新项目的数量。此后，捷克政府继续追加 10 亿克朗实施第二轮的投资鼓励计划。

（4）工业区鼓励外资政策。自 1998 年起，捷克政府开始出资鼓励建设工业区，以满足外资企业对工业基础设施的需求。目前捷克政府共支持了总占地面积 3129 公顷（1 公顷等于 10000 平方米）且总投入资金超过 91.84 亿克朗的 101 个市级工业园区的建设，在园区内进驻的外资企业约 606 家，入驻率超过 78.6%。该项目带来 2100 亿克朗的外商直接投资的同时，创造就业岗位 103054 个。这些新建工业园区主要分布在乌斯季、中波西米亚和摩拉维亚地区，在吸引外资和优化投资结构方面发挥着重要作用。捷克还继续对工业园区内外资企业提供土地转让与租金方面的一系列优惠政策，吸引外资企业入驻。捷克将工业区定位在交通动脉附近，以完善的基础设施促进外资企业承接本地区产业链条，从而带动本地区投资与发展。

6.4.2 发展中国家的外资政策选择

6.4.2.1 印度外资政策选择

印度非常注重 FDI 流入国内高新技术产业特别是软件产业，先后对科技园出台了一系列外资优惠政策，其中包括：免除进出口软件过程中的双重赋税和全部进出口关税；允许外商以独资经营形式存在；对满足条件的新投资开设的高新技术外资企业予以免除前 10 年内的所得税，对于全部产品用于出口的软件商可免征全部所得税；允许外资在联网经营业务中拥有不超过 49%的股权；打破国家对电信业的垄断，允许私有、外资多种形式并存，并允许外国投资者拥有独资的电信公司；允许外国直接投资进入航空业和邮政业，并给予与国内企业相同的待遇（只有公司所得税较印度本国公司略高）。而且印度十分注重对外商投资知识产权的保护，该国通过建立、完善和执行符合国际惯例的相关知识产权标准，维护外商直接投资企业的知识产权，其中包括：明示版权所有者的权利、规范软件出租者的行为、明确用户备份软件的权利以及相关侵犯版权的惩处与罚款条例等用于鼓励并保护外国直接投资将资金投向软件业。

6.4.2.2 俄罗斯外资政策选择

俄罗斯为吸引外资，其主要政策包括为外商投资提供法律保护、各种鼓励性政策和保护性政策等。除去联邦政府颁布的鼓励外商直接投资的基础性法律《俄联邦外国投资法》和其他《俄联邦租赁法》《俄联邦产品分成协议法》《俄联邦土地法典》之外，各州区政府都颁布了外国投资法和相关吸引外资的法规，例如，《加里宁格勒州特别经济区法》《马加丹特别经济区法》《俄联邦经济特区法》等。这些法律法规包括对外商直接投资的税收优惠、金融支持、保护措施与限制措施等多个方面。

（1）税收优惠外资政策。俄罗斯在发展的过程中认识到外资的重要性，为了更多地吸引外资，开始逐渐着重营造良好的投资环境，随之制定了一系列比先前更加优惠的税收政策，包括：外企可以在注册后的前 5 年内免缴利润所得税，同时外资企业成本回收期间即在初期阶段，征税标准维持合同初期税率，同时政府对资本流动业务取消限制。当企业需要配套产品、进口机器、原材料、备用零部件、技术装备及半成品时，免去进口关税。在特别经济区内，外国投资者不受国家非关税外贸调节政策限制，可予以免交关税及免收办理海关手续时所应缴纳的其他费用；自 2006 年 1 月 1 日至 2014 年 12 月 31 日，在马加丹州即特别经济区从事经营活动的外资企业，其生产用于在马加丹州境内投资和公共事业的所获利润可免交利润税。

（2）金融支持外资政策。俄罗斯地方政府通过财政收入和预算外资金，向重点外资项目提供金融支持。根据《俄罗斯联邦融资租赁法》规定，政府对外资企业的租赁项目实施给予联邦预算拨款、担保与投资贷款；银行及其他金融机构可以依照法律程序向租赁主体提供贷款或贷款优惠，外资企业 3 年内所得利润可免缴企业所得税。在地区级的金融政策给予支持方面：科米共和国、伊尔库茨克州、达吉斯坦共和国、弗拉基米尔州、沃罗涅日州、加里宁格勒州、斯维尔德洛夫斯克州均给外商提供投资者贷款和税收贷款；利佩茨克州、伏尔加格勒州、弗拉基米尔州、沃罗涅日州、伊尔库茨克州与加里宁格勒州对外商在投资计划期间的权利予以国家担保；伏尔加格勒州、伊尔库茨克州为外商直接投资企业共同提供拨款补助金；伏尔加格勒州、沃罗涅日州在租赁房屋等方面对外资企业予以优惠。

（3）设立自由经济区外资政策。为吸引外资，1992 年后俄罗斯设立了 5 个自由经济区，2008 年后又首批 10 个特别经济区，其后又在 6 个地区建立了特区，包括：杜布纳市、圣彼得堡市、绿城、利佩茨克市、叶拉布加市和托木斯克市，特区类型包括技术推广型特区和工业生产型特区。对经济区内的外商投资企业，俄政府给予了更多优惠政策，涉及财务优惠政策、关税优惠政策和税收优惠政策等。对高科技项目取消设立投资额度的限制，在税收优惠政策方面，将社会税税率调低至 14%（一般为 26%），在投产前 5 年对联邦级的土地税和财产税予以免缴。在经济特区内实施关税优惠政策，对外资企业实行自由关税区制度，对于进入保税区进口的国外商品，可免除增值税和进口关税，在经济区内生产的商品，出口可免税；对外资企业的优惠政策包括财务亏损可以转入下一个财政年度核算，免除时间限制，对企业试验与科研的研发费用确认程序予以简化。

6.4.3 我国外资政策选择

从以上发达国家与发展中国家的外资政策可以看出，发达国家普遍给予外资以内资同等待遇，发展中国家普遍对外资实行更加优惠的政策，并设有专门的机构为外商直接投资提供服务。发展中国家更希望通过外资提高本国经济实力与技术水平，对产业导向政策和区域政策都有很大的优惠。近年来，我国的优惠政策逐渐由最初的超国民待遇，到后期的国民待遇，最后到现在的具有选择和限制的外资政策，这不仅代表着发展中国家未来吸引外资的政策选择方向，也说明我国吸收外商直接投资政策不断走向成熟与完善，并逐步与发达国家接轨。目前，虽然外资进入东道国后，会带来先进的技术与充足的资金，但同时也会带来一些负面因素。对于我国而言，由于外商来华直接投资主要是看中中国广大的市场和廉价的劳动力，但外商投资的目的是基于自身利润最大化，因此，外资企业的做法与行为的主要目的并不是促进我国经济发展与优化我国制度结构，这也就使得外商在投资的过程中难免会对我国某些方面产生不利因素。这就要求我国在极力吸引外资的同时，注重对外商直接投资过程中的不利行为，通过完善政策与法律法规的形式加以限制，并且甄别、选择好的国外资本流入，剔除其中质量低、污染强、技术含量低的外商投资项目。

1. 限制外资并购政策选择

与中国相比，发达国家具有相对完善的外资政策，对进入的外资不但有积极的鼓励政策，也有法制化的管理政策。因此，中国要进一步完善外商投资法、并购法、知识产权法、反垄断法等。特别是近年来，我国国内体制改革不断深化，中国市场经济大环境已初步形成。外商在华投资经营的环境明显改善，外商逐渐摆脱以往力图依赖国内投资者适应传统计划体制，外商独资化趋势日臻显现，即使在中外合资企业中的外商，也积极寻求各种方式与途径控制企业股权。在这种形势下，产业与市场被外商垄断的危机更难避免。很多外商在国内扩大建厂规模，目的在于更多地并购国有企业并阻断国有品牌发展，这种情况从起初的分散性、随意性收购，转向有目的性、计划性地并购效益良好的国有大中型企业或不同地区同一行业的骨干企业。这样，外资企业通过股权调期或企业并购形式取代投资设立新企业的形式出现，不但不会带动国内生产力的增加，还会给民族经济发展带来威胁。近年来，跨国公司并购龙头企业的案例逐渐增多，跨国公司并购的目的从最初的单纯参股分享中国经济快速发展成果，逐渐向实现跨国公司全球战略布局的意图演变。

目前，我国已高度认识到外资并购带来的安全问题，近期内出台了一系列法律政策规制外资并购带来的产业安全问题，2008 年开始实施《反垄断法》之后，2011 年 3 月 7 日又公布了《商务部实施外国投资者并购境内企业安全审查制度有关事项的暂行规定》，力图将外资并购对国家安全造成的不利影响降至最低。至此，外资在并购国内企业的过程中，需要通过三道“安检”：一是要通过《外商投资产业指导目录》下的准入条款；二是要通过《反垄断法》对市场集中度的审查；三是要通过国家安全审查。在以上条件都满足的条件下，外资才有资格涉入该行业，进行相关并购活动。我国众多经济学者也开始高度重视外资并购，并纷纷献计献策提出自己对规避外资并购中不利因素的见解与解决对策，其中，胡峰（2011）针对现阶段我国规制外资并购法律保障体系的建设提出如下建议：在外资准入立法方面，对新建投资和并购投资区分立法、对关系国家安全以及涉及国民经济命脉的重要领域的外资并购型投资设立相对较高的准入门槛。

2. 对外商直接投资进行甄选

近年来，类似于俄罗斯、印度、韩国与捷克这样的国家政府选择了更加积极的产业政策。由于跨国公司能为东道国带来资本、技术和制度创新，外商直接投资促进政策是发展中国家提高生产力的重要手段。不可否认，外资对加速我国工业进程现代化做出了巨大的贡献，特别是促进了采矿业和机械制造业等重化工业的发展，但是，外资是一把双刃剑，我国的外资政策选择还要评估 FDI 所涉及的领域和在国内发展中所起到的作用，对于一些较成熟的优势产业，国家应对外资政策予以鼓励与引导；而对于一些新兴产业或战略产业应予以保护，特别是在外资流量巨大、外资项目众多的情况下，识别正确的产业与培育外资企业。如果支持“错误者”，将会面临浪费有价值的稀缺资源，扭曲市场机制，使经济受损。Lin（2011）提出如果政府能够鉴别具有潜力和比较优势的产业利用外资，这些产业将会从多极增长的世界新机遇中获益，外资产业政策就能有效成功。Lin 与 Monga（2010），Lin（2011）与 Rodrik（2004）提出了建议，主要包括选择具有可贸易潜力的产业着力培养。我国出台的《利用外资“十二五”规划》进一步推动外资由“量”到“质”的根本转变，更加注重地区平衡、生态建设、环境保护、资源能源节约与综合利用，说明我国逐渐开始注重引资合理性与外资的甄选。

3. 平衡鼓励与限制政策

外商直接投资的积极效应不仅包括带动东道国经济发展、技术进步，还包括促进东道国制度创新与制度变迁进程，但是外商直接投资也会给东道国国家主权、国家安全、产业发展和市场竞争等多方面带来不利影响。这就要求我国在引资的过程中平衡积极鼓励政策与甄选限制政策。从国际趋势来看，根据 2012 年投资报告显示，在已公布的投资政策措施中，其中三分之二是放宽促进外国直接投资政策，特别是在亚洲地区，相当多的政策措施都旨在使外国投资进入和建立的条件变得更加容易。这些措施包括简化准入程序、开放新的经济特区或扩大原有经济特区。另外三分之一都是投资监管和限制方面的措施，主要集中在自然资源型产业和金融服务业。我国目前的引资为鼓励政策与限制政策并存。对于限制政策，需要辨别对 FDI 限制的原因与方式是否合理，我国对外资限制的原因是多样的，有对主权与国家安全的考虑，也有对战略性的考虑和社会文化方面的原因、金融行业谨慎的考虑、市场竞争、幼稚产业保护或互惠政策的考虑等。站在不同的角度对限制政策是否合理都有自己的解释，目前联合国贸易和发展会议和经济合作与发展组织出版的关于 20 国集团（G20）投资措施的联合报告，建立了一套标准的以评估考虑国家安全方面的限制措施是否合理，供各个国家予以参考。在鼓励措施方面，我国应适时出台不同层面的产业导向性鼓励外资政策，引导外商投资更多地投向节能环保、高端制造、新能源、生态建设、高新技术等产业，稳步推进战略性新兴节能产业的国际化合作。最后，要平衡整体，鼓励政策与限制政策，既不能过分鼓励、盲目引资，也不能陷入投资保护主义之中。

6.4.4　我国未来发展方向与扩大我国对外直接投资

我国企业从事对外直接投资的过程中，要面临比国内投资更加复杂的外部环境。随着我国经济的快速发展，一批具有国际实力的国内公司开始迈出国门，探索国际市场，对外投资已经成为一种必然趋势。

当前，我国在对外投资的审批和监管体制方面还存在着很多问题，主要表现为权利分散、效率低下、职能划分混乱、审批程序冗长，显然这并不能适应当代瞬息万变的国际市场要求。为此政府应划分、明确各有关部门的职能，简化程序、缩减审批内容，改善管理、强化服务、减少不必要的审批环节，同时，还要加强对外投资的事后监管。这就要求我国尽快制定出《中国对外投资法》和相应法律法规，规范政府在对外投资方面的规制权限，同时规定对外投资企业的权利、义务与行为规范。我国政府应进一步对国内企业下放涉外经营权，包括出口经营权、海外投资、融资权和对外业务经营权等，使更多合格企业具有走出去的权利，尽快实现涉外经营权审批制向登记制的转变。我国政府还应积极推进国家间的谈判，签订投资保护协议，使我国对外投资企业免受汇款限制、政治风险等外在因素的影响，保障中国投资者与投资对象国企业享受同等的国民待遇。在资金支持方面，应继续保留中央外贸发展基金、援外优惠贷款和合资合作项目基金对加工贸易项目的支持，还应设立对外投资保险基金专门用于支持和鼓励对外直接投资项目。国家指定政策性银行或商业银行负责该项基金的具体运作。

我国对外投资企业还具有发展中国家的典型特点，企业规模小、现代化程度低、劳动力资源丰富但素质较差，这种状况决定了我国企业对外投资应以发展中国家为主，这些国家比较容易接受适用的中间技术和管理经验，特别是东南亚国家，与中国具有地缘上的邻近性、产业上的互补性和文化上的相似性。非洲国家、拉丁美洲国家的自然资源较丰富，在上述地区进行对外直接投资可以发挥中国的比较优势，应在未来一段时间内成为我国对外投资项目的重点对象。在产业选择上，应当以石油、天然气、木材等资源开发行业以及传统的食品加工和纺织服装等劳动密集型产业为主，同时在此基础上适当加大对中等技术的投资，例如计算机、机械设备、集成电路等知识密集型产业。在投资方式上，我国对外投资企业可以最初以合资形式取长补短，避免矛盾、冲突与风险，迅速适应当地市场。但在合资经营前，应对合资者的目标、资源等方面进行详细评估，避免不必要的损失。

总之，我国企业的核心竞争力是对外直接投资的基石，企业只能以自身核心业务与核心技术为主导的发展模式对外投资，才能在长期内获得垄断利润与规模收益，并成为在海外立足的根本，因此在未来，我国企业应更加注重培育核心技术、树立企业文化、创立自主品牌，充分发挥自身比较优势对外投资，实现走出去战略，在国际市场上崭露头角。

参考文献

一、中文参考文献

[1] 李猛，于津平.东道国区位优势与中国对外直接投资的相关性研究——基于动态面板数据广义矩估计分析[J].世界经济研究，2011（6）.

[2] 张宇.制度约束、外资依赖与 FDI 的技术溢出[J].管理世界，2009（9）.

[3] 徐康宁，陈健.跨国公司价值链的区位选择及其决定因素[J].经济研究，2008（3）.

[4] 樊纲，王小鲁.中国各地区市场化相对进程报告[J].经济研究，2003（3）.

[5] 樊纲，王小鲁.中国市场化指数——各地区市场化相对进程 2004 年度报告[M].北京：经济科学出版社，2004.

[6] 樊纲，王小鲁.中国市场化指数——各地区市场化相对进程 2006 年度报告[M].北京：经济科学出版社，2007.

[7] 樊纲，王小鲁.中国市场化指数——各地区市场化相对进程 2009 年度报告[M].北京：经济科学出版社，2010.

[8] 钟昌标.外商直接投资地区间溢出效应研究[J].经济研究，2010（1）.

[9] 倪克勤.外商直接投资与金融创新[J].财经科学，2002（4）.

[10] 戴维斯，诺斯.制度变迁的理论——概念与原因[M].上海：上海三联书店，1996.

[11] 卢中原，胡鞍钢.市场化改革对我国经济运行的影响[J].经济研

究，1993（12）.

[12] 道格拉斯・C.诺斯.制度、制度变迁与经济绩效[M].上海：上海三联书店，1994.

[13] 江晓薇，宋红旭.中国市场经济度的探索[J].管理世界，1995（6）.

[14] 储祥银.跨国公司直接投资与经济转轨[J].国际贸易，1996（10）.

[15] 顾海兵.中国经济市场化程度的最新估计与预测[J].管理世界，1997（2）.

[16] 秦晓钟. 浅析外商对华直接投资技术外溢效应的特征[J].投资研究，1998（4）.

[17] 姚洋.非国有经济成分对我国工业企业技术效率的影响[J].经济研究，1998（12）.

[18] 常修泽，高明华.中国国民经济市场化的推进程度及发展思路[J].经济研究，1998（11）.

[19] 陈宗胜.中国经济体制市场化进程研究[M].上海：上海人民出版社，1999.

[20] 沈坤荣.外国直接投资与中国经济增长[J].管理世界，1999（5）.

[21] 桑百川.外商直接投资下的经济制度变迁[M].北京：对外经济贸易大学出版社，2000.

[22] 何洁.外国直接投资对中国工业部门外溢效应的进一步精确量化[J].世界经济，2000（12）.

[23] 沈坤荣，耿强.外国直接投资，技术外溢与内生经济增长[J].中国社会科学，2001（5）.

[24] 金玉国.宏观制度变迁对转型时期中国经济增长的贡献[J].财经科学，2001（2）.

[25] 金新亮.外商投资对我国经济体制变迁的利弊分析[J].理论导刊，2001（2）.

[26] 潘文卿.外商投资对中国工业部门的外溢效应：基于面板数据的分析[J].世界经济，2003（6）.

[27] 顾保国，乔延清，顾炜宇. 跨国公司技术转移溢出效应区域差异分析[J].中国软科学，2005（10）.

[28] 郑云.外商直接投资与技术外溢效应——基于长三角和珠三角的比较分析[J].世界经济研究，2005（12）.

[29] 王凤彬，陈高生.企业内部市场交易费用分析[J].中国工业经济，2005（1）.

[30] 李晓西.2003—2008 中国市场经济发展报告[J].英国阿什盖特出版公司，2010.

[31] 孙杰.外商直接投资与制度创新[J].中国改革，2006（11）.

[32] 严兵.外商在华直接投资的行业间溢出效应——基于我国工业部门相关数据的初步分析[J].亚太经济，2006（1）.

[33] 冼国明，严兵.FDI 对中国创新能力的溢出效应[J].世界经济，2005（10）.

[34] 谢建国.外商直接投资对中国的技术溢出——一个基于中国省区面板数据的研究[J].经济学季刊，2006（4）.

[35] 刘厚俊，刘正良.人力资本门槛与 FDI 效应吸收——中国地区数据的实证检验[J].经济科学，2006（5）.

[36] 李平.中国自主创新中研发资本投入产出绩效分析——兼论人力资本和知识产权保护的影响[J].中国社会科学，2007（2）.

[37] 桑百川.外商投资的制度效应与外资战略调整[J].开放导报，2008（2）.

[38] 郭宏.中国转型的国际动力——外国直接投资对制度变迁的影响[J].当代亚太，2008（2）.

[39] 周骏宇.外商直接投资与市场准入制度变迁[J].世界经济研究，2007（4）.

[40] 王霞，陈柳钦.FDI 对中国制度变迁的影响及其实证分析[J].南京社会科学，2007（11）.

[41] 丁宁.外商直接投资对国企改革制度环境的影响[J].现代企业，2006（9）.

[42] 汤文仙，韩福荣.三缺口模型：对双缺口模型的修正——对中

国利用外资行为的合理解释[J].当代经济科学，2000（5）.

[43] 万承刚.外商直接投资对中国制度环境的影响[J].经济研究，2008（1）.

[44] 王雷，韦海鸣.论 FDI 对西部制度变迁的影响及对策[J].科学管理研究，2003（2）.

[45] 倪克勤.外商直接投资与金融创新[J].财经科学，2002（4）.

[46] 王霞.FDI 对中国制度变迁的影响——兼论中国的外资政策选择[M].北京：中国经济出版社，2009（5）.

[47] 金莹.跨国公司对华投资对我国市场结构的影响[J].亚太经济，2005（2）.

[48] 徐俊武.制度环境与 FDI 互动机制及路径分析——基于新制度经济学的一个初步框架[J].亚太经济，2006（6）.

[49] 何德旭，王朝阳.外资银行进入的动机、形式及其影响述评[J].经济科学，2007（1）.

[50] 康继军，王卫，傅蕴英. 中国各地区市场化进程区位分布的空间效应研究[J].统计研究，2009（5）.

[51] 冼国明、杨长志.中国外商直接投资的区位决定——基于地区数据的空间计量分析[J].世界经济研究，2009（1）.

[52] 陈勇兵.FDI 对制度变迁影响的机理分析[J].社会科学辑刊，2009（3）.

[53] 郭宏.中国转型的国际动力:外国直接投资对制度变迁的影响[J].当代亚太，2008（2）.

[54] 谷克鉴.中国利用外资实践的功能评价与战略选择——基于经济与管理学视角的实证描述[J]. 财贸经济，2005（3）.

[55] 孙辉，李金生，李浩鑫.FDI 对西部地区制度变迁的影响及其实现路径分析[J].世界经济，2008（9）.

[56] 李亚玲.制度因素与 FDI 关系研究的理论述评[J].商业经济，2010（18）.

[57] 钟昌标.外商直接投资地区间溢出效应研究[J].经济研究，2010（1）.

[58] 申朴，刘康兵.FDI 流入、市场化进程与中国企业技术创新——基于 System GMM 估计法的实证研究[J].亚太经济，2012（3）.

[59] 曹兴.市场经济体制完善与外国资本吸收能力——基于省际 FDI 面板数据的实证研究[J].中国商贸，2012（16）.

二、英文参考文献

[1] Ari Kokko R. Tansini，MC Zejan. Local Technological Capability and Productivity Spillovers from FDI in the Uruguayan Manufacturing Sector[J]. Journal of Development Studies，1996，32:602—611.

[2] Aitken B.，Harrison，A.E. Do Domastic Firms Benefit from Direct Foreign Investment? Evidence from Venezuela[J]. American Economic Review，1999，89:605—618.

[3] A Young. Gold into Base Metals: Productivity Growth in the People's Republic of China during the Reform Period[J]. Quarterly Journal of Economics，2000，115:1091—1035.

[4] A Hu G. Jefferson. FDI，Technological Innovation，and Spillover:Evidence from Large and Medium Size Chinese Enterprises[J]. Brandeis University:Waltham，MA，2001.

[5] Asiedu E. On the Determinants of Foreign Direct Investment to Developing Countries: is Africa Different? [J]. World Development，2002，30(1):107—119.

[6] Addison T，Heshmati A. The New Global Determinants of FDI Flows to Developing Countries: The Importance of ICT and Democratization[J]. Discussion Paper，World Institute for Development Economic Research， United Nations University，2003，45.

[7] Ari Kokko. Technology，Market Characteristics，and Spillovers[J]. Journal of Development Economics，2004，43:279—293.

[8] Anna Zorska. Foreign Direct Investment and Transformation:

Evolution and Impacts in the Polish Economy[J]. Eastern European Economics，2005，43(4):52—78.

[9] Anselin L. Exploring Spatial Data with GeoDa: A Workbook，Spatial Analysis[J]. Laboratory Center for Spatially Integrated Social Sciece，2005.

[10] Asiedu E. Foreign Direct Investment in Africa: the Role of Natural Resources，Market Size，Government Policy，Institutions and Political Instability[J]. WIDER Research paper，2005，24.

[11] Basi R. Determinants of United States Private Direct Investment in Foreign Countries. Kent:Kent State University Press，1963.

[12] Blomström M.，Persson H. Foreign Investment and Spillpver Efficiency in a Underdeveloped Economy: Evidence from the Mexican Manufacturing Industry[J]. World Development，1983，11:493—501.

[13] Blomström M. Foreign Investment and Productive Efficiency: The Case of Mexico[J]. The Journal of Industrial Economics，1986，35(1):97—110.

[14] Brian J. Aitken，Ann E. Harrison. Do Domestic Firms Benefit from Direct Foreign Investment? Evidence from Venezuela[J]. The American Economic Review，1999，89(3).

[15] Bennett D.，Liu，X.， Parker，D. Technology Transfer to China A Study of Strategy in 20 EU Industrial Countries[J]. International Journal of Technology Management，2001:151—182.

[16] Bevan A.，Estrin，S.，Meyer，K. Foreign Investment Location and Institutional Development in Transition Economies[J]. International Business Review，2004，13:43—64.

[17] Busse M. Transnational Corporations and Repression of Political Rights and Civil Liberties: An Empirical Analysis[J]. Kyklos，2004，57: 45—66.

[18] Busse M.，Hefeker C. Political Risk，Institutions and Foreign Direct Investment[J]. HWWA Discussion Paper，2005，315.

[19] Benassy-Quèrè A.， Coupet M.， Mayer T. Institutional Determinants of Foreign Direct Investment[J]. CEPII Working Paper，2005，5.

[20] Blonigen B. A Review of the Empirical Literature on FDI Determinants[J]. NBER Working Paper，National Bureau of Economic Research， Cambridge， MA，2005:11299.

[21] Buckley J. Peter， Clegg Jeremy，Wang Chengqi. Inward Foreign Direct Investment and Host Country Productivity: Evidence from the Chinese Electronics Industry[J]. Transnational Corporations，2006，15:13—37.

[22] Blonigen B.， Davies R.， Waddell G. R.， Naughton H.T. FDI in Space: Spatial Autoregressive Relationships in Foreign Direct Investment[J]， European Economic Review，2007，51:1303—1325.

[23] Caves R.E. Multinational Firms，Competition and Productivity in Host-Country Markey[J]. Economics，1974，41:931—939.

[24] Caves R.E. Multinational Enterprise and Economic Analysis[M]. Cambridge:Cambridge University Press，1996.

[25] Claessens S.， Demirgcic-kunt A.， Huizinga H. How Does Foreign Entry Affect Domestic Banking Markets? [J]. Journal of Banking Finance，2001，125(3):891—911.

[26] Campos N.F.，Kinoshita Y. Why Does FDI Go Where It Does? New Evidence from the Transition Economies[J]. IMF Working Paper，2003：223.

[27] Cheung K，Lin P. Spillover Effects of FDI on Innovation in China: Evidence from the Provincial Data[J]. China Economic Review，2004，15:125—144.

[28] Cohen， Jeffrey P. Catherine， Paul J. Morris. Agglomeration Economies and Industry Location Decisions: the Impacts of Spatial and Industrial Spillovers[J]. Regional Science and Urban Economics，2005，35:215—237.

[29] Chuck C. Y. Kwok， Solomon Tadesse. The MNC as an Agent of Change for Host-Country Institutions: FDI and Corruption[J]. Journal of International Business Studies，2007，37(6).

[30] Chuck C. Y. Kwok. Three Lenses on the Multinational Enterprise: Politics， Corruption and Corporate[J]. Social Responsibility， 2006:767—785.

[31] Dunning J. Multinational Enterprises and the Global Economy[M]. Wokingham: Addison-Wesley，1993.

[32] Dunning J. Location and the Multinational Enterprise: A Neglected Factor? [J]. Journal of International Business Studies，1998，29:45—66.

[33] Dunning J. The Eclectic (OLI) Paradigm of International Production: Past，Present and Future[J]. Journal of the Economic of Business，2001，8:173—190.

[34] Dooley M. P， Folkerts-L D. The US Current Account Deficit: Collateral for a Total Return Swap[J]. Deutsche Bank. NBER Working Paper Series，2004，10(6):626—679.

[35] Easterly W. et a1. Troubles with the Neighbors：Africa′s Problem and Africa′s Opportunity[J]. Journal of Africal Economics，1998，50:3—39.

[36] Edward L. Glaeser，Rafael La Porta et a1. Do Institutions Cause Growth? [J]. Journal of Economic Growth，2004:271—303.

[37] Elhorst J. P.，Freret S.，Yardstick. Competition Among Local Governments: French Evidence Using a Two-regimes Spatial Panel Data Model[J]. Paper Presented at the European and North American RSAI Meetings，2007，9(29)：7—11.

[38] Findley R. Direct Foreign lnvestment and Transfer of Technology[J]. Quarterly Journal of Economics，1978，92.

[39] Fathi Ali， Norbert Fiess， Ronald MacDonald. Do Institutions Matter for Foreign Direct Investment? [J]. Open Economies Review，2008，21:201—209.

[40] Globerman S. Foreign Direct Investment and Spillover Efficiency Benefits in Canadian Manufacturing Industries[J]. Canadian Journal of Economics，1979，12:42—56.

[41] Gorg H.， Greenway， D. Foreign Direct Investment and lntra-Industry Spillovers: A Review of the Literature[J]. GEP Research Paper Series，2001，37.

[42] Globerman S.， Shapiro D. Global Foreign Direct Investment Flows: the Role of Government Infrastructure[J]. World Development，2002，30:1899—1919.

[43] Galina Hale， Chery Long. What Determines Technological Spillovers of Foreign Direct Investment: Evidence from China[J]. Economic Growth Center Yale University， Center Discussion Paper，2006，934.

[44] Hymer， S. H. The International Operations of National Firms: A Study of Direct foreign Investment[M]. Cambridge: MA. MIT Press，1976.

[45] Helpman，Elhanan A. Simple Theory of International Trade with Multinational Corporations[J]. Journal of Political Economy，1984， 92: 451—471.

[46] Helpman， Elhanan， Paul R. Krugman. Market Structure and Foreign Trade[M]. Cambridge: MA， MIT Press， 1985.

[47] Haddad M.， A. Harrison. Are There Positive Spillovers from Foreign Direct Investment? Evidence from Panel Data for Morocco[J]. Journal of Developing Economics，1993，42:1—74.

[48] Haksar V. Externalities. Growth and Technology Transfer: Applications to the Indian Manufacturing Sector[J]. Cornell University，1995，1.

[49] Huang，Yasheng. Selling China: Foreign Direct Investment During the Reform Era[M]. New York:Cambridge University Press，2001.

[50] Harms， P.， Ursprung， H. W. Do Civil and Political Repression

Really Boostforeign Direct Investment?[J]. Economic Inquiry，2002，40:651—663.

[51] Haskel， Jonathan E.，Sonia C. Pereira，Matthew J. Does Foreign Direct Investment Boost the Productivity of Domestic Firms[J]. Working Paper，2002，452.

[52] Helpman Elhanan， Marc J. Melitz. Exports Versus FDI with Heterogeneous Firms[J]. American Economic Review，2004，94:300—316.

[53] H. Kevin Steensma，Laszlo Tihanyi，Marjorie A. Lyles. The Evolving Value of Foreign Partnerships in Transitioning Economies[J]. The Journal of Academy Management，2005，48(2):213—235.

[54] Hale G.，C Long. What Determines Technological Spillovers of Foreign Direct Investment: Evidence from China[J]. Federal Reserve Bank Working Paper，2006.

[55] Irene Bertschek. Product and Process Innovation as a Response to Increasing Imports and Foreign Direct Investment[J]. Journal of Industrial Economics，1995，43(4):341—357.

[56] JE Haskel，SC Pereira，MJ Slaughter. Does Inward Foreign Direct Investment Boost the Productivity of Domestic Firms? [J]. NBER Working Paper，2002，8724.

[57] Jensen N. Democratic Governance and Multinational Corporations: Political Regimes and Inflows of Foreign Direct Investment[J]. International organization，2003，57:587—616.

[58] Jasminka Sohinger. Growth and Convergence in European Transition Economies: The Impact of Foreign Direct Investment[J]. Eastern European Economics，2005，43(2):73—94.

[59] Kueh Y. Foreign Investment and Economic Change in China[J]. China Quarterly，1992，131.

[60] Kalle Pajunen. Institutions and Inflows of Foreign Direct Investment: A Fuzzy-Set Analysis[J]. Journal of International Business Studies，Institutions and International Business，2008，39(4)：652—669.

[61] Kenneth A. Froot，Tarun Ramadorai. Institutional Portfolio Flows and International Investments[J]. The Review of Financial Studies，2008，21(2)：937—971.

[62] Lim E.G. Determinants of，and the Relation Between，Foreign Direct Investment and Growth: A Summary of the Recent Literature[J]. IMF Working Paper，2001:175.

[63] Lee G. Branstetter. Are Knowledge Spillovers International or Intranational in Scope? Microeconometric Evidence from the US and Japan[J]. Journal of International Economics，2001，53:53—79.

[64] Lopez Bazo E.et a1. Regional Externalities and Growth：Evidence from European Regions[J]. Journal of Regional Science，2004，44:43—73.

[65] MacDougal G. The Benefits and Costs of Private Investment from Aboard: A Theoretical Approach[J]. Economic Record，1960:13—35.

[66] Meon，P.，Sekkat K. Does the Quality of Institutions Limit the MENA's Integration in the World Economy? [J]. The World Economy，2004，7:1475—1498.

[67] Nathan Jensen. Political Risk，Democratic Institutions，and Foreign Direct Investment[J]. The Journal of Politics，2008，70: 1040—1052.

[68] Xiaming Liu，Haiyan Song，Yingqi Wei，Peter Romilly. Country Characteristics and Foreign Direct Investment in China: a panel Data Analysis[J]. Review of World Economics，1997，133:313—329.

[69] Xiaming Liu，Chengang Wang，Yingqi Wei. Causal Links Between Foreign Direct Investment and Trade in China[J]. China Economic Review，2001，12:190—202.

[70] Levine R，ZervosvS. Stock Market Development and Long-run Growth[J]. World Bank Economic Review，1996，10:323—339.

[71] R Lensink，N Hermes. The Short-term Effects of Foreign Bank Entry on Domestic Bank Behaviour: Does Economic Development Matter? [J]. Journal of Banking and Finance，2004，28:553—568.

[72] Layna Mosley, David Andrew Singer. Taking Stock Seriously: Equity-Market Performance, Government Policy, and Financial Globalization[J]. Quarterly International Studies, 2008, 52(2):405—425.

[73] Lee LungFei, Yu Jihai. Some Recent Developments in Spatial Panel Data Models[J]. Regional Science and Urban Economics, 2009, 19(2): 17—35.

[74] Pradip Baijal. Privatisation: Compulsions and Options for Economic Reform[J]. Economic and Political Weekly, 2002, 37(41): 4189—4195.

[75] Richard Pomfret. Foreign Direct Investment in a Centrally Planned Economy: Lessons from China: Comment on Kamath, Economic Development and Cultural Change[J]. The University of Chicago Press, 1994, 42(2): 413—418.

[76] Shyam J. Kamath. Foreign Direct Investment in a Centrally Planned Developing Economy:The Chinese Case, Economic Development and Cultural Change[J]. The University of Chicago Press, 1990, 39(1): 107—130.

[77] Shyam J. Kamath. Property Rights and the Evolution of Foreign Direct Investment in a Centrally Planned Developing Economy: Reply to Pomfret. Economic Development and Cultural Change[J]. The University of Chicago Press, 1994, 42(2):419—425.

[78] Sea Jin Chang, Dean Xu. Spillovers and Competition among Foreign and Local Firms in China[J]. Journal of Strategic Management, 2008, 29(5):495—518.

[79] Thompson E. Clustering of Foreign Direct Investment and Enhanced Technology Transfer: Evidence from HongKong Garment Firms in China[J]. World Development, 2002, 30:873—889.

[80] Victor F. S. Sit, Weidong Liu. Restructuring and Spatial Change of China's Auto Industry under Institutional Reform and Globalization[J]. Annals of the Association of American Geographers, 2000, 90(4):653—673.

[81] Wang Y.，Blomstrom. Foreign Investment and Technology Transfer: A Simply Model[J]. European Economic Review，1992，36: 137—155.

[82] William Easterly. How Much Do Distortions Affect Growth? [J]. Journal of Monetary Economics，1993，32:187—212.

[83] William Easterly，Ross Levinel. Troubles with the Neighbours: Africa's Problem and Africa's Opportunity[J]. Journal of African Economies，1998，7：120—142.

[84] X Fan，PG Warr. Foreign Investment，Spillover Effects and the Technology Gap: Evidence from China. School of Pacific and Asian Studies，2000.

[85] Xielin Liu，Steven White. Comparing Innovation Systems: a Framework and Application to China's Transitional Context[J]. Research Policy，2001，30：1091—1114.

[86] Xiaohui Liu，Peter Burridge. Relationships between Economic Growth，Foreign Direct Investment and Trade: evidence from China[J]. Applied Economics，2002，34:1433—1440.

[87] Xiaowei Luo，Chi-Nien Chung，Michael Sobczak. How Do Corporate Governance Model Differences Affect Foreign Direct Investment in Emerging Economies? [J]. Journal of International Business Studies，2009，40(3):444—467.

[88] Ying Qiu. Personal Networks，Institutional Involvement，and Foreign Direct Investment Flows into China's Interior[J]. Economic Geography，2005，81(3):261—281.

[89] Zhang Q，Bruce Felmingham. The Relationship between Inward Direct Foreign Investment and China's Provincial Export Trade[J]. China Economic Review，2001，12: 82—99.

后 记

本书是在我博士论文基础上修改而成的，博士三年期间跟随景维民教授受益匪浅，在老师的鞭策下，我每次都更加严格的要求自己，努力做到尽善尽美。也是在老师的鼓励和带动下，我的科研水平节节攀升，此书的出版可以说也是导师景维民教授付出大量心血的成果，在这里我再次表达对老师无尽的感谢。本书撰写期间，得到了天津商业大学经济学院老师和领导的帮助与支持。国际贸易系主任王中华教授在工作与生活中给了我诸多指导，中华老师笔耕不辍的精神使我深深崇拜与折服。经济学院院长刘小军教授对工作与科研兢兢业业的态度是我学习的榜样。

在这里我还要感谢平时给我们传授专业知识和进行理论辅导的老师们。张宇老师、张晓峒老师在课下都会和我们交流学习与写作方法，也对我们提出的问题细致、认真的讲解，对我运用计量方法在论文写作过程中给予了很大帮助，再次感谢老师。盛斌老师是我一直非常崇拜的学者，在学习中能够跟随盛老师学习专业知识，加强论文写作技能，使我一生获益匪浅。我在这里还要感谢黄兆基、李俊清、蒋殿春、龚刚等老师，感谢南开大学经济学院所有老师，他们为我进一步对相关问题的写作与思考打下了坚实的基础。

感谢孙景宇师兄，在文章写作初期给了我很多的指导，当我碰到获得数据的困难时，孙师兄总是很热心的给我提供各种数据。感谢王永兴师兄和黄秋菊师姐，在我学习和生活中师兄、师姐经常很贴心的提供帮助。感谢刘宇春、朱兴龙、杨恒、许倩倩、张璐、母晓萌、许源丰；感谢室友云蔚、陈文哲；感谢南开大学经济学系所有同学，感谢他们在我写作期间给予的关心和帮助。

最后要感谢我的家人和亲人们，爸爸妈妈是我坚实的臂膀，给了我至高无上的爱，感谢他们一直对我无私、默默的付出。虽然我已经长大，但是母亲总是像小时候一样呵护着我，时时刻刻为我操心。感谢老公陈培专，他对科研的不懈追求、刻苦与上进是我学习的榜样。感谢我的小宝贝陈姝含，是她让我每天都在幸福与欢乐中度过。感谢我的闺蜜王潇，她乐观、豁达的性格就像太阳，时刻给我温暖。感谢老师、同门、亲人一直以来对我的理解、支持与包容。正因为他（她）们才让我在学习的过程中不断进步，生活上美满幸福。

张炜

2016 年 2 月